신라의
왕릉과 능원

김용성 지음

문을 열면서

어느덧 또 다른 한 해가 시작되고 있다. 벌써 일흔이 넘어가고 있다. 고희(古稀) 또는 종심(從心)이라고 하여 뜻대로 행하여도 어긋나지 않을 나이라는데 아직 그러함을 느끼지 못하는 것은 나쁜일까? 누구나 마찬가지겠지만 세월의 흐름은 갈수록 빨라지고 그동안 해 놓은 일도 없으면서 그를 보노라면 가슴 속에 미련만 남아있는 것 같다. 좀 더 열심히, 좀 더 잘 할 수 있었을 터인데 하는 아쉬움은 떨어낼 수가 없다. 그나마 삶을 이어오면서 내가 몸담은 고고학에 몇 편의 논고를 써 보탰을 것이라는 작은 자만이 지금의 나를 지탱해주고 있는 것 같다.

이 책은 그동안 관심을 가졌던 신라왕릉의 문제에 대한 몇 편의 글을 모아서 일관된 논지로 수정해 내자는 욕심에서 비롯되었다. 신라 십이지신장상(十二支神將像)(김용성 2012a), 왕릉의 비정(比定)(김용성·강재현 2012), 능원(陵園)의 의의(김용성 2012b·2013b), 백제능묘와 비교(김용성 2013a) 등 그동안 발표했던 신라왕릉과 관련된 논의를 합친 것이다. 따라서 논지의 전개에서 중복된 부분도 있고, 논리의 비약이 순환적으로 나타나기도 한다. 다만 지금까지 생각했던 신라의 왕릉과 능원을 종합한다는 데에 의미를 두고 싶고, 앞으로 신라왕릉 연구에 조금이나마 보탬이 되면 좋겠다.

경주를 여행하는 일반인들에게 신라 왕릉으로 전해오는 왕릉에 가서 이 왕릉의 주인공이 누구인지 명확하지 않아 전칭왕릉(傳稱王陵)이라는 의미에서 앞에 전자를 붙여 전00왕릉이라고 소개하면 신라왕릉의 주인공 성씨는 모두 전이라고 농담할 정도로 신라왕릉의 주인공 연구는 미진한 상태이다. 거대한 봉토를 보면 누구나 이 주인공은 누구일까가 먼저 떠오르는 의문일 것이다. 그러함에도 왕릉의 주인공을 알고 있는 것이 몇 기 되지 않을 정도로 신라왕릉 연구가 부진한 이유는 무엇일까? 자료의 부족만 탓하고 있는 우리의 시야가 너무 좁기 때문은 아닐까?

왕릉은 전대의 왕이 가진 권위를 이어받은 후대의 왕이 이를 통하여 그 정통성을 인정받는다는 관념에 크게 축조되고, 다른 고분보다 화려하게 치장된다. 따라서 왕릉의 축조는 많은 재원이 소요되고 당시 최고의 건축술이 동원되게 마련이다. 그리고 왕릉은 국가의 발전 수준, 즉 왕권의 강약을 측정하는 지표가 될뿐더러 그들이 가진 사후에 대한 관념을 적극적으로 표현하기도 한다. 이런 의미에서 왕릉의 연구는 당시의 사회문화상뿐 아니라 사후세계에 대한 관념을 이해할 수 있는 척도를 제공할 것이다.

신라의 왕릉은 그 모습에서 아주 다양한 형식을 가지고 있다. 이는 신라 역사 일천 년 동안 정치·문화·사상 등이 변화되면서 그에 따라 왕릉 자체도 변천하였음을 알려주는 것으로 보인다. 그러므로 왕릉의 변천은 역으로 그러한 변화상을 그대로 담고 있다고 할 수 있다.

그러나 우리는 아직 신라왕릉에 대한 비정에서도 일치된 견해를 보고 있지 못한 실정에 있다. 이는 우리에게 신라왕릉이라고 할 수 있는 고분을 발굴하는 등 고고학 자료가 수집된 것이 별로 없어 일부 문헌에 단편적으로 기록된 사료와 현재 나타난 외면적인 모습에 근거하여 연구를 진행할 수밖에 없다는 점에서 기인한 것으로 볼 수 있다. 다만 호석(護石)을 포함한 능침(陵寢)이라 할 수 있는 봉분의 외표시설(外表施設)이 시기에 따라 변천하고 있음이 밝혀졌으나 그 형식에 대한 시각에서 차이가 있기도 하다.

이러한 현실적인 문제를 해결하기 위해서는 신라왕릉 연구에 있어서 새로운 방법론과 실제적인 조사가 요구된다. 하지만 이는 쉽게 해결할 수 없는 실정이고 마냥 그러한 방법과 완벽한 자료의 출현을 기다릴 수만은 없다.

이 시점에서 새로운 방법론을 찾는다든지 새로운 자료의 해석을 통해 연구를 진행하는 데에는 많은 어려움이 있다. 다만 좀 더 새로운 방향에서 신라왕릉을 생각해 볼 수는 없을까라는 생각에 여기서는 왕이 매장된 능침 자체 이외에도 왕릉과 관련된 여러 시설물이 어떻게 변화하느냐의 관점에서 신라의 왕릉을 풀어보고자 의도하였다. 즉 지금까지 논의된 호석을 포함한 봉분 외표시설(外表施設)의 변화를 그 기준으로 하고 여기에 능원의 형식을 나누고 이를 덧붙여 살펴보면 좀 더 안정된 신라왕릉의 비정에 다가갈 수 있을 것으로 보았다.

능원은 왕릉과 이를 둘러싼 여러 시설물을 포함하는 개념이다. 즉 왕릉인 봉분을 포함한 복합형무덤건축(複合形墳墓建築)이라고 할 수 있다. 왕릉을 왕을 매장한 무덤으로 특별히 축조한 거대한 기념물이며 왕을 신격화해서 제사를 지내는 장소라고 할 때, 신라왕릉은 적어도 제례(祭禮)를 위한 배례공간(拜禮空間)이 존재하는 것으로 볼 여지가 있게 된다. 그리고 가장 완성된 것은 자체 봉분의 외표를 장식하는 호석 등 의장 시설 이외에 능비(陵碑)와 화표석(華表石) 등 왕릉을 표지하기 위한 시설, 석상(石像)을 포함한 능을 수호하기 위한 시설, 정기적이건 비정기적이건 제례를 위한 상석(床石)과 배례공간(拜禮空間)을 포함한 시설, 이 제례를 담당하던 사원(寺院) 등의 건축시설 등이 복합되어 능원을 형성하였다고 할 수 있다.

이 책은 이러한 능원의 변화에 중점을 두는 관점에서 신라의 왕릉을 풀어보고자 한다. 이 시도가 앞으로 신라왕릉의 온전한 이해의 문으로 다가가는 빠른 길이 된다면 좋을 것이다. 그리고 이를 기점으로 해서 신라왕릉의 연구가 더욱 활성화되기를 바란다.

이 글에서는 마립간기의 왕릉 문제에 대해서는 아주 소략하게 다뤘다. 이는 지은이가 그동안 매진했던 적석목곽분에 대한 다수의 글에서 이미 많은 논의를 진행함으로써 더 이상의 논지를 전개하는 것이 무의미하다는 판단 때문이다. 지은이의 새로운 의견을 제시할 능력이 없기도 하다. 또한 이 책에서 시원기에 해당하는 마립간기를 신라의 초기국가라는 관점에서 받아들이면 실제 왕의 칭호가 확립된 중고기의 시작, 즉 법흥왕의 무덤부터 본격적인 왕릉이라는 의미 부여가 가능하고, 적석목곽분의 왕릉은 왕묘로 구분할 수도 있기 때문이다.

이 책의 뒤에는 당 황릉을 답사하면서 보고 느낀 소감을 덧붙였다. 신라는 통일 이전부터 당과 아주 밀접하게 접촉함으로써 삼국통일의 기반을 마련하였고, 통일전쟁 시기에 잠시 당과 다투는 등 약간의 소강기가 있었지만 계속해 사신을 보내고 받는 등의 교류를 진행했다. 이런 과정에서 신라왕릉에 당 황릉 능원제도의 요소가 스며든 것이 보인다. 따라서 앞으로 신라왕릉의 실체에 다가가기 위해서 당 황릉의 관찰도 필요함은 자명하다. 이런 의미에서 소략하나마 지은이가 생각하고 있는 당 황릉의 능원제도와 입지, 석각의 발생과 전개를 정리하여 덧붙인 것이다.

부족한 글을 책으로 출간하게 된 것은 한빛문화재연구원의 김기봉 원장님을 비롯한 구성원들의 배려가 있었기 때문이다. 이 책이 연구서로서 공이 있다면 그 공은 연구원의 구성원 모두에게 돌리고 싶다. 또한 간행하면서 주축이 되어 업무를 처리한 연구원의 여수경 박사 공을 잊을 수 없을 것이다. 이에 감사드리며 글을 맺는다.

2025년을 시작하며

김 용 성

제1장

연구 현황과 왕릉의 형식

신라의 왕릉과 능원

1장 연구 현황과 왕릉의 형식

1. 연구 현황과 문제

경주에 신라의 왕릉으로 불리고 있는 것은 모두 36기이고 경주를 벗어난 지역에 남아있는 왕릉으로 전하는 것이 경남 양산시에 있는 전진성여왕릉과 경기도 연천군에 있는 경순왕릉이다. 따라서 신라의 왕릉으로 전해지고 있는 것은 모두 38기인데, 이는 신라 역대 왕의 수가 56위인데 비하여 전해지는 것은 적다고도 할 수 있다. 그리고 왕릉으로 전해지고 있는 38기 가운데도 많은 것이 남아있는 기록상의 위치나 시대적인 능의 형식과는 차이가 있어 의문시되고 있다. 다만 능비가 남아있는 태종무열왕릉만은 확실시되고 여기에 덧붙여 기록상의 위치 비정과 학계에서 논의된 시대적인 형식에 맞아 널리 인정하고 있는 것은 흥덕왕릉·문무왕릉·선덕여왕릉 정도이다.

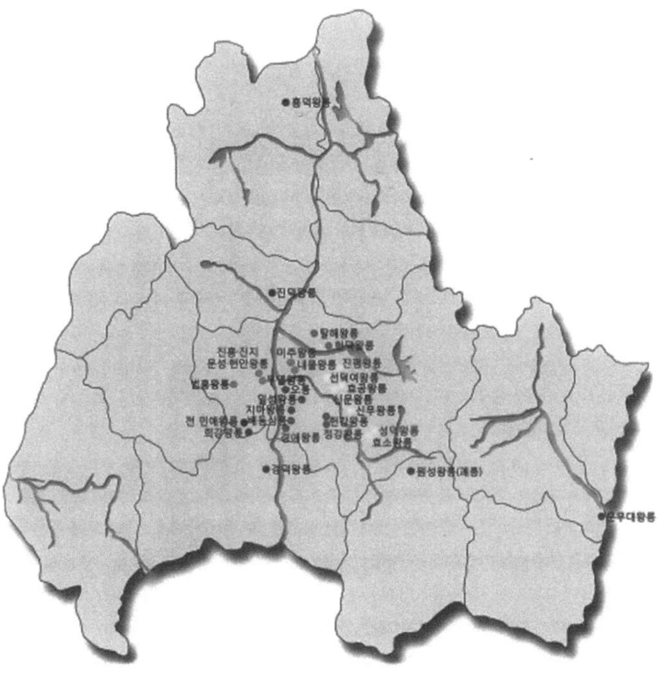

그림 1. 경주의 신라 왕릉 분포(경주시 외 2013)

이렇게 대부분 왕릉의 주인공이 부정되고 있는 것은 조선 영조 6년(1730)을 전후하여 그 이전에 전해 오던 10기(무열왕릉·성덕왕릉·헌덕왕릉· 혁거세릉·미추이사금릉·법흥왕릉·진흥왕릉·선덕왕릉·효소왕릉)에 갑자기 17기(진덕왕릉· 일성이사금릉·진지왕릉·진평왕릉·신문왕릉·신무왕릉·문성왕릉·헌안왕릉·헌강왕릉·정강왕릉·효공왕릉·지마이사금릉·희강왕릉·신덕왕릉·경명왕릉·경애왕릉·아달라이사금릉)가 더해지고, 근래에 다시 9기(경덕왕릉·원성왕릉·남해차차웅릉·유리이사금릉·탈해이사금릉·파사이사금릉·나물마립간릉·민애왕릉)가 더해져 전해지고 있음에서 알 수 있듯이 이미 『삼국사기(三國史記)』와 『삼국유사(三國遺事)』 편찬 이전부터 왕릉의 주인공이 불확실하였고, 그 후 억측과 구전이 사실화되어 전승되고 있는데다가 해방 후 정부에서 법정 지정 시에는 주인공의 고증보다는 법적 보호의 측면이 더 강조되었기 때문으로 보인다(강인구 2000: 427).

이러한 문제점은 일찍이 화계 유의건(1687~1760)이 『나능진안설(羅陵眞贋說)』에서 전혀 문헌에 의하지 않고 일시에 무식한 촌한의 말만 듣고 결정하였다고 개탄하고 있으며, 추사 김정희(金正喜)(1786~1856)가 『진흥왕릉고(眞興王陵攷)』에서 왕릉으로 전해지지 않고 있던 서악동고분군의 무열왕릉 뒤에 있는 대형분을 진흥왕릉을 비롯한 김씨의 왕릉으로 비정한 것에서도 찾을 수 있다.[1)]

왕릉에 대한 이러한 문제의 해결은 확실한 역사적인 기록의 고증과 고고학적인 연구 성과를 연계하여 검토해야 할 것으로 판단된다. 지금까지의 그 성과를 가지고 신라 왕릉을 검토하면 다음과 같다.

먼저 신라의 고분은 목관묘 단계(기원전~기원 2세기 중엽), 목곽묘 단계(2세기 후반~4세기 전반), 적석목곽묘 단계(4세기 후반~6세기 전반), 석실묘 단계(6세기 중엽 이후)로 정리되고 있다(김용성 2015). 또 마립간기에 이르러서야 고대한 봉토분이 성립되었다는 의견이 지배적이므로 마립간기 이전 왕릉으로 비정한 것들에 대해서는 자료의 증가를 기다려야 한다. 다만 이들 가운데 오릉(박혁거세릉·남해차차웅릉·유리이사금릉·파사이사금릉)과 미추이사금릉은 안정성이 없는 것도 아니나 현재 지정된 왕릉은 모두 적석목곽이 내부 주체로 사용된

1) 이와 같은 신라 왕릉의 비정에 대한 문제와 그 전개 과정에 대해서는 이근직(2006, 2012)에 의해서 상세하게 정리되었다.

것으로 추정되고 있으므로 새로운 자료가 출현하여 신라 고분의 편년이 상향 조정되거나 능의 수축, 개축 등 새로운 해석이 부가되어 증명되지 않는 한 이것들도 부정될 수밖에 없다.

신라 왕릉에 대한 관심은 비록 18세기에 시작되었으나 19세기까지는 일부 왕릉에 대한 비정에 머물렀고, 근대적인 학문으로서 왕릉 연구는 20세기 초부터 일제강점기를 거치면서 사이또다다시(齋藤忠) 등 일인 학자에 의해 시작되었다. 대한민국 수립 후 정인보(1955)의 괘릉과 오릉에 대한 왕릉 비정을 시작으로 몇몇 학자들이 일부 개별 왕릉을 다시 비정하기 시작하였고(김상기 1969, 박일훈 1968, 이병도 1969, 정중환 1970, 진홍섭 1965), 강우방(1973, 1982)에 의해 신라 왕릉에 새겨진 십이지의 양식변천과 그를 통한 상대적 편년이 시도되었다. 이후 왕릉의 능원에 배치된 석인상(石人像)과 석수(石獸)의 연구(권영필 1992, 민병훈 1998, 박경원 1982, 이재중 1996)가 있었고, 강인구(1984a, 1984b, 1987, 2000)와 이근직(1986, 2005, 2006, 2012)에 의해 본격적인 왕릉 비정과 의미의 파악이 시행되었다.

즉 신라 왕릉을 비정한 견해는 대부분 단편적이었고, 전면적인 검토는 강인구(2000)와 이근직(2006, 2012)에 의해 이루어졌다.[2] 중고기 이후 왕의 장지 기록과 이들의 견해는 〈표 1〉과 같다. 여기에서 마립간기를 제외한 중고기 이후의 왕릉은 강인구의 경우 18기를 비정하였고, 이근직의 경우 20기를 비정하였다.

차이점은 강인구가 현재 지정된 왕릉만을 대상으로 하여 비정하였으나, 이근직은 왕릉으로 추정할 수 있는 다른 고분이나 그 흔적까지 포함하여 왕릉을 비정하였다. 양자의 의견이 일치한 것은 서악동 무열왕릉 뒤편의 초대형 고분 4기 가운데 양자 간 순서에 차이는 있으나[3] 중고기의 법흥왕(514~540)의 능, 진흥왕(540~576)의 능, 진지왕(576~579)의 능이 포함된 것으로 본 것과 기록과 현재 위치에 대한 고증이 거의 확실한 것으로 믿어지는 선덕여왕(632

---

2) 이외 최근에 서악동 왕릉의 주인공 비정, 통일신라 일부 왕릉의 비정(배노찬 2022) 등이 시도되었다.

3) 강인구(2000)는 왕릉이 위에서부터 아래로 축조된 것이고 무열왕의 직계 조상이기 때문에 무열왕의 부친 김용춘의 묘가 여기에 포함된 것으로 보아 1호를 법흥왕릉, 2호를 진흥왕릉, 3호를 진지왕릉, 4호를 김용춘의 묘로 보았으나 이근직(2006)은 아래에서 위로 축조되어 간 것이고, 여기에 법흥왕비릉이 포함된 것으로 보아 4호를 법흥왕릉, 3호를 법흥왕비릉, 2호를 진흥왕릉, 1호를 진지왕릉으로 비정하였다. 이근직이 제시한 서악동고분군의 남측 사지가 영경사 혹은 애공사로 불렸던 것이라면 이를 기록의 방위와 맞출 때 그의 축조 순서가 적합하나 여기에 법흥왕비릉이 포함되었을 가능성보다 진흥왕비릉이 포함되었을 가능성이 더 크다. 구체적인 비정은 어떠하든 이곳이 법흥·진흥·진지왕의 능이 포함된 중고기 전기의 능원임은 확실하다.

표 1. 신라 마립간기 이후 왕릉의 장지기록과 비정안

왕	재위기간	장지기록 본기:『삼국사기』, 왕력,기이:『삼국유사』	강인구 비정	이근직 비정
마립간기 (나물~지증)	365~514	나물마립간-陵在占星臺西南(왕력)		
23대 법흥왕	514~540 (중고기~)	葬於哀公寺北峰(본기) 陵在哀公寺北(왕력)	서악동 1호	서악동 4호
24대 진흥왕	540~576	葬于哀公寺北峰(본기)	서악동 2호	서악동 2호
25대 진지왕	576~579	葬于永敬寺北(본기) 陵在哀公寺北(왕력)	서억동 3호	서억동 1호
26대 진평왕	579~632	葬于漢只(본기)	전헌덕왕릉	
27대 선덕여왕	632~647	葬于狼山(본기) 葬我於忉利天中～狼山南地(기이)	선덕여왕릉	선덕여왕릉
28대 진덕여왕	647~654	葬沙梁部(본기)	전지마왕릉	
29대 무열왕	654~661 (중대~)	葬永敬寺北(본기) 葬於哀公寺東有碑(기이)	무열왕릉	무열왕릉
30대 문무왕	661~681	葬東海口大石上(본기) 陵在感恩寺東海中(왕력)	대왕암	대왕암
31대 신문왕	681~692	葬狼山東(본기)	전진평왕릉	전진평왕릉
32대 효소왕	692~702	葬于望德寺東(본기) 陵在望德寺東(왕력)	전신문왕릉	전신문왕릉
33대 성덕왕	702~739	葬移車寺南(본기) 陵在東村南一云楊長谷(왕력)	전정강왕릉	성덕왕릉
34대 효성왕	739~742	燒柩於法流寺南散骨東海(본기) 法流寺火葬骨散東海(왕력)		
35대 경덕왕	742~765	葬毛祇寺西岑(본기) 陵後移葬楊長谷中(왕력)	전헌강왕릉	전김유신묘
36대 혜공왕	765~78	(시해)	전민애왕릉	
37대 선덕왕	780~785 (하대~)	死後依佛制燒火散骨東海(본기)		
38대 원성왕	785~799	以遺命擧柩燒於奉德寺南(본기) 陵在鵠寺今崇福寺也有致遠所立碑(왕력) 陵在吐含岳西洞鵠寺(今崇福寺)(기이)	전성덕왕릉	괘릉
39대 소성왕	799~800			전경덕왕릉
40대 애장왕	800~809			전민애왕릉
41대 헌덕왕	809~826	葬于泉林寺北(본기) 陵在泉林村北(왕력)		전헌덕왕릉
42대 흥덕왕	826~836	合葬章和王妃之陵(본기) 陵在安康北比火壤與妃昌花合葬(왕력)	흥덕왕릉	흥덕왕릉
43대 희강왕	836~838	葬于蘇山(본기)		능지탑십이지
44대 민애왕	838~839	群臣以禮葬之(본기)(시해)		구정동방형분
45대 신무왕	839~839	葬于弟兄山西北(본기	괘릉	전진덕왕릉
46대 문성왕	839~857	葬于孔雀趾(본기)		전헌강왕릉
47대 헌안왕	857~861	葬于孔雀趾(본기)		전정강왕릉?

왕	재위기간	장지기록 본기:「삼국사기」, 왕력,기이:「삼국유사」	강인구 비정	이근직 비정
48대 경문왕	861~875		전경덕왕릉	
49대 헌강왕	875~886	葬菩提寺東南(본기)		
50대 정강왕	886~887	葬菩提寺東南(본기)		
51대 진성여왕	887~897	葬于黃山(본기) 火葬散骨于牟梁部西岳一作未黃山(왕력)		
52대 효공왕	897~912	葬于獅子寺北(본기) 火葬獅子寺北骨藏于仇知提東山脇(왕력)		
53대 신덕왕	912~917	葬于竹城(본기) 火葬藏骨于箴峴南(왕력)		
54대 경명왕	917~924	葬于黃福寺北(본기) 火葬~散骨于省等仍山西(왕력)		
55대 경애왕	924~927	葬南山蟹目領(본기)(시해)	전일성왕릉	

~647)의 능, 무열왕(654~661)의 능, 문무왕(661~681)의 능, 흥덕왕(826~836)의 능과 신문왕(681~692)의 능(전진평왕릉), 효소왕(692~702)의 능(전신문왕릉) 모두 6기이다. 이외 비교적 안정된 비정으로 볼 수 있는 것이 괘릉으로 강인구는 신무왕릉으로 보고, 이근직은 원성왕릉으로 비정하였는데, 최치원이 찬한 숭복사비(崇福寺碑)가 괘릉의 가까이서 출토되어 이전부터 원성왕릉으로 비정한 바 있다(진홍섭 1965).

지금까지 이들이 왕릉의 비정에 사용한 근거는 『삼국사기(三國史記)』 신라본기(新羅本紀)와 『삼국유사(三國遺事)』 왕력(王曆)과 기이(紀異)에 실린 왕의 장지와 관련된 문헌 기록〈표 1〉과 고고학 자료이다. 사용된 고고학 자료는 왕릉의 입지, 호석의 구조, 봉분의 크기, 능원 석물, 왕경과 거리 등이다.

강인구(2000: 457~458)는 왕릉의 호석을 1) 적석목곽분 호석을 이어받아 돌담식의 자연석을 쌓은 호석, 2) 치석(治石)한 블록형의 장대석으로 쌓은 것 또는 여기에 갑석(甲石)과 지대석(地臺石)을 갖추어 기단화한 것, 3) 거대한 판석으로 호석을 축조하는데 불탑과 같이 탱주(撑柱)와 면석(面石)을 구분한 것, 그리고 호석에 십이지신상을 조각하고 분구 주위에 석난간(石欄干)을 돌리며 능의 앞에 문무석·사자상·화표석·능비 등을 배치한 것 순으로 바뀌는 것으로 파악하였다.

그러나 이근직(2012: 446~455)은 〈표 2〉와 같이 법흥왕릉 형식, 무열왕릉 형식, 성덕왕릉 형식, 전민애왕릉 형식, 전일성왕릉 형식으로 호석을 분류하고 발전하는 것으로 보았다.

표 2. 이근직의 신라 왕릉 호석 분류

법흥왕릉 형식 : 높은 괴석호석(높이 3~5m)(서악동고분군 4기, 선덕여왕릉)
무열왕릉 형식 1) 괴석호석에 괴석 받침석을 둔 것(무열왕릉, 전김인문묘, 전효공왕릉)
2) 괴석과 할석을 혼용한 호석에 괴석 받침석을 둔 것(전진평왕릉)
3) 치석호석에 가공한 받침석을 둔 것(전신문왕릉)
성덕왕릉 형식 1) 면석과 탱석으로 조성된 호석에 받침석을 둔 것(환조 십이지신상)(성덕왕릉)
2) 면석과 탱석으로 조성된 것(부조 십이지신상)(황복사 동편 왕릉, 전김유신묘, 원성왕릉, 전경덕왕릉, 헌덕왕릉, 흥덕왕릉, 능지탑 십이지신상, 구정동방형분, 전진덕여왕릉)
3) 면석만 돌린 것(용강동고분)
전민애왕릉 형식 : 가공한 장대석 호석(전민애왕릉, 전헌강왕릉, 전정강왕릉)
전일성왕릉 형식 : 낮은 괴석 호석(높이 30cm 내외)(전일성왕릉)

양자의 가장 큰 차이점은 강인구의 2)식과 이근직의 전민애왕릉 형식인 전정강왕릉·전헌강왕릉·전민애왕릉의 위치 부여이다. 같은 형식인데도 불구하고 강인구는 비교적 이른 시기인 8세기 중대의 형식으로 보았고, 이근직은 9세기 후반 하대의 퇴화한 왕릉 형식으로 보았다. 양자는 대부분 이를 문헌에 근거하여 비정하였으나 마침 이 형식의 왕릉 가운데 1기(전헌강왕릉)가 발굴되었고, 1기(전민애왕릉)의 주변이 조사되어 고고학 자료가 산출되었다. 또한 근래에 이와 같은 형식을 가진 능묘급 석실분 하나가 신당리에서 발굴되었다(계림문화재연구원 2013). 따라서 이를 근거로 실상에 다가갈 수 있게 되었다.

신라의 중고기 이후 왕릉으로 추정되는 고분 가운데 고고학 발굴을 거친 것은 전헌강왕릉(장정남 외 1995), 전신덕왕릉(박일훈 1963)과 왕릉으로 추정되는 구정동방형분(有光教一 1936)(이근직 2012: 406)이다. 그리고 전민애왕릉의 주변이 조사되었다(정양모 외 1985). 이 중 일반

고분으로 보이는 전신덕왕릉(강인구 2000: 414)을 제외한 나머지 3기의 조사현황과 그 편년을 살펴보면 다음과 같다.

전헌강왕릉은 호석을 지대석 위에 갑석 없이 잘 치석한 장방형의 석재를 '品'자형으로 4단으로 쌓았다.[4] 전격적인 발굴은 아니었으나 내부 구조가 밝혀졌고 일부 유물이 출토되었다. 매장주체부는 장방형의 현실 우측에 연도를 낸 편수식의 횡혈식석실묘〈그림 3-1〉로 시상대(屍床臺)의 배치와 연도의 방향 등 그 구조가 다르나 경주 충효리 8호분을 닮고 있다. 또 같은 형식의 구정동방형분보다는 채택한 석재에서 차이점이 있어 이들 사이에 축조된 것으로 볼 수 있다. 충효리 8호분은 8세기 전반 무렵, 구정동방형분은 8세기 후반으로 편년(東潮 1993: 131)하고 있으나 구정동방형분의 경우 후술하다시피 여러 가지 정황으로 미루어 9세기 후반에 축조된 것으로 볼 수 있다.

전헌강왕릉에서 출토된 토기편에 시문된 인화문(印花文)은 열점원문(列點圓文)·연속마제형문(連續馬蹄形文)·열점능형문(列點菱形文)·연주화형문(連珠花形文)·연속동심원문(連續同心圓文)·점반원문(點半圓文) 등인데, 이중 연속마제형문은 최병현(2011)의 B형이고 화판문(花瓣文)이 함께하여 늦게 보아도 최병현의 신라후기양식토기 4b기로 볼 수 있는 점에서 8세기 전엽이 하한으로 보인다.

그림 2. 원화 10년명 골호(국립중앙박물관 2003)

전민애왕릉의 호석은 지대석 위에 잘 치석한 장방형의 석재를 '品'자형으로 3단을 쌓고 갑석을 얹은 형식이다. 호석에 부석(扶石)(받침석)을 받쳤는데, 후대에 설치된 것으로 보았으나(이근직 2012) 신당리에서 같은 형식의 석실분이 조사되어 원래부터 부석이 있음을 알 수 있다.

4) 보고서에 의하면 이 왕릉의 호석은 내호석과 이에 잇대어 설치한 외호석으로 구분된다. 이로 보아 장방형으로 치석한 석재를 쌓은 호석은 내부에 할석으로 호석을 쌓고, 그 외부에 붙여 의장한 것으로 볼 수 있다. 따라서 치석한 석재의 호석은 봉분의 붕괴를 방지하기 위한 목적보다 장식적인 의미가 강하다고 할 수 있다.

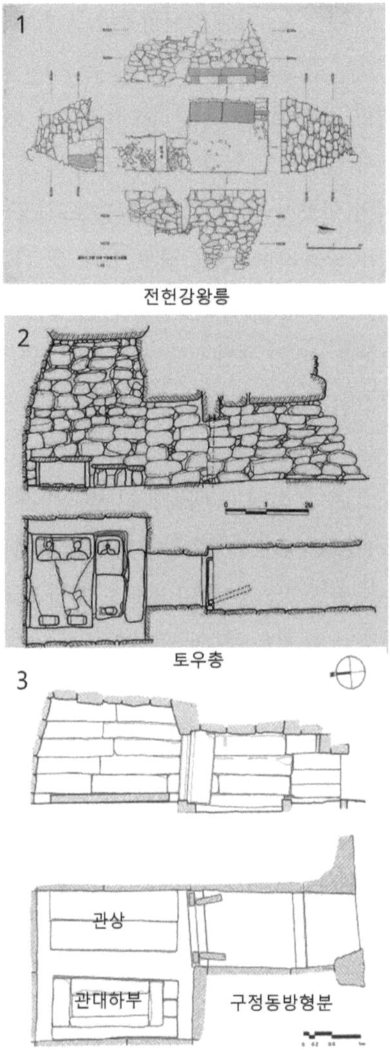

그림 3. 통일신라 석실(1·2: 보고서, 3: 경주시 외 2013 개변)

주변에 대한 조사에서 왕릉을 축조한 이후에 매납된 골호(骨壺)가 발견되었고, 그 뚜껑에 '원화십년(元和十年)'이라는 기년이 적혀 있다〈그림 2〉. 원화는 중국 당(唐) 헌종(憲宗)(806~820)의 연호로 원화 10년은 815년으로 전민애왕릉의 축조 하한이 된다(최병현 2011: 166). 그리고 봉분의 바깥에 매장한 십이지가 발견되었는데, 이는 8세기 중엽으로 편년되는 국립경주박물관소장품(강우방 1990: 362)과 매우 유사하여 전민애왕릉의 축조를 8세기 후반으로 볼 수 있다.

구정동방형분은 호석을 지대석 위에 같은 크기의 잘 치석된 장방형 석재를 3단으로 쌓고 사이사이에 탱석을 두었고, 모서리에 우주를 표현하였고, 위에 갑석을 얹은 형식이다. 고분은 신라에서는 특수하고 고려시대에 유행한 방형계의 봉분을 가진 점에서 가장 늦은 형식으로 볼 수 있다.

이는 조사된 석실〈그림 3-3〉에서도 관찰되는데, 9세기 이후로 편년되는 장산 토우총보다 발전된 모습[5]을 보여주기 때문이다. 장산 토우총〈그림 3-2〉은 방형 현실의 남쪽 중앙에 연도를 낸 양수식으로 장방형 현실 우측에 연도를 낸 편수식인 구정동방형분의 묘실과는 다르나 시상(屍床)의 받침석이 면석·우주·탱주로 구성된 석탑의 기단식이나 아무런 장식이 가해지지 않았다. 이에 비

5) 장산토우총에서는 당의 연호 '대중(大中)(847~860)'이라는 기년이 원래 있었다고 하는 설에 의해 이 시기에 축조된 것으로 보고 있다 (최병현 1992).

해 구정동방형분의 우주가 표현된 관대(棺臺)의 받침(석관?)에는 안상(眼象)[6]을 새겼고, 석실을 축조한 석재도 토우총의 것은 비록 치석하였으나 불규칙한 크기인데, 구정동방형분은 정연하게 설계된 크기로 다듬은 블록형의 장대형 석재로 빈틈없이 석벽을 축조하여 차이점이 있다. 따라서 구정동방형분은 일러도 9세기 중엽 이후로 토우총보다는 늦은 시기임을 알 수 있다.

이상의 조사 결과는 9세기 전반이 확실한 흥덕왕릉이 십이지가 새겨진 완성된 신라의 왕릉 호석의 형식이라는 점에서 보면 전헌강왕릉과 전민애왕릉의 형식은 그 이전 그 형식으로 발전해 가는 과정의 왕릉 호석으로 볼 수 있게 한다. 흥덕왕릉은 지대석 위에 판석의 면석과 탱석으로 구성된 호석의 위에 갑석을 얹은 형식이다.

그림 4. 경주 용강동 고분

그림 5. 황성동석실분(좌)과 용강동고분(우) 출토 남녀 도용

한편 왕릉은 아니지만 왕에 버금가는 귀족의 묘로 믿어지는 용강동고분(문화재연구소 1990)〈그림 4〉이 발굴되어 호석과 관련된 해석에 도움이 된다. 이 고분의 호석은 지대석 위에 탱석이 없이 판석의 면석만 돌리고 갑석을 얹은 형식이다. 이 고분은 방형 현실의 중앙에 연도를 붙인 양수식의 횡혈식석실로 내부에서 청동십이지용(靑銅十二支俑)을 비롯한 다수의 도용(陶俑)이 출토되었다.

출토된 도용은 남성상 15점과 여성상 18점인데, 남녀 모두의 복식이 중국의 영향을 받은 것이다. 이보다 앞선 황성동석실분(국립경주박물관 외 1993)의 도용은 남자복식은 당(唐)의 복식이고, 여자복식은 그렇지 않아 신라에서 남자의 복식이 중국식으로

6) 왕릉 석재에 안상문을 새긴 것은 전성덕왕릉 이후의 능전 상석 받침석에서 출현하였다. 구정동방형분의 이 안상문은 십이지를 가진 왕릉 가운데 비교적 이른 시기인 전성덕왕릉의 것과는 많이 다르고 늦은 형식으로 믿어지는 전경덕왕릉의 상석 안상문과 유사하다.

바뀌는 진덕여왕 3년(649)에서 여자의 복식도 중국식으로 바뀌는 문무왕 4년(664) 사이에 제작된 것(최병현 2011: 164, 홍보식 2002: 105)으로 보는 것이 일반적이다〈그림 5〉.

그리고 용강동고분에서 출토된 토기에 찍힌 연속마제형문은 단위 문양이 황성동석실분의 것보다는 약간 U자형으로 말각방형화하여 늦으나 아직 이중반원점의 형태를 벗어나지는 않았다. 따라서 그 시차가 크지 않다면 7세기 후반으로 볼 수 있게 된다(최병현 2011: 159).

이러한 사실은 호석으로 면석이 사용되기 시작한 시기가 7세기 후엽, 즉 중대 초기로 볼 수도 있으나 많은 점에서 의문이 일고 있다.[7] 그러나 용강동고분 형식의 호석도 흥덕왕릉과 같이 완성된 호석이 등장하기 이전에 이미 출현한 것이지 그것의 쇠퇴형이라고 볼 수만은 없다.[8] 즉 완성된 호석이 등장하기 이전에 다양한 호석이 등장하여 통합됨으로써 지대석·면석·탱석·갑석으로 구성된 완성된 호석의 형식이 성립되었을 가능성을 열어두어야 한다.[9] 그것은 중국 당의 묘실 내에 십이지용을 부장하는 현상이 8세기 중엽 전후에 많이 등장(秦浩 1996: 174, 網干善教 2006: 272~273)하고 있는 것에서 방증된다.

한편 구정동방형분의 호석과 이근직의 전민애왕릉 형식은 비록 같이 장방형으로 잘 치석한 석재를 쌓아 호석을 마련한 것이나 차이점이 있다. 즉 전민애왕릉 형식은 장대석을 '品'자형으로 쌓았으나 구정동방형분은 훨씬 더 긴 장대석을 각 단 1매를 '日'자형으로 3단을 쌓아 흥덕왕릉을 비롯한 십이지가 새겨진 왕릉 호석의 판석 면석을 대체하였다. 따라서 전민애왕릉 호석 형식이 구정동방형분과 연결되는 것보다 앞 시기의 전신문왕릉과 연결되는 것이 자연스

7) 용강동고분의 토기는 7세기 전반경의 것이나 출토된 십이지신상과 도용은 그 조각 수법이나 복식이 성당시대 이후의 양식이고 외호석 등은 신라 하대에 이르러 보축된 것으로 본 견해가 있다(최병현 1992).

8) 용강동고분 호석은 내호석과 외호석이 접하여 있지 않고 상당한 거리를 두고 있어 외호석이 추가장이 완료된 후 다시 축조되었을 가능성이 큼으로 외호석의 축조와 십이지용 등의 부장이 늦을 개연성은 크다. 그러나 추가된 피장자의 성격에 따라 다르겠지만 그 시차가 두 세대(반세기) 이상은 아닐 것으로 봄이 합리적일 것이다. 설사 더 늦더라도 9세기로 넘어가지는 않을 것이다. 東潮(2011)는 8세기 초 당의 조양(朝陽) 황하로묘(黃河路墓)십이지와 비교하여 용강동고분 십이지를 7세기 말 또는 8세기 초로 보았고, 7세기 말로 보는 견해(大塚初重編 2004)도 있다.

9) 신라 왕릉의 완성된 호석에서 탱석은 그 좌우의 면석을 물고 봉분 내부로 깊숙이 들어가 돌못의 역할을 하였다(이근직 2006: 226). 따라서 면석만으로 구성된 호석이 먼저 등장하였고, 그러한 호석이 봉분의 압력에 의해 손괴되기 쉬워 탱석이 사용되었을 것이다. 그러나 이 탱석도 처음부터 돌못과 같이 길게 만들어져 봉분 속 깊이 들어가지는 않은 것 같다. 전성덕왕릉의 경우 탱석을 사용했는데, 그 탱석이 그리 길지 않아 부석을 받친 것이 그것을 말해준다.

럽다. 전신문왕릉의 호석은 지대석 위에 치석한 장방형의 사괴석을 '品'자형으로 5단을 쌓고 위에 갑석을 얹었고, 이 호석에 잘 다듬은 사다리꼴의 부석을 기댄 형식이다.

2. 신라 왕릉의 형식과 변천

1) 호석의 형식과 변천

앞에서의 언급한 거의 확정된 왕릉을 기준으로 하고 검토 결과를 종합하여 신라 왕릉의 호석을 포함한 봉분 외표시설의 변화를 살피면 대략 다음과 같은 결과가 도출된다.

마립간기에 천석을 사용하여 돌담식으로 호석을 마련하던 것(無扶石川石담장형)에서 서악동고분군과 같이 괴석을 안으로 들여쌓은 호석(無扶石塊石담장형), 여기에 부석(扶石)을 기댄 무열왕릉과 같은 것(有扶石塊石담장형), 지대석(地臺石)을 놓고 치석한 블록형의 사괴석(四塊石)(이하 치석으로 부름)으로 호석을 쌓은 전헌강왕릉과 같은 것(無扶石治石담장형)과 여기에 부석을 기대고 갑석을 갖춰 기단화한 전신문왕릉과 같은 것(有扶石治石담장형), 흥덕왕릉과 같이 지대석 위에 치석한 판석(板石)(이하 판석으로 부름)의 면석(面石)과 탱석(撑石)으로 구성된 호석을 축조하고 갑석을 얹어 기단화하고 회랑형의 석난간(石欄干)을 돌린 것(板石面石형), 이것에서 변화하여 면석을 정연하게 치석한 장대석으로 바꾸고 네 모서리에 우주(隅柱)를 표현한 방형의 구정동방형분(治石面石형) 순으로 변천하였음을 알 수 있다.

한편 신라 왕릉에는 위의 형식에 포함되지 않은 것이 두 종류가 있다. 흥덕왕릉과 같은 형식이나 탱석에 부석을 기댄 전성덕왕릉(有扶石板石面石형)과 흥덕왕릉과 같은 무부석판석면석형이나 난간이 생략된 전진덕여왕릉이다. 이들은 모두 봉분 외표시설에 십이지를 환조(丸彫)하거나 부조(浮彫)한 것으로 그러한 것 가운데 가장 이른 시기의 것이 전성덕왕릉, 거의 말기의 형식으로 판단되고 있는 것이 전진덕여왕릉이라는 것(강우방 1990: 375, 齋藤忠 1973: 259)은 대세적이기 때문에 유부석판석면석형인 전성덕왕릉은 무부석판석면석형의 앞에, 난간이 없는 형식인 전진덕여왕릉은 그 뒤에 놓을 수 있다. 이를 종합하여 신라 왕릉 호석의 형식을 분류하면 다음과 같고 그 축조서열은 〈그림 6〉과 같다.

그림 6. 신라 왕릉 호석의 형식

무부석천석담장형 : 황남대총 남분을 비롯한 적석목곽분의 호석 형식으로 봉분의 둘레에 냇돌을 사용하여 돌담식으로 쌓은 것이다. 돌담 바깥에 이를 지지하는 시설은 없다. 대릉원지구에 분포하는 대형의 적석목곽분은 모두 이 형식의 호석을 가졌다. 이중 대형분의 경우 계단식으로 쌓은 것도 보인다.

무부석괴석담장형 : 할석을 사용하여 앞의 적석목곽분과 같이 돌담식의 호석을 마련한 것이다. 서악동왕릉군의 네 고분이 대표적이다. 담장을 지지하는 시설은

없다. 발굴된 신라 중고기 석실분은 대부분 이 형식이다.[10] 역시 대형 분의 경우 2단의 계단식도 보인다.

유부석괴석담장형 : 할석을 사용하여 돌담식으로 쌓고 이 담장을 지지하기 위해 커다란 괴석을 등간격으로 기대 놓은 것이다. 무열왕릉이 대표적이고, 그 앞의 전김인문묘, 대릉원지구 28·29·30호, 전효공왕릉 등이 이 형식이다. 발굴된 고분으로는 소현리석실분과 황성동석실분이 있다. 전진평왕릉도 이 형식이나 치석한 석재가 일부 포함되었다(이근직 2012).

유부석치석담장형 : 지대석·면석·갑석으로 구성된 호석을 가졌고, 이 호석에 치석한 장대석을 기대 지지하도록 한 것이다. 면석은 치석한 사괴석을 사용해 品자형으로 쌓았다. 전신문왕릉이 대표적이고, 전민애왕릉과 발굴된 신당리석실분이 이 형식이다. 전헌강왕릉과 전정강왕릉의 경우 호석의 구조는 같으나 부석이 존재하지 않아 다른 형식(무부석치석담장형)으로 추정되기도 하나 이제까지 조사된 신라 고분 가운데 이 두 고분만 그러하여 부석이 멸실된 것으로 보는 것이 좋을 것 같다. 따라서 여기서는 이 전칭 왕릉 2기도 이 형식으로 본다.

유부석판석면석형 : 호석은 지대석·면석·탱석·갑석으로 구성된 가구식이고, 탱석에 치석한 부석을 기대 지지하도록 한 것이다. 호석의 바깥에는 박석을 깔고, 석난간을 두른 회랑을 마련했다. 성덕왕릉 1기만 발견되고 있다.

무부석판석면석형 : 호석의 구조는 유부석판석면석형과 같으나 탱석을 지지하는 부석이 생략되었다. 원성왕릉·흥덕왕릉·전헌덕왕릉·전경덕왕릉·전김유신묘·전진덕여왕릉이 이 형식에 속한다. 이 형식의 능묘 호석 가운데 다른 것들은 모두 난간을 가지고 있으나 전진덕여왕릉은 그러하지 않아 구별된다.

---

10) 최근 신라문화유산연구원이 서악동 4호분의 호우로 인해 훼손된 부분에 대한 긴급조사(신라문화유산연구원 2024)에서 2단으로 괴석을 쌓은 담장형의 호석 하단에서 부석으로 추정되는 석재가 발견되어 일부 그것이 사용되었음을 알 수 있는데, 이 경우 후대 개축되면서 들어간 것으로 판단되어 처음에는 부석이 없는 호석 구조임을 알 수 있고 같이 출토된 토기 또한 6세기 후엽 이후의 신라토기로 밝혀졌다.

치석면석형 : 호석은 지대석·면석·탱석·우주·갑석으로 구성되었고, 난간은 없다. 면석을 잘 치석한 장대석을 日자형으로 쌓아 올렸다. 구정동방형분이 이 형식이다.

2) 능원의 형식과 변천

신라 왕릉의 능원은 능침이라 할 수 있는 봉분과 그 외표시설, 이를 보호하는 시설물로 설치된 석사자, 능침에 대한 의례와 관련된 상석과 배례공간, 그 전면에 설치된 신도(神道)와 그 좌우의 관검석인(冠劍石人)과 호인상(胡人像) 등 의장 석물, 능원의 입구를 표지하는 화표석, 능비 등이 시설된 공간이라고 할 수 있다. 이러한 모든 시설이 갖추어진 왕릉은 9세기 전반의 흥덕왕릉으로 이를 신라 능원의 전성기에 해당하는 완성된 형태로 본다면 이를 향해 발전하는 형식과 다시 능원 시설이 생략되며 쇠퇴하는 형식을 설정할 수 있다.

이러한 대략적인 추세와 앞에서 나눈 호석 시설의 변화를 근간으로 명확하게 형식을 설정할 수 없는 구황동왕릉지, 능지탑지, 그리고 특수한 형식인 문무왕릉을 제외한 신라 왕릉의 능원 형식을 지금까지 논의된 입지와 방향, 능원 시설을 포함하여 분류하면 〈표 3〉[11] 같이 7개의 형식이 설정되고 그 모식을 작성하면 〈그림 7〉과 같다. 그리고 앞의 호석 변화와 관련시킬 때 신라의 능원이 이 형식의 순서로 변천함을 알 수 있다.

한편 신라왕릉의 입지는 이근직(2006)이 비교적 자세하게 분석하였다. 그는 능선형·평지형·산정형·산사면말단부형·산중복형으로 나누었는데, 여기서는 그의 의견을 대체로 받아들이되 그의 산사면말단부형 가운데 능선 말단을 삭토한 것과 자연 능선을 수정 없이 그대로 이용한 것(무열왕릉·전효공왕릉)을 구분하여 후자를 그의 평지형 가운데 산체를 배경으로 한 평지형과 함께 산지근접형으로 수정하였다. 그리고 이와는 다르게 산체를 의식하지 않은 평지형만을 평지형으로 분류한다.

이렇게 나누면 신라왕릉의 입지는 〈그림 8〉과 같이 평지군집·능선군집·산지근접·능선말단·능선상위·능선중복인 6가지 형태가 설정된다.

11) 이 표에 선정된 왕릉은 무덤의 크기가 크고, 특별한 시설물이 있는 등 다른 고분과는 구별되는 특징을 가진 능묘를 대상으로 하였다. 이외에 왕릉으로 전칭되는 고분에도 실제 왕릉이 있을 것이나 논의의 전개상 이들을 대상으로 하고 특별한 경우에 다른 고분을 첨가해 논의하도록 한다.

표 3. 신라 능묘 능원의 형식

<table>
<tr><th rowspan="2">형식</th><th rowspan="2">전칭왕릉</th><th rowspan="2">봉분(m)
(직경×높이)</th><th rowspan="2">능원시설</th><th colspan="2">봉분 외표시설</th><th rowspan="2">입지</th><th rowspan="2">방향</th></tr>
<tr><th>호석</th><th>부가시설</th></tr>
<tr><td>Ⅰ형식</td><td>황남대총등
대릉원고분</td><td>80×22</td><td>무</td><td>천석담장형</td><td rowspan="4">무</td><td>평지군집</td><td>동서장축</td></tr>
<tr><td rowspan="4">Ⅱ형식</td><td>서악동 4호</td><td>56.1×18.1
(둘레 189)</td><td rowspan="4">공동 배례공간</td><td rowspan="8">괴석담장형</td><td rowspan="4">능선군집</td><td rowspan="4">좌서조동
(왕경방향)</td></tr>
<tr><td>서악동 3호</td><td>46.3×13.5
(둘레 165.3)</td></tr>
<tr><td>서악동 2호</td><td>45.7×12.2
(둘레 146.4)</td></tr>
<tr><td>서악동 1호</td><td>49.1×15.2
(둘레 151.3)</td><td rowspan="2">괴석부석?</td></tr>
<tr><td rowspan="2">Ⅲ형식</td><td>선덕여왕릉</td><td>23.4×6.8
(둘레 73.3)</td><td rowspan="2">배례공간</td><td>능선상위</td><td rowspan="2">좌북조남</td></tr>
<tr><td>전효공왕릉</td><td>21.2×5
(둘레 57.5)</td><td rowspan="3">괴석부석</td><td rowspan="4">산지근접</td></tr>
<tr><td rowspan="7">Ⅳ형식</td><td>무열왕릉</td><td>35.9×8.7
(둘레 112.2)</td><td>상석,배례공간,능비,배장분</td><td>좌서조동</td></tr>
<tr><td>전진평왕릉</td><td>38.9×8.4
(둘레 120.6)</td><td rowspan="6">상석,배례공간</td><td>좌동조서</td></tr>
<tr><td>전신문왕릉</td><td>29.3×7.5
(둘레 92.2</td><td rowspan="5">치석담장형</td><td rowspan="3">치석부석</td><td rowspan="3">좌북조남</td></tr>
<tr><td>전민애왕릉</td><td>12.5×3.8
(둘레 39)</td><td>능선상위</td></tr>
<tr><td>신당동석실</td><td>14.7×3.5</td><td>능선말단</td></tr>
<tr><td>전헌강왕릉</td><td>15.3×4.2
(둘레 47.3</td><td rowspan="2">치석부석?</td><td rowspan="2">능선중복</td><td rowspan="2">좌서조동</td></tr>
<tr><td>전정강왕릉</td><td>15.5×4
(둘레 49.3)</td></tr>
<tr><td rowspan="4">Ⅴ형식</td><td>성덕왕릉</td><td>14.6×4.7
(둘레 46.6)</td><td>상석,배례공간,석사,
관검인,능비</td><td rowspan="7">판석면석형</td><td>부석난간</td><td rowspan="3">능선말단</td><td>좌동조서</td></tr>
<tr><td>원성왕릉</td><td>22×7.5
둘레 69.3)</td><td>상석,배례공간,석사,
관검인,호인,화표</td><td rowspan="5">난간</td><td rowspan="7">좌북조남</td></tr>
<tr><td>흥덕왕릉</td><td>20.6×6.4
(둘레 64.6)</td><td>상석,배례공간,석사,
관검인,호인,화표,능비</td></tr>
<tr><td>전헌덕왕릉</td><td>25.8×6.3
(둘레 82.3)</td><td>상석,배례공간,석사,
관검인,호인</td><td>산지근접</td></tr>
<tr><td rowspan="2">Ⅵ형식</td><td>전경덕왕릉</td><td>20.9×6.1
(둘레 65.5)</td><td rowspan="2">상석,배례공간</td><td rowspan="3">능선중복</td></tr>
<tr><td>전김유신묘</td><td>15.8×5.8
(둘레 49.6)</td></tr>
<tr><td rowspan="2">Ⅶ형식</td><td>전진덕여왕릉</td><td>14.2×4.0
(둘레 44.9)</td><td rowspan="2">배례공간</td><td rowspan="2">무</td></tr>
<tr><td>구정동방형분</td><td>한변 8.9
(둘레 35.6)</td><td>치석면석형</td><td>산지근접</td></tr>
</table>

앞에서 나눈 신라 능원 7개 형식을 설명하면 다음과 같다.

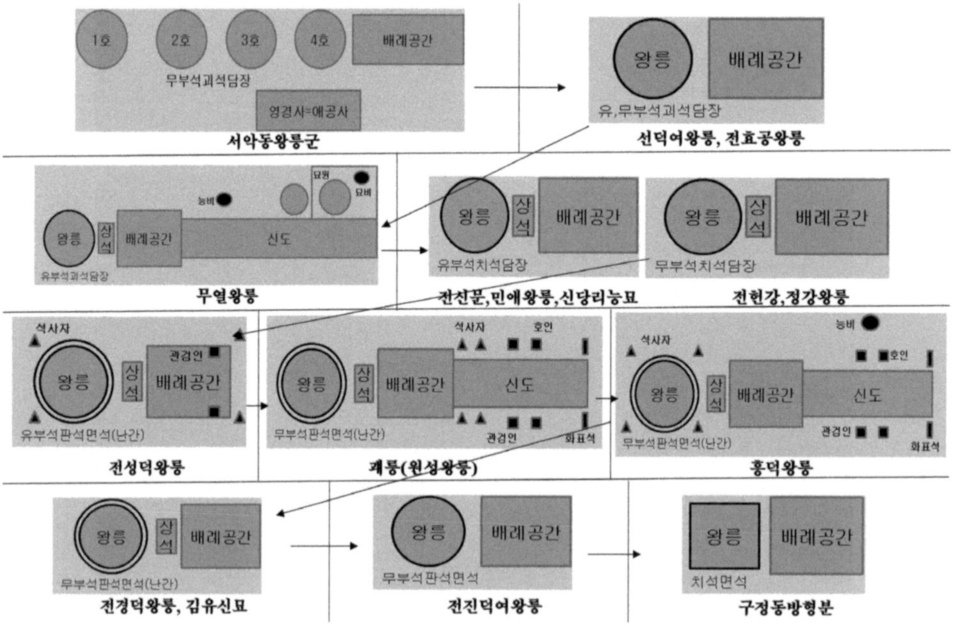

그림 7. 신라 왕릉 능원의 형식과 변천

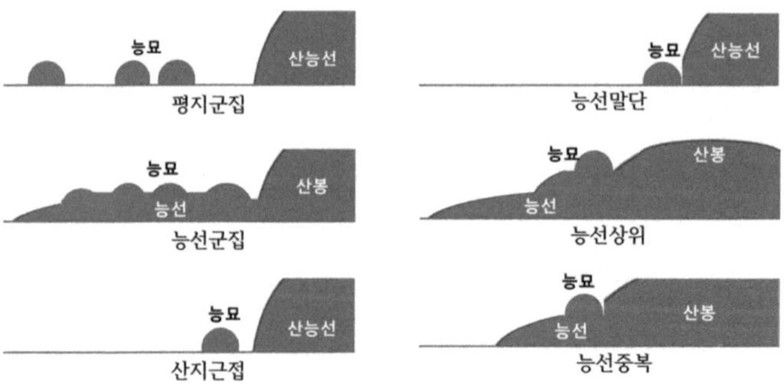

그림 8. 신라 왕릉의 입지 분류

[I 형식] 마립간릉형 〈그림 9〉

월성의 서북부에 분포하는 마립간기 왕족의 능묘구역이다. 대릉원지구고분군 가운데 다른 귀족이나 일반민의 묘와 구분되는 가장 서측의 구역에 분포하는 대형의 고분은 마립간기 마립간과 그 가족의 고분으로 추정할 수가 있다. 이 능원은 마립간과 그 가족의 능묘가 구분되지 않고 군집을 이루며 배열된 것으로 볼 수 있어 마립간릉이 별도의 능역을 가지지 않고 그 가족묘와 함께 일정한 군집을 이루며 배열되었다고 할 수 있다. 따라서 평지에 조성된 능묘군집형(陵墓群集形)이라고 부를 수 있다.

그림 9. 마립간기 왕족 능묘구

개별 마립간릉마다의 배례공간은 성립되지 않은 것 같다. 그러나 고분군의 군집 가운데 비교적 넓은 공간이 마련된 곳도 있어 그것이 배례공간으로 사용되었을 가능성은 있다. 그리고 월성을 기준으로 그 서북쪽에 남에서 북으로 고분이 조성되어갔다고 한다면 그 전면을 왕궁의 방향인 남쪽으로 볼 수 있을 것이고, 왕궁 내부나 그 주변에 그 의례 공간이나 시설이 조성되어 있었을 가능성도 크다. 계림과 첨성대 사이에서 조사된 대형건물지(국립경주문화재연구소 2009)는 후대에 축조된 그러한 시설물일 가능성이 아주 크다. 봉분의 외표시설은 천석으로 쌓은 호석이 전부이고 묘제는 적석목곽이다. 황남대총과 같이 부부를 합장한 표형분이 존재하는 특징이 있다.

현재 학계에서는 이 대릉원지구에 6위의 마립간릉이 있다는 의견에 동조하며, 적어도 119호·황남대총·봉황대·서봉황대는 마립간릉으로 인정하고, 고분군의 134호·천마총·미추왕릉 옆의 105호 등을 그 크기나 배열 상태로 보아 마립간릉으로 추정하고 있다. 그리고 그 주변의 고분은 이들 마립간릉의 배장분으로 보는 경향이 강하다.

[II 형식] 법흥왕릉형 〈그림 10〉

그림 10. 서악동릉원(네이버 지도 개변)

서악동고분군형 또는 왕릉군집형(王陵群集形)이라고 할 수 있는 중고기 전기의 형식이다. 뒤에 높은 주산(선도산), 양옆으로 약간 높은 능선을 두고 서에서 동으로 길게 뻗는 나지막한 능선 위에 군집해서 왕릉이 조성된 능선군집형이다. 왕족 또는 귀족의 고분은 대형의 경우 이 왕릉구를 둘러싼 동북의 약간 높은 능선에 주로 분포하고, 주변을 둘러싼 다른 능선에도 이들보다는 작은 고분이 밀집해서 분포한다.

왕릉이 분포하는 능선의 하단에 있는 4호분과 무열왕릉의 사이에는 비교적 넓고 긴 편평한 배례공간이 마련되어 있다. 전면의 후대 무열왕릉 능원을 별도로 보면 이 배례공간은 군집한 왕릉전체를 위한 것으로 볼 수 있어 아직 개별 왕릉의 배례공간이 마련되지 않았음을 알 수 있다. 봉분의 외표시설은 괴석으로 쌓은 호석뿐이고 다른 능원 시설은 발견되지 않는다.

그러나 고분군의 남쪽에 있는 사지가 영경사(永敬寺) 혹은 애공사(哀公寺)(국립경주박물관 외 2008: 183, 이근직 2012: 231~239)가 있던 곳이라면 원찰(願刹) 성격의 사찰이 인접하여 조성된 것이 된다. 이 사찰의 위치는 북위(北魏) 방산(方山)의 영고릉(永固陵) 전면의 사원, 고구려 진파리고분군 전면의 정릉사(貞陵寺), 백제 능산리고분군 우측의 능사(陵寺)와 유사하다.

묘제는 모두 석실묘로 추정되고 봉분은 단일원분이다. 왕릉은 월성 방향을 전면으로 한 좌서조동(座西朝東)의 방향이라고 할 수 있다. 왕릉은 직경 45m 이상, 높이 12~18m 정도로 마립간릉에 비해 축소된 현상을 보인다.

[Ⅲ형식] 선덕여왕릉형 〈그림 11〉

왕경의 범위 바깥 둘레에 단독의 능원을 조성한 형식이다. 선덕여왕릉과 전효공왕릉이 이 형식에 속한다. 단독의 능원 내 봉분의 전면에는 일정한 배례공간을 두고 있다. 호석은 앞의 형식과 같은 괴석담장형이다. 이중 선덕여왕릉은 현재 부석이 확인되지 않으나 전효공왕릉에서는 부석이 발견된다. 선덕여왕릉은 원래부터 부석이 없었다(이근직 2012: 248)고 하나 현재의 호석에 부석으로 볼 수 있는 큰 괴석이 섞여 있는 점으로 미루어 가공한 부석이 있었던 것(이병도 1969: 714)은 아니지만 괴석형의 부석이 있었고 복원 시에 현재의 모습으로 변형된 것으로 볼 수 있다.[12)]

선덕여왕릉은 낭산의 정상부 가까이 남쪽 능선의 상위에 축조된 능선상위형의 입지이고, 전효공왕릉은 뒤의 작은 산체를 배경으로 남쪽 평지에 자리한 산지근접형의 입지로 볼 수 있다. 그러나 능원의 방향은 모두 좌북조남(座北朝南)이다. 선덕여왕릉의 경우 기록의 도리천(忉利天)과 사천왕사(四天王寺) 관련 기록으로 보아 특수한 입지였던 것 같고, 전효공왕릉이 이 시기 입지를 대표한다고 할 수 있다.

그림 11. 선덕여왕릉

개별 왕릉이 단독의 능원을 형성한 것은 『삼국사기』 신라본기의 26대 진평왕(579~632)의 장지에 대해 "한지에 장사지냈다(葬于漢只)"라고 한 기록에서 이로부터임을 알 수 있으므로 중고기 후기의 형식으로 규정해도 좋을 듯하다. 만약 강인구(2000: 468)의 견해와 같이 전헌덕왕릉이 진평왕릉이고 후대에 호석과 능원시설이 개축된 것이라면 이 입지가 증명된다.

---

12) 현재 복원된 선덕여왕릉의 호석은 큰 석재를 중간중간에 두고 괴석을 쌓은 것으로 일본식 석축 수법을 따르고 있다. 이 선덕여왕릉의 호석이 원래 호석과 그 부석을 이용하여 개축한 것이라면 이러한 큰 석재는 가공하지 않은 부석으로 볼 수 있는 여지가 있게 된다.

이 전헌덕왕릉은 현재는 좌북조남의 방향이나 원래는 소금강산을 배경으로 하고 월성 방향을 전면으로 한 좌동조서(座東朝西)의 방향으로 볼 수 있는 산지근접형이다. 이는 이 형식의 나머지 두 왕릉과 더 후기 하대 초기의 같은 봉분 외표시설 형식의 왕릉이 좌북조남의 방향을 택한 것과는 차이가 있다.

선덕여왕릉의 봉분은 전대에 비해 훨씬 규모가 축소되어 직경 23.4m, 높이 6.8m이고 전효공왕릉은 이보다 작아 직경 21.5m, 높이 5m 정도이다. 이에 비해 전헌덕왕릉은 더 커서 직경 25.9m, 높이 6.3m로 서악동 왕릉들과 선덕여왕릉 사이에 들어간다.

[Ⅳ형식] 무열왕릉형 〈그림 12〉

역시 왕경의 범위 바깥 가까이에 단독으로 능원을 조성한 형식으로 뒤이은 형식을 고려하면 중대의 능원 형식이라고 할 수 있다. 이 형식으로 무열왕릉을 비롯하여 전진평왕릉(신문왕릉)·전신문왕릉(효소왕릉)·전헌강왕릉·전정강왕릉·전민애왕릉과 근래 발굴된 신당리석실분을 들 수 있다. 앞의 세 왕릉에 비해서 뒤의 네 능묘는 왕경의 범위를 더욱 벗어난 곳에 자리한다. 봉분의 전면에 배례공간 이외에 배례 시설로 상석(床石)이 축조된 형식이다.[13] 이 중 무열왕릉은 이러한 능원 시설 외에도 능비가 설치되었고, 그 전면에 확실한 배장분(陪葬墳)(전김인문묘·김양묘)이 배치되어 있어 구분된다.

그림 12. 무열왕릉원(네이버 지도 개변)

13) 이 형식의 전민애왕릉·전헌강왕릉·전정강왕릉에 원래 상석이 존재하지 않은 것으로 본 견해(이근직 2012)가 있으나 현재 장대석으로 된 상석의 흔적이 남아있다. 이러한 장대석으로 짠 받침 위에 다시 장대석을 짜 올린 전신문왕릉의 상석 형태를 감안하면 상부의 석재가 없어졌을 뿐 원래 상석이 존재했을 것으로 판단된다.

봉분의 호석은 비교적 이른 시기의 것으로 보이는 무열왕릉과 전진평왕릉은 전시기의 것과 같이 괴석담장형이나 전신문왕릉·전헌강왕릉·전정강왕릉·전민애왕릉은 블록형으로 치석한 사괴석으로 축조한 치석담장형으로 구분된다. 그리고 전자는 모두 괴석의 부석을 기댄 형식이나 후자는 전신문왕릉과 전민애왕릉만 치석한 부석이 있고 나머지는 부석이 보이지 않는다.[14] 따라서 호석이 괴석담장형인 무열왕릉과 전진평왕릉을 더 앞 시기의 형식으로, 나머지 치석담장형을 뒤이은 형식으로 구분할 수 있기도 하다.

입지에서 무열왕릉은 서악동 중고기 전기 왕릉(무열왕의 직계 조상)군이 있는 능선의 말단부 아래 평지에 능원을 조성한 산지근접형으로 좌서조동의 방향으로 월성을 바라본다. 그리고 전진평왕릉의 경우는 산체에서 비교적 멀리 떨어진 평지에 산체를 배경으로 축조되었으나 역시 산지근접형으로 볼 수 있고, 방향이 좌동조서로 다르나 월성 방향을 전면으로 택한 점에서는 유사하다.

전신문왕릉의 경우는 입지는 전진평왕릉과 유사하나 방향은 월성 방향이 아닌 좌북조남으로 구분된다. 나머지 세 왕릉은 산속에 위치하는 것으로 전헌강왕릉과 전정강왕릉은 능선의 비교적 하위에 좌서조동의 방향을 가진 능선중복형이나 전민애왕릉은 능선의 비교적 상위에 좌북조남의 방향을 가진 능선상위형으로 구분된다. 한편 봉분의 크기에서 전민애왕릉을 제외한 부석을 가진 세 왕릉은 전신문왕릉의 경우 직경 30m 내외 이상이나 나머지는 훨씬 축소되어 15m 내외 이하로 구분된다.

입지와 방향이 위와 같이 복잡하게 된 것은 어떤 이유인지 명확하지 않으나 당(唐)의 황릉 능원제도의 영향을 받으면서도 아직 방위까지 고려되지는 않았기 때문으로 추정된다. 또 이 시기 사찰을 왕경 주변의 평지에 조성하다가 조금 먼 산지에 조성하기 시작하는 현상(박방룡 1997: 161)과도 관련이 있을 것이다. 단 이 형식 가운데 좌북조남의 방향을 택한 전민애왕릉은 나중에 설명하다시피 본격적인 풍수 사상의 영향을 받은 것으로 볼 수도 있다. 이후 신라 왕릉의 방향은 대부분 좌북조남의 방향이다.

---

14) 전헌강왕릉과 전정강왕릉에는 현재 갑석과 부석이 보이지 않으나 주변에 널린 석재에서 갑석(이진락 2013)을 찾을 수 있어 원래 모습은 전민애왕릉과 같았을 것으로 추정한다.

이와 같은 형식의 석실분이 2013년 신당리에서 조사되었다. 이 석실분(계림문화재연구원 2013)은 호석의 형태가 전민애왕릉을 빼닮았고 석실의 형태나 구조는 발굴된 전헌강왕릉과 같다. 따라서 이러한 형식의 석실분은 중대에 많이 축조되었음을 알 수 있다. 또 같은 형식의 발굴된 전헌강왕릉에서는 왕릉의 품격이라고 할 수 있는 시설이나 출토유물이 없다. 그러므로 전신문왕릉을 제외한 나머지 왕릉으로 추정되는 고분은 왕릉이 아니고 최고 귀족의 무덤으로 볼 수 있다.

한편, 이 시기에 원찰로 볼 수 있는 것으로 무열왕릉과 관련된 영경사, 문무왕릉과 관련된 감은사(感恩寺), 그리고 신문왕·효소왕과 관련된 황복사지(皇福寺址)를 들 수 있다. 이 중 황복사탑에서 출토된 사리함에서 이곳에 종묘성령선원가람(宗廟聖靈禪院伽藍)이 있었음을 알 수 있다. 이 건축물은 혜공왕대 유교식 오묘제(五廟制)가 확립되기 이전 유교적 종묘와 불교식 원당(願堂)이 가미된 원찰로 신문왕·효목태후·효소왕을 모신 묘당(廟堂)(문경현 외 2004: 122)으로 보고 있는 견해도 있으나 『삼국사기』 신라본기 신문왕 7년 조에 조묘(祖廟)에 대신을 보내 제사하면서 "태조대왕·진지대왕·문흥대왕·태종대왕·문무대왕의 영에 아뢰옵니다(謹言太祖大王·眞旨大王·文興大王·太宗大王·文武大王之靈)"라고 한 기록이 있어 실제 종묘제의 확립은 그때 시작된 것으로 보고 있기도 하다(채미하 2012: 64).

이것에서 신문왕과 효소왕을 위한 원찰 성격인 건물은 왕릉의 주변에 있었던 것이 아니라 왕릉에서 좀 떨어진 낭산의 동면을 택지하였음을 알려주어 원찰의 성격이 변해가고 있었음을 알 수 있다.

[V형식] 흥덕왕릉형 〈그림 13〉

신라 능원의 완성형이라고 할 수 있다. 전성덕왕릉·괘릉(원성왕릉)·흥덕왕릉의 능원이 여기에 해당한다. 전 시기에 비해 왕경에서 훨씬 먼 곳에 왕릉이 축조된 특징이 있다. 따라서 원성왕릉과 흥덕왕릉이 함께 하대 전기를 대표한다고 할 수 있다. 능원시설은 완비되어 능전에 상석과 배례공간을 두었고, 봉분 주변이나 배례 공간 전면(괘릉)에 석사자를 배치하였고, 배례공간 좌우에 관검석인을 배치한 것(전성덕왕릉), 배례 공간 전면 신도 좌우에 관검석인과 호인상 각 1쌍을 배치하고 입구에 표지인 화표석을 한 쌍씩 배열(괘릉·흥덕왕릉)한 것이 있다. 흥덕왕릉에는 능비도 설치하였다.

봉분의 외표시설은 지대석 위에 면석과 탱석으로 구성된 호석을 축조하고 갑석을 얹은 판석면석형이고, 그 둘레를 돌아가며 박석(薄石)을 깐 회랑을 두고 다시 석난간을 설치하여 의장하였다. 특이한 형식은 전성덕왕릉으로 호석의 탱석 바깥에 치석한 부석을 받쳤고, 다른 왕릉이 탱석에 십이지신상을 부조한 것인데 비하여 환조의 십이지신상을 회랑부에 세웠다.

그림 13. 원성왕릉원(흥덕왕릉형) (우:네이버 지도 개변)

입지는 중대를 연 무열왕의 능원과 유사하나 능선의 말단부를 삭토하여 능원을 조성한 능선말단형이다. 능원의 이러한 입지는 전대에 비하여 능원의 영역이 확대되어 효율성을 고려한 방편으로 보인다. 즉 산체에 가깝게 왕릉을 축조하고 그 전면 지형을 많이 수정하지 않고 능원을 설치할 수 있는 이점 때문일 가능성이 있다. 능원의 방향은 전성덕왕릉이 좌동조서(정확하게는 좌북동면서남)이고 나머지는 좌북조남으로 통일되었다. 봉분의 크기는 전성덕왕릉(직경 14.6m, 높이 4.7m)을 제외하면 직경 20~22m, 높이 6~7.5m로 두 왕릉이 거의 유사하다.

[Ⅵ형식] 전경덕왕릉형 〈그림 14〉

그림 14. 전경덕왕릉

신라 능원의 완성형인 흥덕왕릉형에서 능원 시설을 생략해 쇠퇴해가는 과정의 형식으로 전경덕왕릉과 전김유신묘가 이 형식이다. Ⅴ형식인 괘릉(원성왕릉)과 흥덕왕릉을 고려할 때 그 이후인 9세기 중엽 이후의 하대 중기 왕릉의 능원으로 볼 수 있지 않을까 한다.

능원시설로는 완성형의 다른 능전석물이 설치되지 않고 상석과 배례 공간만 남아있다. 봉분 외표시설은 Ⅴ형식과 같이 면석과 탱석으로 구성된 호석의 위에 갑석을 얹은 판석면석형이고, 회랑과 석난간으로 의장하였다. 호석의 면석에 십이지를 부조한 것도 Ⅴ형식과 같다.

봉분은 전경덕왕릉(직경 20.9m, 높이 6.1m)은 전시기의 것과 유사하나 약간 작고, 전김유신묘(직경 15.8m, 높이 5.8m)는 훨씬 축소되었다.

모두 산속의 주봉에서 뻗어 내리는 능선의 중복부에 능원을 조성한 능선중복형의 입지라는 공통점이 관찰된다. 이는 앞 시기에 비해 능원의 영역이 축소되었기 때문에 다시 산속의 풍수에 따른 장지의 선택에서 기인한 것으로 보인다. 방향은 모두 좌북조남이다.

이런 능선 중복형의 입지는 앞의 무열왕릉형 가운데 전정강왕릉과 전헌강왕릉 등에서 나타난 바 있으나 이들은 왕릉이라기보다는 고위 귀족의 묘로 추정되므로 구분된다.

[Ⅶ형식] 구정동방형분형 〈그림 15〉

신라 왕릉 능원의 쇠퇴형으로 볼 수 있는 형식으로 전진덕여왕릉과 구정동방형분이 왕릉(이근직 2012: 406~407)이라면 그 능원이 이 형식이다. 하대 말기 경명왕을 제외한 진성여왕

이후의 왕이 대부분 화장한 것과 관련시키면 그 이전 9세기 후반을 중심으로 한 시기의 왕릉 능원으로 볼 수 있다.

능원시설로는 Ⅵ형식까지 남아있던 상석마저 소멸하고 능전의 배례공간만 남아있다. 그리고 봉분의 외표시설인 난간도 소멸하였다. 모두 호석의 탱석에 십이지를 부조한 것은 같다. 방향도 모두 좌북조남이다. 봉분의 크기는 전김유신묘보다도 작아졌다. 이러한 유사점도 있으나 봉분의 형태, 입지 등에서는 차이점이 많다. 먼저 호석은 전진덕여왕릉은 앞 시기에서 이어지는 판석면석형이나 구정동방형분은 새로운 형식인 치석면석형이고, 전자는 원분, 후자는 방분이다.

입지의 경우 전진덕여왕릉은 Ⅵ형식과 같이 산속의 주봉에서 뻗어 내리는 능선의 중복부에 축조된 능선중복형으로 연결되나 구정동방형분은 능선의 말단에 그대로 근접시킨 무열왕릉과 같은 산지근접형의 입지를 잇고 있다. 그리고 구정동방형분은 Ⅴ형식의 능전에 설치되었던 석사자와 호인상을 우주에 부조(국립경주문화재연구소 외 2007: 408)하여 특이한 형식으로 인정된다.

구정동방형분은 봉분 호석의 네 모서리에 우주를 표현하여 석탑의 기단과 극히 유사한 특징이 있고, 여기에 호인상과 석사자를 부조하였고, 이전 능묘의 전면에 있던 상석을 석실의 내부로 끌어들여 관대(棺臺)로 사용하는 등 통일신라 다른 왕릉이나 석실과 차별적인 모습을 보인다.

그림 15. 구정동방형분

이상 신라 능원의 분류를 정리하면 배례공간이 성립되지 않은 **마립간릉형**, 복수 왕릉에 대한 배례공간이 성립된 **법흥왕릉형**, 단독능원으로 배례공간이 있는 **선덕여왕릉형**, 능전에 상석이 배치되는 **무열왕릉형**, 상석 외에 석사자·관검석인·호인상 등의 석상과 화표석이 배치된 완성형의 **흥덕왕릉형**, 상석만 남고 다른 능원시설이 생략되는 **전경덕왕릉형**, 상석도 소멸된 **구정동방형분형**으로 변천하였다.

이를 기준으로 하여 신라왕릉은 마립간기의 마립간릉형을 **시원기**, 중고기의 법흥왕릉형과 선덕여왕릉형을 **형성기**, 중대의 무열왕릉형을 **발전기**, 하대 전기의 흥덕왕릉형을 **전성기**, 하대 중후기의 전경덕왕릉형과 구정동방형분형을 **쇠퇴기**로 구분하여 그 변천상을 살필 수 있다.

제2장

십이지신장상 호석 능묘

신라의 왕릉과 능원

2장 십이지신장상 호석 능묘

1. 십이지신장상 연구사

신라의 능묘 가운데 가장 특수한 형태의 하나가 십이지신장상을 회랑에 세우거나 호석에 새긴 것이다. 이러한 능묘로는 전성덕왕릉·괘릉(원성왕릉)·흥덕왕릉·전헌덕왕릉·전경덕왕릉·전진덕여왕릉 등 왕릉으로 전칭되는 6기와 전김유신묘와 구정동방형분이 있고, 왕릉으로 추정되는 황복사지와 능지탑(강우방 1990, 이근직 2006)의 십이지신장상(十二支神將像) 세트가 있다. 이외 신라에는 능묘에 부장된 십이지용(十二支俑), 곱돌판에 부조한 십이지신장상석도 발견되고 십이지문자문(十二支文子文)의 골호(骨壺)도 확인되고 있다(국립중앙박물관 2003).

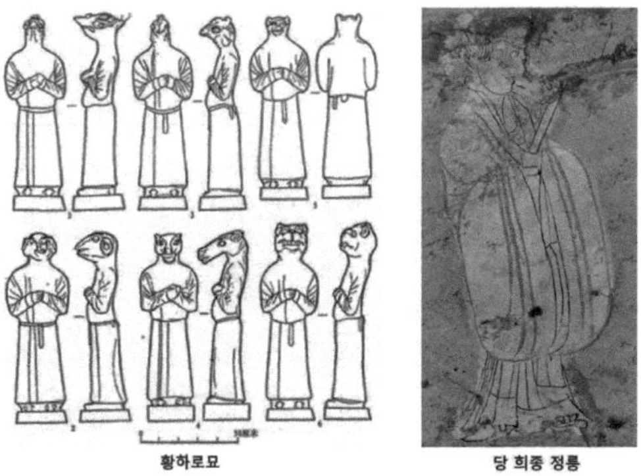

그림 1. 중국의 십이지용과 벽화

이 가운데 능묘에 새겨진 십이지신장상은 중국 수당(隋唐)과 신라 고분에서 발견되는 십이지용이나 벽화와는 차이점이 있다. 여러 종류의 십이지(西嶋定生 1978, 2002, 東潮 2011: 338) 가운데 수수인신(獸首人身)의 신라 십이지용과 당 벽화의 십이지는 모두 손을 가슴 앞에 모아 배례를 하는 모습〈그림 1〉인데, 신라의 능묘 호석과 곱돌판에 새겨진 것은 무기를 잡은 무장상으로 그 모습이 크게 다르다. 즉 황하로묘(黃河路墓) 출토품(遼寧省文物考古研究所 외 2001)으로 대표되는 수당의 십이지용과 당 희종 정릉의 것(張建林 2024)으로 대표되는 벽화의 십이지는 묘실 내에 주인공을 향하여 공손한 모습으로 배열된 것임에 반하여 신라 능묘 호석의 십이지상은 능침의 외표시설인 호석에 무장하고 밖을 향해 수위(守衛)하고 있는 형상으로 환조하거나 부조한 것이다.

따라서 신라 능묘 호석의 것은 기능상에서 다른 의미로 보아야 한다. 이러한 점에서 신라 능묘 호석에 새겨진 십이지상은 다른 것들과 구분하여 십이지신장상이라고 부를 수 있다(국립중앙박물관 2003). 특히 능묘 호석에 새긴 무복(武服)의 십이지는 그 복식이 당의 명광개(明

용문석굴 사천왕상 사천왕사지 사천왕상 정인태묘 무인용 흥덕왕릉 사상

그림 2. 명광개

光鎧)와 같은 것으로 당과 신라의 부처님을 호위하는 사천왕상과 같은 복식〈그림 2〉이라는 점에서 분명히 드러난다.

지금까지 능묘의 이 십이지신장상은 대부분 왕릉 비정을 위한 연구 자료로 사용되었다. 따라서 어떤 왕릉의 주인공이 밝혀지면 그에 따라 십이지신장상을 가진 능묘의 연대 위치가 달라져 십이지신장상 자체의 변화나 그것을 가진 능묘의 변천상 등에 대해 일치된 의견이 없이 이설이 난무하였다. 대부분 연구자가 이미 비정한 왕릉에 십이지신장상 자체와 그 능묘의 형식을 연동시키면서 자신이 설정한 형식을 대입했기 때문이다. 그리고 연구가 개별적인 조사 자료에 의해 이루어짐으로써 종합적인 판단과 분류가 힘들었기 때문에 더욱더 혼란이 가중된 결과를 낳은 것으로 보인다.

신라 능묘의 비정은 이미 조선 후기 김정희(金正喜)와 같은 실학자에 의해서 시작되었다(이근직 2006). 그러나 십이지에 관심을 두고 능묘를 바라보기 시작한 것은 일제강점기 일본의 관학자들이다. 따라서 근대적 고고학의 관점에서 십이지신장상을 가진 신라 능묘를 바라보기 시작한 것은 이때부터라고 할 수 있다.

대표적인 연구자가 아리미쓰(有光教一)(1936)와 사이또다다시(齊等忠)(1937, 1973)이다. 이후 몇몇 연구자에 의해서 십이지의 연구가 진행되었으나 뜸하였고 본격적인 논의는 강우방(1973, 1982)에 의해서 시행되었다. 그리고 강인구(1987, 2000)가 신라 왕릉을 검토하면서 왕릉 비정을 위해 약간의 분석을 시도한 것이 20세기의 상황이라고 할 수 있다.

일본에서는 동아시아 전체의 입장에서 십이지가 논의(西嶋定生 1978) 되었고, 21세기에 들어서 여러 학자가 특히 기토라고분(キトラ古墳)과 관련하여 그 고분벽화의 십이지 계통과 연대를 밝히기 위하여 신라 능묘의 십이지에 대해 언급하게 되었다(網干善教 2006, 東潮 2011).

표 1. 십이지신장상 능묘의 연구 현황

연구자	십이지신장상 왕릉의 축조서열	주요 근거
有光教一 (1936)	전헌덕왕릉·전김유신묘·구황동왕릉지→전성덕왕릉·괘릉·구정동방형분→전경덕왕릉·전흥덕왕릉·전진덕여왕릉	복식, 두향, 조각수법 등
齋藤忠 (1937,1973)	전성덕왕릉→전헌덕왕릉→괘릉→전김유신묘→전흥덕왕릉→전경덕왕릉→전진덕여왕릉	부석, 갑석, 지대석의 구조 등
강우방 (1973,1982)	(전)성덕왕릉→구황동왕릉지(신문왕릉)→전김유신묘→ 능지탑→구정동방형분→원성왕릉→전경덕왕릉→(전) 헌덕왕릉→흥덕왕릉→전진덕여왕릉	고부조→저부조→ 평면화, 사실적→장식화
강인구 (1987,2000)	전성덕왕릉(원성왕릉)→괘릉(신무왕릉)·흥덕왕릉·전김유신묘→전헌덕왕릉·전경덕왕릉(경문왕릉)→구정동방 형분·전진덕여왕릉	호석의 형식 등 왕릉 비정
西嶋定生 (1978)	전성덕왕릉(경덕왕릉)→원성왕릉→(전)헌덕왕릉→전김유신묘→흥덕왕릉→전경덕왕릉→전진덕여왕릉	齋藤忠 견해에 새로운 왕릉 비정
東潮 (2011)	(전)성덕왕릉·구황동왕릉지→구정동방형분·능지탑·전김유신묘→원성왕릉→전경덕왕릉→(전)헌덕왕릉→흥덕 왕릉→전진덕여왕릉	?
이근직 (2012)	(전)성덕왕릉→구황동왕릉지→전김유신묘(경덕왕릉)→ 원성왕릉→전경덕왕릉(소성왕릉)→(전)헌덕왕릉→흥덕 왕릉→능지탑(희강왕릉)→구정동방형분(민애왕릉)→전진덕여왕릉(신무왕릉)	호석의 형식 등 왕릉 비정

* (전)은 각 연구자가 실제 주인공으로 인정하고 있는 능묘

그리고 21세기에 들어와 신라 왕릉을 전면적으로 연구한 이근직에 의해서 총체적으로 검토되었다(이근직 2012). 대표적인 십이지신장상과 그 능묘의 연구를 정리하면 〈표 1〉과 같다.

처음으로 십이지신장상을 가진 신라 능묘에 접근한 아리미쓰(有光教一)(1936)는 십이지신

장상의 복식·두향·조각수법과 그것을 가진 능묘의 능전석물 유무 등을 따져 전헌덕왕릉·전김유신묘·황복사지상을 가장 이른 시기의 것으로, 전성덕왕릉·괘릉·구정동방형분을 다음 시기의 것으로, 전경덕왕릉·흥덕왕릉·진덕여왕릉을 마지막 시기로 나누었다.

곧바로 이어서 십이지신장상을 가진 능묘에 주목한 사이또다다시(齋藤忠)(1937)는 신라 왕릉의 호석 구조를 분석하면서 전성덕왕릉→전헌덕왕릉→괘릉→전김유신묘→전흥덕왕릉→전경덕왕릉→전진덕여왕릉의 순으로 파악하였다. 그의 순서 파악에는 귀부(龜趺), 석인상(石人像)과 석사자상(石獅子像), 왕릉의 입지 조건이 따져졌으며 특히 호석의 갑석과 지대석의 단면 형태 등 그 구조에 대해서도 파악함으로써 비교적 자세하게 고고학적으로 분석하였다. 그러나 호석의 전면적인 관찰이 쉽지 않은 사정이어서 지대석의 단면 형태 등에 대한 정확한 분석이 이루어지지는 못했다.

강우방(1982)은 십이지신장상을 전면적으로 검토하였다. 그는 전신문왕릉은 효소왕릉이고, 황복사지 동편의 유구(구황동왕릉지)를 신문왕릉으로 추정한 기반에서 신라 능묘의 십이지신장상을 살폈다. 십이지신장상을 가진 능묘의 호석 구조를 살피고, 십이지신장상이 고부조(高浮彫)에서 저부조(低浮彫)를 거쳐 평면화(平面化)하며, 사실적인 것에서 장식화가 이루어진 것으로 변천한다는 조각 양식의 측면에서도 분석하였다. 구체적으로는 성덕왕릉→구황동왕릉지(신문왕릉)→전김유신묘→능지탑→구정동방형분→원성왕릉→전경덕왕릉→전헌덕왕릉→흥덕왕릉→전진덕여왕릉 순의 변천으로 파악하였다. 그는 당시까지 논의되었던 괘릉의 피장자를 원성왕릉으로 보았고, 전성덕왕릉을 능 앞의 귀부를 통해 성덕왕릉으로 인정하였다. 또 비석 조각이 발견된 흥덕왕릉을 실제의 주인공과 일치하는 왕릉으로 보았고, 헌덕왕릉도 실제의 주인공과 일치하는 왕릉으로 보았다. 또 구황동왕릉지를 후대에 개축한 신문왕릉으로 보아 서열을 잡은 것이다.

이어서 일본의 학자에 의해 신라 십이지신장상을 가진 능묘의 연구가 일부 진행되었다. 그 대표적인 것이 니시지마사다오(西嶋定生)(1978)의 연구이다. 그는 앞의 사이또다다시(齋藤忠)가 제안한 순서에 당시 주인공으로 거의 확실하게 밝혀지게 된 원성왕릉과 흥덕왕릉의 순서를 감안하고, 전성덕왕릉을 경덕왕릉, 전헌덕왕릉을 헌덕왕릉, 전김유신묘를 9세기에 개축된 것으로 보고 고쳐 전성덕왕릉→원성왕릉→(전)헌덕왕릉→전김유신묘→흥덕왕릉→전경덕왕릉→전진덕여왕릉의 순서로 축조되었다고 하였다.

이후 강인구(2000)는 입지, 분구의 규모, 외호 식물(호석의 구조), 상석의 형식, 문헌의 검토를 통해 신라 왕릉을 비정하면서 전성덕왕릉→괘릉·흥덕왕릉·전김유신묘→전헌덕왕릉·전경덕왕릉→구정동방형분→전진덕여왕릉 순으로 변천한다고 파악하였다. 그는 전성덕왕릉을 원성왕릉으로, 괘릉을 신무왕릉으로, 흥덕왕릉을 실제 주인공과 일치하는 왕릉으로, 전경덕왕릉을 경문왕릉으로 비정하여 순서를 잡은 것으로 당시까지 거의 확실하다고 믿어졌던 전성덕왕릉이 성덕왕릉, 괘릉이 원성왕릉이라는 설을 부정하면서 다른 연구자와는 달리 십이지신장상을 가진 신라의 능묘가 9세기 초엽에 발생하였음을 주장하였다.

이근직(2012: 301~336)은 신라 왕릉에 대해 전면적으로 검토하는 과정에서 십이지신장상을 분석하였다. 그는 호석의 구조, 입지, 능원 석물 등을 분석하였고, 십이지신장상에 대해서는 강우방의 조각 수법과 호석 구조를 검토하면서 십이지신장상의 지물(持物)과 두향(頭向)의 변화 과정까지 살펴 성덕왕릉→구황동왕릉지→전김유신묘→원성왕릉→전경덕왕릉→헌덕왕릉→흥덕왕릉→능지탑→구정동방형분→전진덕여왕릉의 순으로 변천하고 있다고 하였다. 이는 강우방과 같이 성덕왕릉·원성왕릉·헌덕왕릉·흥덕왕릉을 인정하고, 단지 구황동왕릉지가 신문왕릉이 아니라는 이견을 덧붙여 파악한 것이다. 나머지는 전김유신묘를 경덕왕릉, 전경덕왕릉을 소성왕릉, 능지탑을 희강왕릉, 구정동방형분을 민애왕릉, 전진덕여왕릉을 신무왕릉으로 보는 그의 왕릉 비정에 따른 것이다.

이상의 연구는 초기의 아리미쓰와 사이또다다시를 제외하면 대부분 자신이 이미 비정한 왕릉의 축조 순서에 맞추어 십이지신장상을 바라봤다는 문제점이 보인다. 즉, 일제강점기에는 왕릉의 주인공에 대한 추측만 있었기 때문에 좀 더 고고학적인 형식의 측면에서 연구되었으나 이후는 그 순서의 대략을 비정한 왕릉에 대입하려는 경향이 있어 일치된 견해가 있을 수 없었던 것으로 보인다. 그러나 전성덕왕릉이 가장 이르고 전진덕여왕릉이 거의 마지막이라는 점에서는 대략 일치하는 경향이 있는데, 이는 둘 다 독특한 형식을 가졌기 때문이다.

이렇게 혼란한 상황을 극복하기 위해서는 철저한 고고학적 형식을 따지는 것이 필요하고. 이 파악에 확실하게 인정할 수 있는 왕릉을 대입하여 순서를 찾아야 할 것으로 보인다. 지금까지 호석의 형식, 십이지신장상의 형태 등에 대한 분류와 형식 조열이 이루어지지 않은 것은 아니나 분명히 같은 형식임에도 다른 시기로 파악하는 등, 분류는 분류대로 놀고 있는 오류가 있었기 때문이다. 호석의 구조에서 십이지신장상이 새겨진 탱석의 배치, 갑석과 지대석의 단면 형태 등을 파악하면서 분명히 그 구분이 명확하고, 이를 토대로 하면 순서를 잡을 수 있는데도 불구하고 분류는 하면서 이것이 무시된 것 등이 그 예이다. 고고학에서 볼 때는 일제강점기의 비교적 명확한 고고학적 형식의 순서를 찾고자 했던 것에 비해서도 미치지 못한다고 할 수 있다.

현재의 시점에서 십이지신장상을 가진 신라 능묘 가운데 확실하게 인정할 수 있는 것은 흥덕왕릉이다. 이 왕릉의 귀부 주변에 대한 발굴에서 '흥덕(興德)'이라는 글자가 있는 비석 조각이 확인되었고, 『삼국유사』 왕력의 "능은 안강 북쪽 비화양에 있고 창화왕비와 합장하였다(陵在安康北比火壤與妃昌花合葬)"는 기록의 '안강(安康)'이 현재 위치와 완전히 부합하기 때문이다.

또 하나 비교적 안정적인 비정이 괘릉인 원성왕릉이다. 왜냐면 『삼국유사』 기이의 "능은 토함산 서동 곡사 지금의 숭복사에 있다(陵在吐含岳西洞鵠寺〈今崇福寺〉)"라는 기록과 여기서 좀 떨어진 곳에 있는 최치원(崔致遠)이 찬한 숭복사비(崇福寺碑)가 합리적으로 연결되기 때문이다.

이외는 지금 어느 것이 누구의 왕릉인지 비정을 할 수 없다. 전성덕왕릉비와 관련하여 전성덕왕릉을 성덕왕릉으로 인정하고 있는 경향이 있으나 비와 왕릉이 너무 떨어져 있고, 비의 방향 또한 문제가 된다. 그리고 발견된 비석 조각에서는 '무(武)'자와 '수(修)'자만 확인되어 어떤 증거도 찾을 수 없다(西嶋定生 1978)는 문제도 있다. 그리고 후술하다시피 그것이 성덕왕릉이라면 나중에 십이지신장상 등과 능전 석물이 세워지는 등 개축되었을 가능성이 있다.

따라서 능묘의 적확한 형식 분류를 통해 형식을 배열하고, 지금까지 확인된 왕릉 중 신뢰할 수 있는 것은 원성왕릉과 흥덕왕릉이라는 사실, 그리고 전성덕왕릉이 가장 이르고 전진덕여왕릉이 비교적 늦다는 기준을 가지고 왕릉을 재검토한다면 신라의 십이지신장상을 가진 능묘의 호석 구조와 능묘 자체의 변천상을 파악할 수 있을 뿐만 아니라 능묘 주인공의 새로운 비정에도 좀 더 안정적인 결과를 얻을 수 있을 것이다.

지은이는 뒤에 서술하는 바와 같이 십이지신장상을 장식한 능묘의 능원 형태, 봉분의 외표시설과 호석단면, 십이지신장상의 배치와 두향, 그것이 새겨진 화폭(畫幅)의 비례 등을 따져 그 축조서열을 전성덕왕릉→원성왕릉→흥덕왕릉→전헌덕왕릉→전경덕왕릉→전김유신묘→전진덕여왕릉→구정동방형분 순으로 본 바 있다(김용성 2012).

이 발표 이후 최근에 배노찬(2022)은 십이지신장상의 연구를 더욱 진전시켜 무복의 십이지신장상의 서열을 성덕왕릉→구정동방형분→원성왕릉→흥덕왕릉→구황동미완성왕릉→전경덕왕릉→전진덕여왕릉의 순으로, 평복(平服)의 십이지신장상의 시간 서열을 황복사지십이지→전헌덕왕릉→전김유신묘의 순서로 보았다. 그는 조각 수법, 두향, 복식에서 소매와 천의(天衣)의 표현 등을 따졌다. 주목되는 점은 상석에 새겨진 안상(眼象)의 형식을 따져 발표자가 가장 늦은 시기로 본 구정동방형분을 비교적 이른 시기로 본 점이다.

이렇게 근래에 이르러 좀 더 고고학적으로 따져 보려는 시도가 진행되고 있어 앞으로 더욱 많은 논의를 거쳐 안정된 서열과 왕릉 비정이 이루어질 것이라 기대된다.

2. 십이지신장상 호석과 제작

십이지신장상이 호석 외부에 배치되거나 호석에 새겨진 신라 능묘는 전성덕왕릉·괘릉(원성왕릉)·흥덕왕릉·전헌덕왕릉·전경덕왕릉·전김유신묘·전진덕여왕릉·구정동방형분 등 모두 8기이다. 이외에도 최근에 발굴된 황복사지 기단식 건물의 기단과 능지탑에서 십이지신장상이 확인되고 있는데, 능지탑의 경우 십이지신장상의 양식으로 보아 적어도 2세트로 나눠지고, 그 가운데 한 세트의 십이지신장상은 황복사지에서 가져온 것으로 추정되므로 원래 십이지신장상을 가진 신라 능묘는 더 있었던 셈이다.

능지탑의 십이지는 9상이 알려져 있다(국립경주문화재연구소 외 2007). 이중 자상(子像)은 황복사지의 인상(寅像)으로 추정되고 나머지 8상 가운데 술상(戌像)은 자상, 해상(亥像)은 술상으로 보고 있다(이근직 2012: 322). 8상을 자세히 살피면 묘상(卯像)·미상(未像)·유상(酉像)은 나머지 자상·축상(丑像)·오상(午像)·신상(申像)·술상과는 천의 자락의 표현이 더 간결하여 차이를 보인다.

또한 정남과 정북을 가리키는 오상과 자상이 정면을 향하고 있는데, 이런 경우는 흥덕왕릉과 전경덕왕릉의 십이지신장상에 나타나는 현상이다. 그런데 흥덕왕릉의 것은 이외에도 정동과 정서를 가리키는 묘상과 유상이 모두 정면을 향하고, 전경덕왕릉의 것은 정동의 묘상은 정면이나 정서의 유상은 좌향을 하고 있어 다르다. 그러나 능지탑의 묘상은 좌향을 하고 있어 그 세트가 다르다는 것을 방증한다. 따라서 이들이 왕릉의 것이라면 황복사지의 것을 제외하고도 2기의 왕릉 것이 모여 있는 것으로 볼 수도 있다.

이러한 십이지신장상을 가진 신라 능묘 가운데 원형을 확인할 수 없는 능지탑을 제외하면 나머지는 구조가 비교적 잘 남아있다. 그리고 능지탑의 경우는 봉분을 비롯한 상황을 전혀 알 수 없어 자료로 활용할 수가 없다. 또한 황복사지 기단 십이지신장상의 경우 어떤 왕릉에서 가져온 것인지, 아니면 원래부터 건물의 석축 기단에 사용된 것인지 불분명한 점이 있다.

능묘의 십이지신장상 가운데 가장 이른 시기에 조영된 것으로 믿어지는 전성덕왕릉은 호석의 바깥 회랑에 환조(丸彫)의 십이지신장상을 세운 것이고, 나머지는 모두 호석을 구성하는 탱석에 부조(浮彫)로 새긴 것이다. 이 십이지신장상을 가진 신라 능묘의 봉분 외표시설, 즉 호석과 그 부대시설은 호석부와 회랑부로 구성된 것과 회랑부가 생략되고 호석부만 존재하는 것 두 종류로 나눌 수 있다. 또 회랑부를 가진 것 가운데 호석에 부석을 기댄 것이 있어 크게 다음과 같이 세 유형으로 나눌 수 있다.

* 첫째 유형은 전성덕왕릉으로 호석은 갑석(甲石)·면석(面石)·탱석(撑石)·지대석(地臺石)·부석(扶石)으로 구성되었고, 여기에 박석(薄石)을 깔고 그 둘레에 난간석주(欄干石柱)를 세우고, 그 사이에 석난대(石欄帶)를 끼워 회랑부를 형성하였다.
* 둘째 유형은 괘릉(원성왕릉)·흥덕왕릉·전헌덕왕릉·전경덕왕릉·전김유신묘로 호석은 전성덕왕릉과 달리 부석이 생략되고 갑석·면석·탱석·지대석으로 구성되었고, 여기에 박석을 깔고 그 둘레에 난간석주를 세우고, 그 사이에 석난대를 끼워 회랑부를 형성하였다.
* 셋째 유형은 전진덕여왕릉과 구정동방형분으로 회랑부도 생략되고, 호석은 갑석·면석·탱석·지대석으로 구성되었다.

이를 종합하면 십이지신장상을 가진 신라 능묘에서 공통적인 봉분 외표시설의 구성요소는 갑석·면석·탱석·지대석으로 구성된 호석부가 된다. 이 호석부의 축조과정을 추적해 보면 다음과 같다.

그림 3. 전김유신묘의 호석구조

호석부의 축조는 묘실과 봉분 일부를 완성한 다음 과정에서 이루어진 것으로 볼 수 있을 것이다. 이는 십이지신장상을 가진 호석은 아니지만 발굴된 전헌강왕릉(장정남 외 1995)에서 내호석(內護石)을 두른 내부의 봉분이 먼저 완성되고, 현재 보이는 치석한 장방형의 사괴석을 品자형으로 쌓은 외호석(外護石)이 덧붙여진 것과 용강동고분(문화재연구소 1990)에서 역시 내호석을 가진 봉분이 축조된 후 현재 보이는 지대석·면석·갑석으로 구성된 외호석이 축조된 것에서 알 수 있다. 이는 외호석이 봉분의 유실을 방지하는 의미도 있지만 봉분을 치장하는 의미도 크다는 것을 알려준다.

호석부는 먼저 지면에 지대석을 놓고 그 위에 면석과 탱석을 조립하고, 갑석을 얹어 마무리한 것으로 볼 수 있다. 면석은 판석형과 장대석형 두 종류가 사용되었는데, 대부분은 전자이고 후자의 경우는 구정동방형분에 한한다. 그러나 구정동방형분의 경우도 면석으로 사용된 장대석이 봉분으로 들어가는 길이가 그리 길지 않다.

따라서 면석을 놓고 이를 물고 봉분 안으로 깊숙이 들어가는 탱석을 끼워 면석과 탱석을 조립했으며, 그 후면에 봉분의 흙을 채우고 갑석을 얹은 다음, 그 상부의 나머지 봉분을 쌓아 봉분의 축조를 마무리했음을 알 수 있다(〈그림 3〉 참조). 그리고 회랑부가 설치된 첫째와 둘째 유형의 경우 이 호석 바깥에 붙여서 박석을 깔고 그 둘레를 돌아가며 지대석을 놓고 난간석주를 세우면서 석난대를 끼워 외표시설을 완성했을 것이다.

이러한 호석의 축조과정을 고려하면 십이지신장상을 새긴 호석부의 축조는 미리 설계된 크기의 석재가 마련되어 있어야 한다. 즉 설계도가 완성되어 있고 그에 따른 각 부재의 가공이 이루어진 이후에 호석이 조립될 수 있다. 여기서 이러한 호석을 가진 능묘의 축조가 임의적이 아니라 조직적인 체계가 성립되어 있었고, 그 조직의 구성원은 각각 분담된 업무가 있었음을 추측할 수 있다. 이 조직을 관리했던 것이 우리가 『삼국사기』 직관지(職官志)에서 확인할 수 있는 능색전(陵色典)일 가능성이 아주 크다.

한편 호석을 비롯한 능묘 전체를 축조함에 있어서는 크게 네 부류의 업무가 있었을 것임을 추측할 수 있다. 전체의 축조를 감독하고 관리를 담당하는 관리자, 능묘의 설계를 담당하는 설계자, 각 부재를 다듬고 조립하는 석공, 탱석에 새겨질 십이지신장상을 그리는 화사가 그것이다. 이중 관리와 설계는 실제 같은 인원에 의해서 이뤄질 수 있고 바로 이를 담당한 인원이 능색전의 관리일 가능성이 크다. 그러나 화사는 석공이 겸할 수 있으나 그러하더라도 복수의 석공이 필요하므로 임의적일지라도 그들이 조합된 별도의 조직이 필요할 것이다.

이상의 능묘가 축조되는 과정을 염두에 두고 십이지신장상의 능묘 호석 축조 순서를 찾아보도록 하자. 이 순서의 파악에는 중국 화상석(畫像石)을 이용한 건조물의 축조과정(申立祥 저 · 김용성 역 2005: 43~45)이 참고 된다. 신라의 부조된 십이지신장상은 탱석에 화상을 새긴 것으로 중국의 석판에 새긴 화상석과 같은 종류로 볼 수 있기 때문이다. 따라서 지금까지 밝혀진 중국 한대의 화상석을 가진 건조물의 축조과정에 대입하여 그 순서를 찾아보면 다음과 같다.

1) 왕릉 축조기관에서 명공 등 능묘축조기술자를 선택하여 설계와 건조를 의뢰한다.
2) 공인은 부근의 산지에서 석재를 고르고 채석한다.
3) 석공은 채굴한 석재를 설계도의 부재로 가공한다.
4) 화사가 평평하게 치석한 석면 위에 먹과 붓을 사용해 화상의 밑그림을 그린다 (화선지 등에 밑그림을 그려줄 수도 있다).
5) 석공이 석면의 밑그림에 따라 끌이나 새기개 등의 공구를 사용해 입체효과를 내면서 도상을 새긴다.
6) 능묘축조기술자가 봉분을 축조하면서 십이지신장상의 탱석을 비롯한 각 부재의 석재를 조립한다.

이렇게 호석의 축조가 완료된 다음에 화사가 탱석의 십이지신장상에 채색했을 수 있다. 신라 능묘의 십이지신장상에서 채색의 흔적이 전혀 없으나 중국의 화상석을 고려하면 그러할 가능성은 얼마든지 있을 것으로 생각된다.

한편 이러한 과정을 고려할 때 그 조직이 획일적이 아니고 때에 따라 바뀔 수가 있다. 즉 능색전 관리의 변경으로 인해 선택되는 설계자와 화사는 교체될 수 있고, 이에 따라 부속된 석공도 바뀔 수가 있게 된다. 십이지신장상 자체의 복식이 평복과 무복으로 나누어지는 점, 환조의 전성덕왕릉을 제외한 십이지신장상을 새기는 탱석 자체와 그 화폭 비례의 차이, 부조의 조각 수법 차이 등이 이를 알려준다. 즉 축조연대의 시차에 따른 변화가 없으면서도 평복과 무복의 십이지신장상을 가진 호석(강우방 1990: 335)의 탱석은 그 자체의 형태와 화폭 비례가 다르게 나타나는데, 이는 적어도 두 계열의 능묘를 축조하는 집단이 존재했음을 알려준다.

신라 능묘 탱석의 십이지신장상은 액자와 같이 네모진 주연대(周緣帶)를 두고 그 내부에 새겼다. 이렇게 주연대를 둔 것은 이 십이지신장상 화면을 연결하면 12폭의 병풍(屛風)이 완성

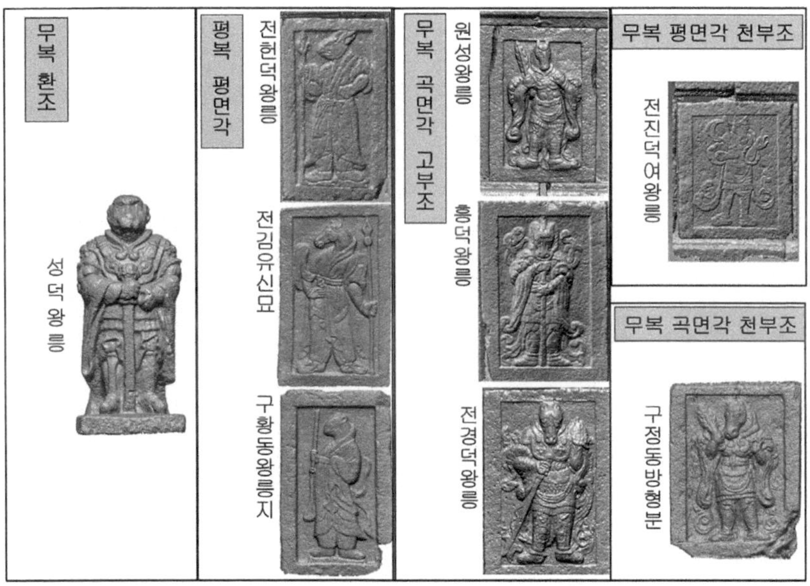

그림 4. 십이지신장상의 조각수법(경주시 외 2011·2012 발췌)

됨을 뜻한다. 즉 신라 능묘 십이지신장상은 12폭의 십이지 병풍을 각 한 폭씩 떼어내 방위에 따라 배치한 것으로 볼 수 있게 한다. 따라서 화폭의 비례와 복식은 그 화사의 화풍과 관련되었을 가능성이 크다.

〈표 2〉는 국립경주문화재연구소 외(2007)의 자료를 분석하여 십이지신장상이 있는 능묘 십이지신장상의 복식, 조각 수법, 1폭이 새겨진 탱석 면의 크기, 각 화폭의 주연대를 뺀 화면 크기와 장단의 비를 나타낸 것이다. 여기서 조각 수법이란 환조의 전성덕왕릉을 제외하면 모두 부조로 새겨진 것인데, 화면에 양각된 십이지신장상의 물상 상면이 대략 평면을 이루는 것과 곡면을 이루고 있는 것을 뜻한다. 물상의 상면이 평면을 이루는 평면각(平面刻)은 물상 전체를 구도하고 물상 부분의 상면이 평면이 되게 돋을새김을 한 다음 그 주연을 깎고 음각의 선을 이용하여 물상을 표현한 것이다. 이에 비해 물상의 상면이 곡면을 이루는 곡면각(曲面刻)은 물상 자체를 반환조식(半丸彫式)인 입체적인 형태로 돋을새김을 한 것을 뜻한다.

〈표 2〉에서 환조의 전성덕왕릉을 제외한 부조의 경우 〈그림 4〉와 같이 5개의 그룹으로 묶을 수 있다.

표 2. 신라 능묘 십이지신장상

능묘	복식	조각 수법	탱석면		화면	
			크기(평균)	비례	크기(평균)	비례
전성덕왕릉	무복	환조	91.2/37.7cm	2.4:1	상의 크기 103.6/52.8cm	2.0:1
전헌덕왕릉	평복	부조 평면각	105.4/61.5cm	1.7:1	90.8/46.4cm	2.0:1
전김유신묘	평복	부조 평면각	95.3/60.0cm	1.6:1	82.5/42.9cm	1.9:1
황복사지	평복	부조 평면각	109.0/66.5cm	1.6:1	93.3/48.5cm	1.9:1
흥덕왕릉	무복	부조 곡면각	91.3/61.6cm	1.5:1	75.7/45.3cm	1.7:1
전경덕왕릉	무복	부조 곡면각	89.8/60.9cm	1.5:1	75.3/44.6cm	1.7:1
원성왕릉	무복	부조 곡면각	92.9/67.0cm	1.4:1	78.9/52.3cm	1.5:1
능지탑	무복	부조 곡면각	94.3/66.2cm	1.4:1	82.0/53.9cm	1.5:1
전진덕여왕릉	무복	부조 평면각	73.1/60.8cm	1.2:1	59.3/44.6cm	1.3:1
구정동방형분	무복	부조 곡면각	73.6/60.7cm	1.2:1	61.1/47.3cm	1.3:1

전헌덕왕릉·전김유신묘·황복사지의 십이지신장상은 평복이고, 조각 수법은 평면각이며 탱석 면의 장단 비례가 1.6~1.7:1, 화면의 장단 비례가 1.9~2.0:1로 가장 세장하다.

흥덕왕릉과 전경덕왕릉의 십이지시장상은 무복이고 조각 수법은 곡면각이며 탱석 면의 장단 비례가 1.7:1로 다음으로 세장하다.

원성왕릉과 능지탑의 2종 십이지신장상은 무복이고 조각 수법은 곡면각이며 탱석면의 장단 비례가 1.4:1, 화면의 장단 비례가 1.5:1로 장방형이다.

전진덕여왕릉의 십이지신장상은 무복이고 조각 수법은 평면각이고 탱석 면의 장단비가 1.2:1, 화면의 장단 비례가 1.3:1로 방형에 가까운 장방형이다.

구정동방형분의 십이지신장상은 무복이고, 탱석 면의 장단 비례가 1.2:1, 화면의 장단 비례가 1.3:1로 방형에 가까운 장방형으로 전진덕여왕릉과 같으나 조각 수법은 곡면각이다.

이와 같은 차이는 시기적인 변천과도 관련이 있을 것이나 앞에서 논의한 바와 같이 적어도 두 계열의 십이지신장상을 가진 능묘 축조집단이 존재했고, 그들 각각이 공존하면서 변천하고 있었음을 반영하는 것은 아닌가 한다. 특히 복식과 조각 수법을 묶어서 생각하면 전김유신묘로 대표되는 군집과 흥덕왕릉으로 대표되는 계열을 상정할 수 있고, 후대에 전진덕여왕릉의 계열이 형성된 것으로 볼 수 있게 한다. 이들 각각의 계열에는 다른 화풍(畫風)의 화사가 소속되어 있었을 것이다. 이는 일찍이 평복의 십이지와 무복의 십이지가 선후관계에 있음이 아니고 공존하는 형식이라는 제언(강우방 1990: 364)을 다시 증빙하고 십이지신장상 자체를 논할 때는 분리하여야 함을 알려준다.

3. 능묘와 십이지신장상의 변천

십이지신장상 호석을 가진 능묘의 축조에 동원된 화사를 포함한 계열이 둘 이상 존재했을 것이나 능묘 전체를 축조할 때는 어떤 규율이 있었고, 그러한 규율은 변화했을 것이다. 이를 찾아야만 십이지신장상 호석의 변천 과정을 논할 수 있을 것이다.

여기서는 이와 관련된 것으로 믿어지는 봉분의 외표시설, 호석의 단면 형태, 호석에서 십이지신장상을 새긴 탱석의 배치, 신장상의 두향 등을 형식 분류하여 십이지신장상을 가진 호석의 변화를 살펴 그러한 신라 능묘의 축조 순서를 찾아보도록 한다. 이러한 분류의 기준은 앞의 〈표 1〉과 같이 지금까지 논의되지 않은 것은 아니지만 이들의 상관관계의 조합이 시도되지 않았기 때문에 여기서는 이를 분류하고 결합하여 축조 순서를 설정해 보도록 하자.

여기에서는 능지탑의 십이지신장상 2종은 논의하지 않았는데, 왜냐하면 십이지신장상이 새겨진 탱석만을 믿을 수 있고, 호석의 형태라든가 다른 상황은 전혀 알 수 없어 단지 화상을 가지고 비교할 수만 있기 때문이다. 그러나 화폭의 비에서는 원성왕릉의 탱석과 유사한 면이 있는 것으로 보이는데, 이에 대해서는 실제 십이지신장상 자체의 복식 등의 비교를 통해서 그 위치를 부여해야 할 것이기에 후일의 과제로 미루고자 한다.

1) 호석의 분류

신라 능묘의 호석은 무부석천석담장형→무부석괴석담장형→부석괴석담장형→치석담장형→판석면석형→치석면석형 순으로 변천한다(김용성 외 2012). 이 가운데 십이지신장상이 있는 것은 판석면석형과 치석면석형이다. 그리고 판석면석형은 유부석형과 무부석형으로 나눌 수 있고, 회랑부가 존재하는 형식과 회랑부가 생략된 것으로 나눌 수 있다. 또 치석면석형은 회랑부가 발견되지 않는다. 이를 봉분 외표시설이라 부르고 분류하면 다음과 같이 나눌 수 있다〈그림 5〉.

1. Ⅰ형(전성덕왕릉)　2. Ⅰ2a형(전경덕왕릉)　3. Ⅰ2b형(전진덕여왕릉)　4. Ⅱ형(구정동방형분)

그림 5. 봉분 외표시설의 분류(경주시 외 2011·2012 발췌)

I 형(판석면석형)

1. **유부석형** : 전성덕왕릉

2. **무부석형** : a.유회랑형 : 괘릉(원성왕릉), 흥덕왕릉, 전헌덕왕릉, 전성덕왕릉, 전김유신묘

b.무회랑형 : 전진덕여왕릉

II 형(치석면석형)

2. **무부석형** : 구정동방형분

봉분 외표시설의 분류에서 전성덕왕릉·전진덕여왕릉·구정동방형분은 함께하는 능묘가 없이 각각 단독으로 존재하고 있는데, 이는 이들 형식이 특수한 것이었으며 대체로 십이지신장상을 가진 능묘는 판석의 면석을 가진 것으로 부석을 받치지 않았고, 회랑을 둔 2a형이 선호되어 오래 지속되었음을 반영한다.

이외에 십이지신장상을 가진 능묘의 호석은 갑석과 지대석의 단면 형태, 그것을 구성하는 면석과 탱석의 배치 방식, 즉 십이지신장상이 배치된 탱석과 그러하지 않은 탱석의 배치 방식, 탱석에 배치된 십이지신장상의 두향 등에서 규율적인 변화가 있는 것이 보인다. 따라서 이에 대한 각각의 형식 분류도 필요할 것으로 판단된다.

먼저 호석 수직 단면의 분류이다. 능묘 호석 가장 상위의 갑석, 그 아래의 면석과 탱석, 가장 아래의 지대석 가운데 판석이 아닌 잘 치석된 장대석으로 면석을 구성한 구정동방형분을 제외하면 대부분 능묘가 같은 형태를 가진다. 단 전성덕왕릉의 탱석 면은 평균이 높이 91.2cm, 너비 37.7cm로 장단비가 약 2.4:1이어서 다른 것에 비해 너비가 아주 좁은 세장방형이라는

그림 6. 호석의 수직 단면 분류(경주시 외 2011·2012 발췌)

특징이 있을 뿐이다. 그러나 갑석과 지대석의 경우에는 그 형식을 나눌 수 있을 만큼 다양한 형태가 출현하고 있다. 이를 호석의 단면 형태라고 부르면서 분류하면 다음과 같다〈그림 6〉.

A형 : 갑석과 지대석의 선단이 ㄷ자형으로 평탄하게 절단된 것(전성덕왕릉과 구정동방형분). 이중 구정동방형분은 면석이 판석이 아니고 치석한 장대석으로 쌓아 구분된다.

B형 : 갑석의 선단이 상하에 부연을 두어 凸자형으로 치석되고 지대석의 선단이 3단의 층급받침으로 구성된 것(원성왕릉·흥덕왕릉·전헌덕왕릉·전경덕왕릉). 이 경우 지대석의 선단 층급받침은 곡면으로 처리되었다.

C형 : 갑석은 B형과 유사하나 상면이 사면으로 처리되고 지대석의 선단이 2단의 층급받침으로 구성된 것(전김유신묘). 지대석의 선단 층급받침은 곡면으로 처리되었다.

D형 : 갑석의 선단이 凸자형과 유사하나 상단에 부연이 없이 사면으로 처리되어 단면ㄱ자상에 가깝고 지대석의 선단이 2단의 층급받침으로 구성된 것(전진덕여왕릉).

다음 십이지신장상이 새겨진 탱석의 배치 형식이다. 십이지신장상을 가진 신라 능묘의 호석은 면석과 탱석이 교대로 배치되었다. 그리고 회랑부에 환조의 정면상으로 배치된 전성덕왕릉을 제외하고는 일정한 방위의 탱석에만 십이지신장상이 새겨져 배열의 차이를 보인다. 다만 이 분류의 형식은 봉분의 크기가 원인이 되어 나타난 것일 수 있다. 즉 일정한 크기의 면석과 탱석이 규정되어 있음으로써 봉분의 크기에 따라 그 배치 방식이 바뀔 수 있는 것이다.

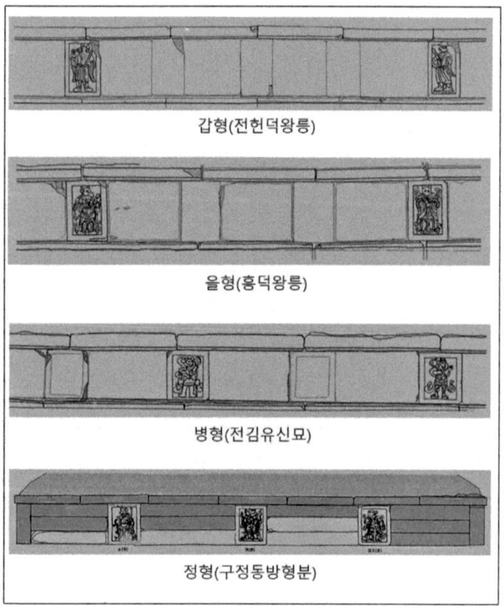

그림 7. 십이지신장상 탱석의 배치(경주시 외 2011·2012 발췌)

그러나 앞에서 논했다시피 능묘의 조성이 설계되고, 그 설계에 따라 이루어진 것이라면 그 의미 또한 무시할 수 없을 것이기에 시간적 변화를 나타내는 속성일 수 있다. 이는 다음과 같이 분류할 수 있다〈그림 7〉.

갑형 : 탱석 3개 건너 하나의 탱석에 십이지신장상 이 배치된 것(전헌덕왕릉)
을형 : 탱석 2개 건너 하나의 탱석에 십이지신장장이 배치된 것(원성왕릉·흥덕왕릉·경덕왕릉)
병형 : 탱석 1개 건너 하나의 탱석에 십이지신장상이 배치된 것(전김유신묘·전진덕여왕릉)
정형 : 네 모서리에 우주를 세우고, 각 면 각 탱석에 십이지신장상을 배치한 것(구정동방형분)

이상의 십이지신장상을 가진 신라 능묘의 호석 분류에 더하여 십이지신장의 머리 방향을 하나의 속성으로 인정할 수 있을 것이다. 이는 능묘의 설계자 또는 화사의 의지에 따라 이루어졌을 수 있기 때문이다. 이 십이지신장상 머리의 방향을 정리하면 〈표 3〉과 같이 분류할 수 있다.

〈표 3〉에서 ㄱ형은 머리의 방향과 자세가 모두 정면인 것으로 전성덕왕릉이 있다.

ㄴ형은 적어도 남북에 각각 위치한 자상과 오상이 정면인데, 정동과 정서의 묘상과 신상도 정면인 것(1형 : 흥덕왕릉)〈그림 8〉과 동쪽의 묘상만 정면인 것(2형 : 전경덕왕릉)이 나누어진다.

표 3. 신라 능묘 십이지신장상의 두향

형식		왕릉	자	축	인	묘	진	사	오	미	신	유	술	해
ㄱ		전성덕왕릉	정면	정면	정면	정면	정면	정면	정면	정면	정면	정면	정면	정면
ㄴ	1	흥덕왕릉	정면	좌향	우향	정면	좌향	우향	정면	좌향	우향	정면	좌향	우향
	2	경덕왕릉	정면	좌향	우향	정면	우향	우향	정면	좌향	우향	좌향	좌향	우향
ㄷ	1	원성왕릉	우향	우향	우향	우향	우향	우향	정면	좌향	좌향	좌향	좌향	좌향
	2	전진덕여왕릉	좌향	우향	우향	우향	우향	우향	정좌	좌향	좌향	좌향	좌향	좌향
	2	구정동방형분	우향	우향	우향	우향	우향	우향	정우	좌향	좌향	좌향	좌향	좌향
ㄹ		전헌덕왕릉	우향	우향	우향	우향								
		전김유신묘	우향	우향	우향	우향	우향	우향	우향	우향	우향	우향	우향	우향
		황복사지	우향	우향	우향	우향		우향	우향	우향			우향	우향

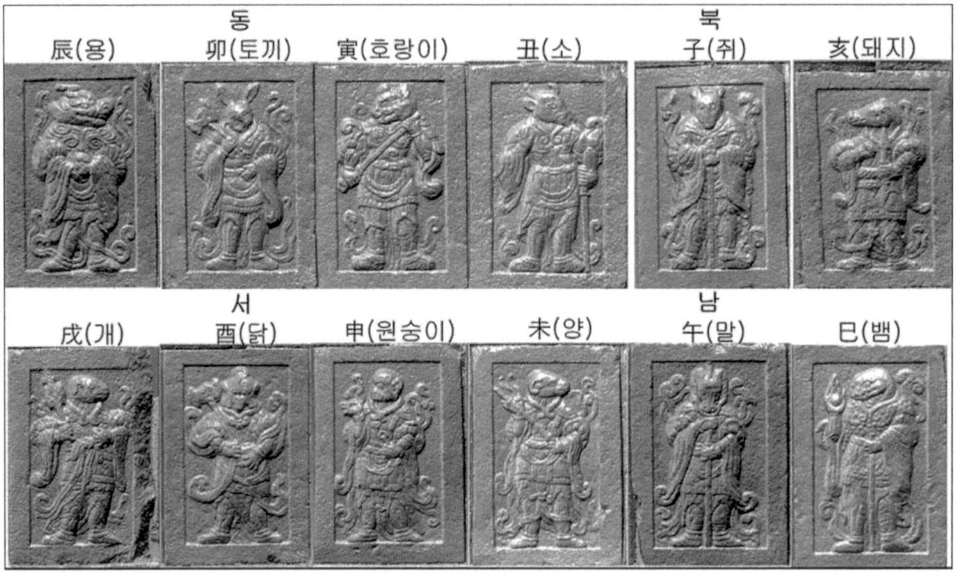

그림 8. 흥덕왕릉 십이지신장상(경주시 외 2011·2012 발췌)

앞서 살핀 바와 같이 능지탑 십이지신장상 중 한 종류[15]도 이 형식에 속하는 것 같으나 불완전하기에 여기서는 별도의 형식을 설정하지 않도록 한다. 이 형식의 정면상 사이에는 좌향 또는 우향이 각각 교차하거나 쌍을 이루며 교차하기도 한다.

ㄷ형은 남쪽의 오상만 정면이고 그 좌측은 모두 좌향, 우측은 모두 우향인 것으로 원성왕릉·전진덕여왕릉·구정동방형분이 여기에 속한다. 그러나 원성왕릉과 구정동방형분은 북쪽의 자상이 우향을 하고 있으나 전진덕여왕릉은 좌향을 하고 있어 다르다. 그리고 전진덕여왕릉(ㄷ2형)의 오상은 비록 정면으로 볼 수 있으나 고개를 약간 좌로 틀었고, 구정동방형분(3형)은 오상이 고개를 약간 우로 틀어 완벽한 정면상의 오상인 원성왕릉(1형)과는 차이가 있다.

ㄹ형은 모두 우향을 한 것으로 평복의 십이지신장상인 전헌덕왕릉·전김유신묘·황복사지는 모두 이 형태이다. 이렇게 무복의 십이지신장상과 평복의 십이지신장상이 두향에서 구분되는

15) 황복사지에서 가져온 것을 제외하고 능지탑 십이지신장상을 가진 탱석을 두 종류로 나눌 때 자·축·오·신·술상 그룹의 경우 자상과 오상이 정면상으로 확인된다. 그러나 묘·미·유상의 그룹은 자세의 정형을 확인할 수 없다.

것은 앞에서 설명한 화사의 화풍과도 관련된 것으로 볼 수 있다. 무복십이지의 경우 이 가운데 가장 전형적인 형식은 흥덕왕릉이고, 이것이 변화하여 여러 형식이 창출된 것으로 보인다.

2) 능묘의 변천

십이지신장상을 가진 능묘는 신라 왕릉 전체를 능원 시설로 분류한 형식(김용성 외 2012)에서 Ⅴ~Ⅶ형식에 해당한다.

신도 좌우에 석물이 배치된 Ⅴ형식으로는 전성덕왕릉·원성왕릉·흥덕왕릉이 해당한다. 이외 전헌덕왕릉을 이 형식으로 볼 수 있다. 전헌덕왕릉은 현재 능전의 석물이 보이지 않으나 지금 경주고등학교에 보관된 호인상 조각이 원래 이곳에 있던 것으로 믿어지고 있어 이 형식 능원으로 본다. 일제강점기에는 봉분의 서쪽 반원형이 유실되었고, 화표 1쌍, 봉분 앞의 석연대(상석) 1개(현재 동천동 표암재의 것이 이곳의 것으로 추정된다)(이근직 2012: 352), 석인으로 생각되는 상의 두부가 있었다(有光教一 1936)고 한다. 이러한 형식 능원의 완성은 흥덕왕 무렵으로 볼 수 있을 것이다.

상석과 배례공간만 존재하는 Ⅵ형식으로는 전경덕왕릉과 전김유신묘가 있다. 또 상석마저 소멸하고 배례공간만 존재하는 Ⅶ형식으로는 전진덕여왕릉과 구정동방형분이 있다〈표 4〉.

표 4. 십이지신장상 능묘 능원의 분류

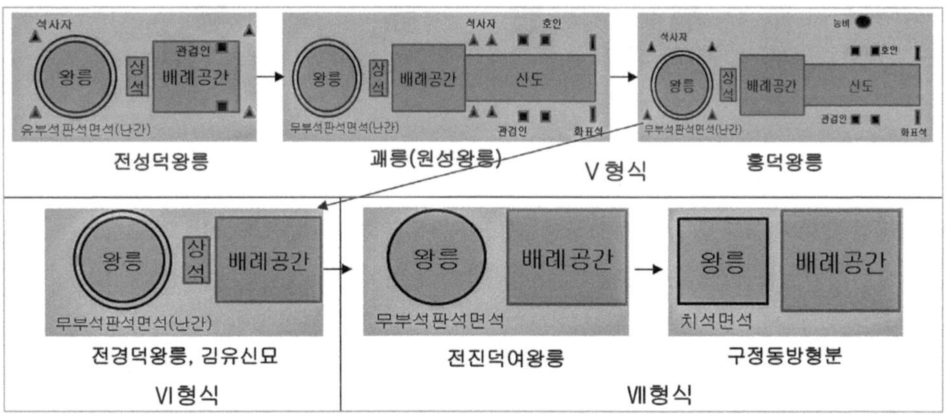

나머지 십이지신장상을 가진 왕릉으로 추정할 수 있는 능지탑의 십이지신장상이 소속되었을 능묘에 대해서는 지금 전혀 알 수 없다.

이러한 능원의 형식은 위의 순서대로 변화했을 것인데, 이를 포함해 십이지신장이 새겨진 탱석의 화면비례는 시간적인 변화를 알려주는 지표가 될 수 있을 것이기에 이를 참고하여야 할 것으로 보인다. 따라서 여기서는 이를 합하여 앞에서 분류한 십이지신장상이 새겨진 호석의 구조와 두향 등 피상적인 십이지시신장상의 형태 등을 조합하여 그 변천상을 살펴보도록 한다.

앞에서 분류한 능원을 비롯한 여러가지의 형식을 종합하면 〈표 5〉와 같은 결과가 도출된다.

표 5. 신라 능묘 십이지신장상의 시간 서열

능묘	능원 형식			외표 시설				호석 단면				십이지신장석 배치					십이지신장상 두향							비고	
	V	VI	VII	I			II	A	B	C	D	회랑	갑	을	병	정	ㄱ	ㄴ		ㄷ			ㄹ	화폭비	복식
				1	2a	2b												1	2	1	2	3			
전성덕왕릉	■			■				■				■					■							(2:1)	무복
흥덕왕릉	■				■				■					■				■						1.7:1	무복
전헌덕왕릉		■			■				■				■										■	2.0:1	평복
전경덕왕릉		■			■				■					■					■					1.7:1	무복
전김유신묘		■			■					■					■								■	1.9:1	평복
구황동왕릉지		■			?					?					■								■	1.9:1	평복
원성왕릉	■				■				■					■						■				1.5:1	무복
전진덕여왕릉			■			■					■				■						■			1.3:1	무복
구정동방형분			■				■	■								■						■		1.3:1	무복

<확인되는 연대> 성덕왕릉 : 당 숙종 건릉(763년) 이후, 흥덕왕릉 : 왕비가 사망한 826년 이후, 원성왕릉 : 경문왕(861-875) 시기

이 표는 앞에서 나눈 각 형식을 지금까지 논의된 순서에 따라 배열한 것이다. 즉 십이지신장상을 가진 능묘 가운데 환조의 십이지신장상을 가지고 있어 가장 이른 시기에 해당하는 것이 환조의 전성덕왕릉이고, 천부조(淺浮彫) 평면각이며 형식상 쇠퇴하고 있음을 알려주는 전진덕여왕릉을 후대에, 그리고 원성왕릉과 흥덕왕릉은 안정된 비정으로 인정해 원성왕릉을 앞에, 흥덕왕릉을 뒤에 놓았고, 나머지는 이를 기준으로 한 능원의 변천 과정에 따라 배열한 것이다.

〈표 5〉에서 능원의 형식과 이 봉분 외표시설, 호석의 단면 형태, 십이지 탱석의 배치 방식 등에서 상호 간 순서가 배치되지 않고 배열되는 것을 볼 수 있다. 단지 전헌덕왕릉의 십이지탱석 배치 방식이 다른 것과 구분되는데, 이는 전헌덕왕릉이 진평왕릉(강인구 2000: 467～468)을 개축한 것이고, 그때 원래 봉분이 커서 거기에 합당하게 십이지신장상을 새긴 탱석을 포함한 호석을 축조하였기 때문에 나타난 현상으로 볼 수 있어 문제가 되지 않는다.

전헌덕왕릉은 입지한 곳이 북천 북안 변으로 당시의 다른 왕릉 입지와 차별이 있다. 이곳이 계속해서 수해를 입었음은 잘 알려져 있다. 그리고 이 왕릉이 하대에 축조된 것이라면 지금과 같이 남쪽이 전면일 것인데 그러하다면 북천(北川)이 가로막고 있어 "천림사 북쪽에 장사지냈다(葬于泉林寺北)"(『삼국사기』 본기), "능은 천림촌 북쪽에 있다(陵在泉林村北)"(『삼국유사』 왕력)의 천림사(泉林寺)나 천림촌(泉林村)이 자리할 여건이 되지 않는다. 북천의 유수는 분황사 동북편의 원지를 가진 건물지(국립경주문화재연구소 2008) 등의 위치로 보아 그 흐름은 크게 변하지 않았고, 범람의 대상은 바로 그 북안이었고, 북안 지역은 현재 천에서 북쪽으로 100m 이상의 지점부터 방리(坊里)가 형성된 것(차순철 2011)으로 볼 수 있기 때문이다.

지금까지 이 왕릉의 주변에서 발견된 사지는 북동편의 (전)동천사지와 남동편의 (전)임천사지(국립경주박물관 외 2008)가 있는데, 후자의 경우 천변에서 수습된 석재에 근거한 것으로 더 상류 왕릉 동편의 소금강산 남쪽 말단에 존재했던 사지의 유물이 북천의 범람으로 여기로 떠내려온 것일 수 있다.

또 봉분의 크기가 헌덕왕 앞 시대의 원성왕릉이 직경 22m이고, 바로 뒤의 흥덕왕릉이 20.6m로 유사하나 훨씬 커서 직경 25.9m로 차이가 있어 문제가 된다. 이 크기는 진평왕의 다음 대인 선덕여왕릉과 그 전대인 서악동왕릉군 왕릉들 사이에 들어간다. 이는 십이지신장상을 새긴 탱석의 배치와 함께 이 왕릉이 하대에 개축되었을 가능성을 높여준다.

그러면 이 표를 기반으로 십이지신장상을 가진 신라 능묘의 변천상을 구체적으로 밝혀보도록 하자.

〈표 5〉에서 봉분의 외표시설은 판석을 면석으로 한 형식에서 치석된 장방형 장대석을 면석으로 삼은 형식, 즉 Ⅰ형식에서 Ⅱ형식(구정동방형분)으로 변천하고 있음이 확인된다. 또 Ⅰ형식을 세분할 때 부석이 탱석을 받치고 있는 1형(전성덕왕릉)에서 부석이 존재하지 않은 나머

지 2형으로 변화하며 후자의 경우 회랑부를 가진 a형(원성왕릉·흥덕왕릉전·헌덕왕릉·전경덕왕릉·전김유신묘)에서 회랑부가 생략된 b형(전진덕여왕릉)으로 변화를 읽을 수 있다.

다음 호석의 단면 형태는 갑석과 지대석의 선단을 단순하게 ㄷ자형으로 치석한 석재를 사용한 A형(전성덕왕릉)에서 갑석의 선단을 凸자형으로 재단하고 지대석의 선단에 3급의 층급받침을 나타낸 B형(원성왕릉·흥덕왕릉·전헌덕왕릉·전경덕왕릉)으로, 또 갑석은 B형과 유사하나 상면이 사면으로 처리되고 지대석의 선단이 2급의 층급받침으로 줄어든 C형(전김유신묘)으로, 또 갑석의 단면을 ㄱ자형으로 처리하고 지대석의 선단에 2급의 층급받침을 나타낸 D형(전진덕여왕릉)으로 변화한다. 그리고 마지막으로 다시 쇠퇴하여 갑석과 지대석의 선단을 ㄷ자형으로 처리한 A형(구정동방형분)이 다시 등장한다. 그러나 이는 면석의 형태에서 앞 시기의 A형인 전성덕왕릉과는 분명히 구분된다. 이중 전성덕왕릉의 호석 단면은 면석을 채용하였을 뿐 이전 시기 전신문왕릉(효소왕릉)의 ㄷ자형으로 치석한 갑석, 지대석과는 차이가 없이 연결되고 있다.

십이지탱석의 배치 형태에서는 환조의 십이시신장상을 회랑에 세운 형식(전성덕왕릉)에서 먼저 두 개의 탱석 건너 하나의 십이지신장상을 새긴 탱석을 배치한 을형(원성왕릉·흥덕왕릉·전경덕왕릉)으로, 다시 하나의 탱석 건너 하나의 십이지신장상을 새긴 탱석을 배치한 병형(전김유신묘·전진덕여왕릉)으로, 다시 모든 탱석에 십이지신장상을 부조하고 네 모서리에 우주를 세운 정형(구정동방형분)으로 변천한다. 여기에 배치되는 것이 세 개의 탱석 건너 하나의 탱석에 십이지신장상을 새긴 전헌덕왕릉(가형)으로 이에 대해서는 앞에서 설명한 바와 같다.

한편 화폭의 비례에서도 대략적인 변천상을 읽을 수 있는데, 무복과 평복의 십이지신장상을 구분하여 살펴보면 평복의 경우 대략 비슷한 양상이나 무복 계열의 경우는 화폭의 비례가 줄어들어 세장방형에서 장방형으로 변천하고 있음이 관찰된다. 즉 흥덕왕릉과 전경덕왕릉의 장단비 1.7:1 그룹에서 전진덕여왕릉과 구정동방형분의 장단비 1.3:1 그룹으로 변화하는 것이다. 그리고 그들 사이에 원성왕릉이 들어간다.

이러한 현상은 신장상의 두향에서도 나타난다. 즉 평복의 십이지신장상을 제외한 무복의 십이지신장상은 모두 정면상인 전성덕왕릉이 가장 이르고, 원성왕릉을 제외하면 정사방의 자상·묘상·오상·유상이 정면상인 흥덕왕릉(ㄴ1형), 남쪽 오상, 북쪽 자상, 동쪽 묘상이 정면인 전경덕왕릉(ㄴ2형), 남쪽의 오상만 정면상에 가깝고 나머지는 이를 중심으로 그 좌우에 우향과 좌향이 일률적으로 적용된 전진덕여왕릉(ㄷ2형)과 구정동방형분(ㄷ3형)으로의 순서가 잡힌다. 원성왕릉은 ㄷ1형으로서 전진덕여왕릉·구정동방형분과 유사하나 그 오상은 완벽한 정면상으로 약간 다르다.

한편 평복의 십이지신장상을 가진 능묘의 경우 화폭의 비례와 두향에서는 구분되지 않고 같은 형식을 공유하고 있다. 이는 이들의 시차가 크지 않음을 의미하는 것으로 볼 수 있다. 그러나 전헌덕왕릉은 능원 형식이 Ⅴ형식이면서 화폭의 장단비가 2.0:1로 Ⅵ형식의 능원이거나 그리 추정되는 전김유신묘와 황복사지의 화폭 장단비 1.9:1보다는 세장한 형태로 이른 시기의 속성을 가지고 있다.

이상의 결과를 종합하면 십이지신장상을 가진 능묘의 축조 순서는 〈표 8〉과 같이 전성덕왕릉→원성왕릉→흥덕왕릉→전헌덕왕릉→전경덕왕릉→전김유신묘→전진덕여왕릉→구정동방형분의 순서가 도출된다. 이러한 순서에서 앞 시기에 위치하는 전성덕왕릉과 당의 황릉 석각을 고려하면 8세기 후반에야 십이지신장상을 가진 신라 능묘가 출현한다고 할 수 있다.

3) 십이지신장상의 연대

십이지신장상을 가진 능묘의 상한이 8세기 후반이라는 사실은 능원에 배치된 석물과 관련지으면서 당의 황릉을 비롯한 능묘의 변천 과정을 고려하면 방증 자료를 얻을 수 있다. 주지하다시피 Ⅴ형식의 능원인 성덕왕릉에는 관검석인(冠劍石人) 1쌍이, 원성왕릉과 흥덕왕릉에는 거기에 더하여 호인상(胡人像) 1쌍이 배열되어 있다. 이 석인 중 관검석인은 모두 양당개(裲襠鎧)를 입고 있다.

당 황릉의 능원 신도 좌우에 배열된 석인상의 경우는 763년 현종(玄宗) 태릉(泰陵)부터 이전의 관검석인인 무관(武官)만 배치되던 것에서 문관(文官)이 더해져 무관과 함께 배치되는 변화가 보인다. 다음 대인 숙종(肅宗)의 건릉(建陵)(763년)에서도 마찬가지이고, 다음 대 대종(代宗)의 원릉(元陵)(779년)에서도 문관상이 확인된다. 이후 무관상과 문관상의 조합이 정형화한다. 또 태릉에는 무관상으로 한인(漢人)과 호인(胡人)이 교차로 배열되어 있다.

이는 신라의 완성된 능원에 관검석인과 호인상이 함께 배치된 것과 통하는 것으로 보인다. 즉 신라에서는 관검석인을 당 황릉의 문관 성격으로, 호인상을 무관 성격으로 인식했을 수 있기 때문이고, 실제 이를 문관과 무관으로 본 견해도 있다(有光敎一 1936, 齋藤忠 1973, 宮下佐江子 2009). 그러하지 않더라도 태릉의 무관상 중 호인상을 고려하면 이와 관련된 것으로 보아야 한다. 또 관검석인인 무관이 신라의 것과 같이 양당개를 걸치고 있는 것은 호묘위릉(號墓爲陵)인 공릉(恭陵)(675)(中國社會科學院考古研究所河南第二工作隊 외 1986)에서 처음 출현하였으나 성행하지 못하고 더 나중인 숙종의 건릉(763년)과 그 이후 황릉에서 나타나고 있다(이재중 1996).

따라서 적어도 신라 능원에 관검석인과 호인상으로 분리된 석인의 배치가 기원 8세기 후반 무렵이라고 볼 수 있다. 비록 문관과 무관을 좌우에 따로 배열하는 당의 제도와는 다르나 이는 석사자의 배치와 함께 신라식 배열의 제도로 창출된 것으로 볼 수 있게 된다.

또 신라의 십이지신장상은 앞에서 언급하였다시피 병풍화의 한 폭 한 폭을 분리하여 배치한 것으로 볼 수 있는데, 이와 유사한 현상이 역시 당 현종 태릉의 배장묘인 고력사묘(高力士墓)(762년)(陝西省考古研究所 2002-6)에서 보인다. 이 묘(〈그림 9〉)는 벽화묘로 현실의 벽면에 12폭의 병풍을 구획하고 그 각 폭에 홀을 잡은 십이지배례상을 그렸다. 그리고 좌우 문비에는 네모진 주연대를 둔 액자형의 내부에 무장상과 문관상을 나누어 그렸다. 이러한 배치를 묘실 바깥으로 끌어내 십이지를 호석에, 문관과 무장을 신도 입구에 배치하게 되면 신라의 완성된 능원이 된다.

그림 9. 당 고력사묘와 십이지·문무관상 벽화(陝西省考古研究所 2002)

이 사실은 비록 신라의 석인과 구별되고, 십이지의 형식도 중국의 것은 배례상이나 신라의 것은 신장상으로 다르나 의미에 있어서는 통하는 것으로 볼 수 있게 한다. 따라서 십이지신장 상을 가진 신라 능묘가 이보다 조금 늦은 원성왕(785~799) 무렵 즈음이나 그 직전에 시작되었다고 볼 수 있도록 한다. 즉 십이지신장상이 부조로 새겨진 호석의 신라 능묘는 하대에 해당한다.

따라서 전성덕왕릉이 바로 성덕왕릉이라면 십이지신장상과 능전 석물 등이 후대, 즉 혜공왕(765~780) 무렵 즈음에 설치된 것으로 판단할 수 있다. 이는 성덕왕비가 설치되고도 훨씬 뒤에 해당한다.

이와 같은 사실은 성덕왕릉의 십이지신장상 배열 형태에서도 관찰된다. 성덕왕릉 십이지의 배치는 그동안 여러 번 변화한 것으로 보인다. 가장 오래된 배치도인 후지시마의 도면이나 현재의 상태나 성덕왕릉 환조의 십이지신장상은 다른 부조의 십이지신장상이 정확한 방위(봉분의 중심에서 정확히 나눈 12방향)의 배치인데 그러하지 않고 서로의 간격이 들쑥날쑥한 대강의 배치이다(최민희 2017)〈그림 10〉.

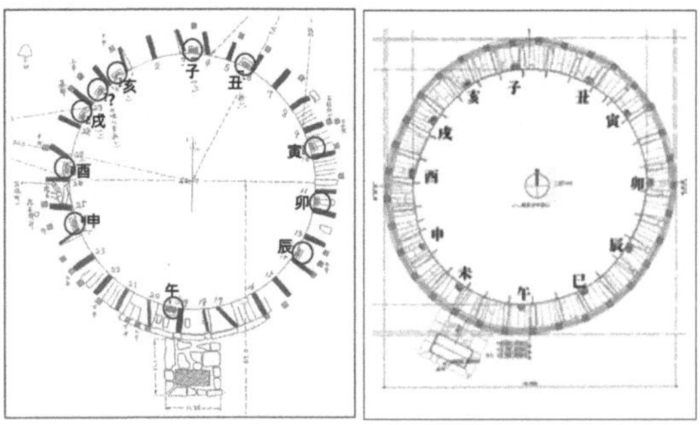

그림 10. 1931년 후지시마 도면(좌)과 현재(우)의 성덕왕릉 십이지신장상 배치(좌:최민희 2017, 우:경주시 외 2013 개변)

이것은 먼저 부석이 돌려진 호석의 축조가 완료되어 정확한 방위와 간격으로 십이지신장상 을 배치할 수 없어서 나타난 현상으로 보인다. 즉 호석의 받침석 수가 32개인데 이는 12의 배수가 아니어서 설계할 때 12방위를 정확하게 나누어 십이지신장상을 배치하려는 의지가 없었음을 의미한다. 따라서 봉분을 비롯한 호석의 축조가 완료된 후에 환조의 십이지신장상이 적당하게 배열되었음을 뜻한다.

봉분을 비롯한 호석의 축조와 십이지신장상의 배열 사이 시간의 간격이 얼마인지는 분명하지 않으나 하대의 시작인 선덕왕(재위 780~785) 이전으로 볼 수 있으며 성덕대왕신종(聖德大王神鍾)의 완성이 771년이므로 그 무렵 혜공왕이 조부의 왕릉을 더 화려하게 장식했을 수 있다.

한편 금세기로 들어와 당 숙종 건릉(763년)의 주변에 대한 섬서성고고연구원(陝西省考古研究院)의 조사(李浪濤 2003)에서 전성덕왕릉의 십이지신장상과 유사한 오상과 신상의 십이지가 발견되었는데, 이것도 신라 십이지신장상의 발생 상한을 알려준다. 오상은 건릉의 내성 남쪽 주작문지(朱雀門址) 바로 우측 5m 지점, 신상은 서쪽 백호문지(白虎門址)에서 남쪽으로 140m 지점에서 발견되었다〈그림 11〉.

이들 지점은 능원의 십이지 방향과 합치함으로 이 황릉의 경우 내성의 둘레에 십이지를 방위에 따라 배열했음이 분명하다. 다만 그 크기가 높이 42cm 정도로 성벽의 바깥에 세웠다기 보다는 매장했을 가능성이 크다. 즉 전민애왕릉에서 십이지용을 호석 밖에 매장한 것과 같은 방식으로 추정할 수 있다. 어쨌든 8세기 중엽 무렵에는 당에서 방향에 맞추어 황릉의 내성 밖에 십이지 석상을 배치한 것은 분명하다.[16]

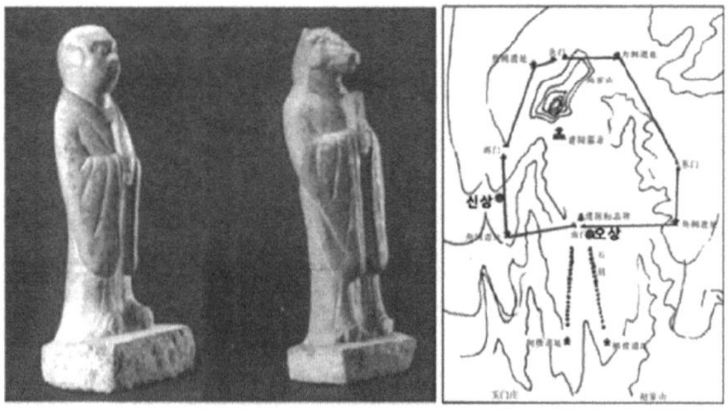

그림 11. 당 숙종 건릉의 십이지 신·오상과 출토 위치(李浪濤 2003 개변)

건릉 십이지는 전성덕왕릉의 것〈그림 12〉과 같이 네모진 좌대 위에 세운 환조의 입상이다. 다른 점은 성덕왕릉의 것이 무복의 무인상이나, 평복의 배례상이란 점이다. 이는 신라의 십이지는 신장상이나 중국의 십이지는 배례상이라는 보편적인 현상에 기인한다. 그러나 신라의 능묘 호석에 배치되거나 새긴 십이지신장상이 763년 이후임을 알려주는 적극적인 자료이다.

이상의 결과를 종합하면 신라의 전형적인 석각을 가진 왕릉과 능원은 중대 말에 시작하여 흥덕왕릉에서는 정형화가 완성되고, 이후 쇠퇴기로 접어들고, 전진덕여왕릉과 구정동방형분이 축조되면서 완전히 쇠퇴하는 것으로 볼 수 있다. 그리고 전헌덕왕릉은 진평왕릉이 흥덕왕 무렵에 개축된 것으로 이때 평복과 무복의 십이지신장상을 그리고, 이를 새겨 능묘에 적용하는 두 계열이 형성되었고, 이들이 시기에 따라 왕릉의 축조를 담당함으로써 두 계열의 십이지신

16) 이외 당 예종 교릉(712)의 현무문 밖 좌측에서 머리가 결실된 사람 몸체의 작은 석상이 조사되었는데, 십이지 중 인상이란 의견이 제기(張建林 2024)되고 있으나 확정적이지는 않다.

그림 12. 성덕왕릉 십이지신장상

장상이 얼마간 지속되었으나 일시적으로는 평복의 평면각 계열이 우세했음을 알려준다. 그리고 전진덕여왕릉에서는 양 계열이 혼합되었다가 구정동방형분의 축조 시에는 처음의 무복 곡면각 계열이 왕릉의 축조를 담당했던 것으로 볼 수 있다.

그러나 십이지신장상 자체의 시간 서열은 〈표 5〉에서 보다시피 다른 양상을 나타낸다. 특히 원성왕릉의 경우 능원과 호석의 구조는 비교적 이른 시기의 속성을 가지고 있으나 호석에 새겨진 십이지신장상의 속성인 두향과 화폭 등은 비교적 늦은 시기를 나타내는 특징이 있다. 이에 대해서 임영애(2012)는 다음의 숭복사 비명의 내용을 들어 십이지신장상을 호석에 장식한 것은 경문왕대라고 하였는데, 이와 부합한다.

> 금성의 남쪽 일관의 산기슭에는 절이 있는데 숭복이라 이름하였다. 이는 선조(경문왕)께서 왕위를 계승하시던 첫해에 열조 원성대왕의 원릉을 받들고 명복을 빌기 위하여 세워진 것입니다(金城之离 日觀之麓 有伽藍號嵩福者 乃先朝 嗣位之初載 奉爲烈祖元聖大王 園陵追福之所修建也) ~ 선대(先代)를 이어 절을 중수하고 능을 잘 호위하시니 바로 지금이 그 기회인즉 이때를 버리고 어느 때를 기다리겠습니까. 이에 효성이 두루 사무치고 생각이 꿈과 부합하게 되었으니, 곧 (경문왕이 꿈에서) 성조 원성대왕을 뵈온 즉 어루만지면서 말하기를, "나는 너의 선조이니라. 네가 불상을 세우고 나의 능역을 꾸며 호위하고자 하는데, 조심하고 삼가할 것이며 일을 서두르지 마라. 부처님의 덕과 나의 힘이 네 몸을 감싸줄 것이니 진실로 중도를 잡아 하늘이 주는 복록을 길이 마치도록 하라"(則乃踵 修蓮宇 威護柏 城 今也其時 捨之何俟 於是孝誠旁達 思夢相符 乃見 聖祖大王(元聖王) 撫而告曰 余而祖也 而欲建佛像飾護予陵域 小心翼翼 經始勿亟 佛之德予之力 庇爾躬 允執厥中 天祿永終)[慶州初月山崇福寺碑]

이 기록을 인정하여 원성왕릉의 호석에 십이지신장상을 새겨 능을 호위한 것이 경문왕(861~875)이라고 한다면 신라 능원의 모든 시설이 일시에 조성된 것이 아니라는 사실을 알 수 있다. 원성왕릉의 경우 호석의 구조를 포함한 능원 시설은 왕의 임종 전후에 축조되었을 가능성이 크나 십이지신장상을 호석에 새긴 것은 선왕인 헌안왕(857~861)의 사위로서 경문왕이 왕위에 즉위한 이후 자신의 정통성을 강조하고자 새겼음을 시사한다. 이는 최근 발굴되어 축조과정에서 중단된 8세기 중후반으로 추정되는 구황동왕릉지(성림문화재연구원 2020)의 왕릉 호석에서 십이지의 흔적을 전혀 찾을 수 없는 것과 연결되는 듯하다. 즉 십이지신장상을 호석에 부조로 새긴 것은 9세기 초의 흥덕왕릉부터임을 시사하고 있다.

따라서 십이지신장상 자체의 조각 연대는 무복 십이지신장상의 경우 성덕왕릉→흥덕왕릉→전경덕왕릉→원성왕릉→전진덕여왕릉→구정동방형분의 순서로 볼 수 있다〈그림 13〉. 또 평

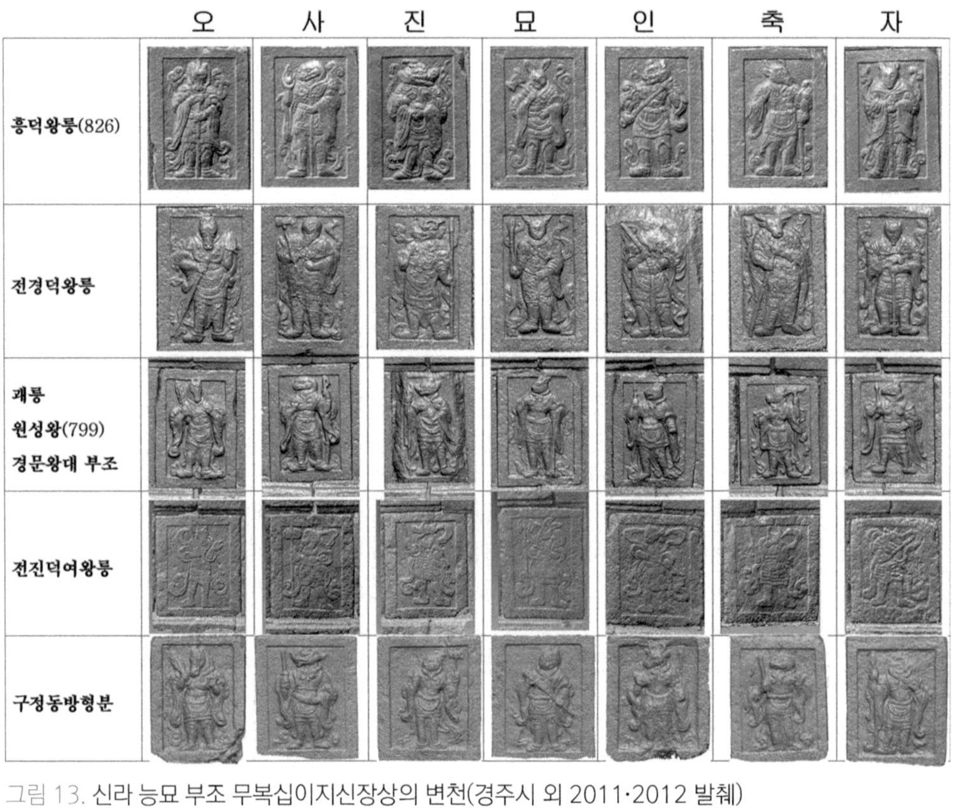

그림 13. 신라 능묘 부조 무복십이지신장상의 변천(경주시 외 2011·2012 발췌)

복 십이지신장상의 경우 전헌덕왕릉→전김유신묘·황복사지의 순서가 도출되고 전헌덕왕릉의 것을 흥덕왕릉의 것보다 조금 늦은 시기에 위치시킬 수 있다. 결국 신라 능묘에 십이지신장상이 부조되는 것은 신라 하대가 시작되고 비교적 안정이 이루어진 시기에 시작하는 것으로 볼 수 있고, 이는 하대의 시작 기에 능묘를 차별화함으로써 정통성이 결여된 출계를 보완하고자 한 의도에서 신라의 전성기 능원 형식을 창출하게 되었다고 정리할 수 있다.

제3장

신라 왕릉의 비정

신라의 왕릉과 능원

3장 신라 왕릉의 비정

앞에서 언급하였다시피 신라 왕릉 가운데, 중고기 법흥왕 이후에 해당되는 왕릉의 비정에서 가장 확실한 것으로 믿어지는 것은 비의 존재로 알 수 있는 무열왕(몰년 661)릉이고, 비교적 안정된 것은 서악동고분군에 법흥왕(몰년 540), 진흥왕(몰년 576), 진지왕(몰년 579)의 능이 있다는 사실, 도리천과 사천왕사와 관련된 기록과 입지가 맞는 선덕여왕(몰년 647)릉, 안강에 먼저 몰한 왕비와 합장하였다는 기록과 부합하고 비석 조각에서 '흥덕(興德)'이라는 글자가 발견된 흥덕왕(몰년 836)릉, 낭산의 동쪽이라는 기록과 부합하는 신문왕(몰년 692)릉(전진평왕릉), 망덕사 동쪽이라는 기록과 부합하는 효소왕(몰년 702)릉(전신문왕릉), 감은사와 동해와 관련된 기록과 부합하는 문무왕(몰년 681)의 수중릉, 최치원이 찬한 숭복사비가 출토된 지점과 가까운 괘릉인 원성왕(몰년 799)릉이다. 이렇게 인정이 가능한 왕릉은 앞에서 설정한 능원의 형식에도 부합한다.

따라서 중고기 이후 중대의 전기 이전의 왕릉 비정은 진평왕릉과 진덕여왕릉을 제외하면 비교적 안정된 비정이 이루어진 셈이고, 그 이후의 왕릉은 흥덕왕릉과 원성왕릉을 제외하면 안정된 비정이 이루어지지 않았다. 그러면 이렇게 비교적 안정된 비정이 이루어진 왕릉을 기준으로 하고 호석을 포함한 봉분 외표시설과 능원의 형식 등을 살피면서 소략하지만 남아있는 기록을 참조하여 대략적인 왕릉의 비정을 시도해 보도록 하자.

능원 Ⅲ형식에 앞서는 시원기인 능원 Ⅰ형식과 형성기 전기인 Ⅱ형식의 왕릉은 전자는 마립간기의 적석목곽분인 대릉원지구에 있는 여러 고분이 마립간의 능으로 비정되고, 후자는 서악동고분군에 중고기 전기의 왕릉(법흥왕·진흥왕·진지왕)이 포함된 것으로 믿고 있다. 이에 대해서는 전고(김용성 2015)에서 상세하게 서술한 바 있으므로 여기서는 중대와 연결되는 중고기 후기에 해당하는 형성기 후기인 Ⅲ형식(선덕여왕릉형) 능원의 왕릉부터 비정[17]해 보도록 한다.

이 왕릉의 비정에서 먼저 논의되어야 할 것이 좀 나중에 해당하는 전성기의 Ⅴ형식, 쇠퇴기의 Ⅵ형식과 Ⅶ형식 능원의 왕릉이다. 이들은 대략 하대에 해당할 터인데, 하대에 해당되는 왕릉 가운데 비교적 안정된 비정이 이루어진 것은 원성왕릉과 흥덕왕릉이다. 능원의 형식은 Ⅴ형식→Ⅵ형식→Ⅶ형식이고 그 순서로 변화했을 것이다. Ⅴ형식 능원은 성덕왕릉·원성왕릉·

17) 최근 구황동왕릉지(성림문화재연구원 2020)의 발굴 이후 왕릉의 비정에 새로운 견해(이은경 2018, 배노찬 2022)가 나왔다. 이 견해에 대한 검토는 차후로 미루고, 여기서는 이전의 비정(2012)을 약간 수정하여 서술한다.

홍덕왕릉, Ⅵ형식 능원은 전경덕왕릉과 전김유신묘, Ⅶ형식의 능원은 전진덕여왕릉과 구정동 방형분이 있다.

하대의 왕 가운데 51대 진성여왕 이후에는 경애왕(몰년 927)을 제외하면 왕의 장례 기사에 화장으로 기록되었다. 경애왕도 견훤의 침입과 관련했을 때 왕릉다운 왕릉의 조성이 불가능했을 것이다. 하대의 시작인 선덕왕(몰년 785)은 기록에 "화장하여 동해에 산골하였다(燒火散骨東海)"라고 하는 것으로 보아 왕릉이 조성되지 않았고, 40대 애장왕(몰년 809)은 시해되었으며 장지에 대한 기록이 보이지 않아 왕릉이 조성되지 않았을 가능성이 있다. 따라서 이들 형식의 주인은 비정이 안정된 성덕왕릉·원성왕릉·홍덕왕릉을 제외하고 소성왕(몰년 800), 헌덕왕(몰년 826), 희강왕(몰년 838), 민애왕(몰년 839), 신무왕(몰년 839), 문성왕(몰년 857), 헌안왕(몰년 861), 경문왕(몰년 875), 헌강왕(몰년 886), 정강왕(몰년 887) 등에서 찾아야 한다.

한편 이들 형식의 능원을 가진 왕릉은 대부분 십이지신장상을 가진 탱석이 호석에 배치되고 있거나 십이지신장상이 호석의 전면에 배치되어 있다. 따라서 왕릉의 비정은 십이지신장상의 변화상과 함께 고려하여야 한다. 그동안 십이지신장상을 가진 왕릉에 대한 연구(강우방 1973, 강인구 1987, 이근직 2012. 西嶋定生 1978, 有光教一 1936, 齋藤忠 1937)는 그 순서에 있어서 일치된 견해를 보이지 못하고 다양한 의견이 제시되어 있다.

이를 종합하고 십이지신장상을 고고학 형식에 대입한 앞의 논의에서는 전성덕왕릉→괘릉(원성왕릉)→홍덕왕릉·전헌덕왕릉→전경덕왕릉→전김유신묘·황복사지→전진덕여왕릉→구정동방형분의 순서가 도출되었다.

이는 여기서 논의한 능원 형식의 변천 서열과 합치한다. 또한 앞의 십이지신장상 논의에서 밝힌 바와 같이 이를 가진 능묘는 함께하고 있는 능원 석물인 양당개(兩襠鎧)를 걸친 관검석인, 당 숙종 건릉의 내성 바깥에 배치된 환조십이지상을 같이 고려하면 8세기 후반에야 시작될 수 있다고 판단된다. 즉 상한이 763년 무렵이다. 이 십이지신장상의 변천 과정을 더하면서 Ⅴ형식 이후의 왕릉을 비정하도록 하자.

1. 형성기 능원의 왕릉

형성기인 능원 Ⅲ형식에 속하는 능묘로는 선덕여왕릉과 전효공왕릉이 있다. 선덕여왕릉은 현재 지정된 왕릉이라는 점을 학계에서 널리 인정하고 있다. 그것은 『삼국사기』 본기에 "낭산에 장사지냈다(葬于狼山)"라고 기록되었고, 『삼국유사』 기이에는 "나를 도리천 가운데 장사지내라(葬我於忉利天中)"라고 하였고, 그곳은 "낭산의 남쪽이다(狼山南地)"라고 한 기록의 낭산이 바로 현재 왕릉이 자리하고 있는 산이기 때문이다. 여기서 여왕이 묻힌 곳이 도리천(忉利天)이라 하였는데, 이후 문무왕이 사천왕사를 그 아래 지어 불경의 사천왕천(四天王天)의 위에 도리천이 있다는 사실과 부합하고, 왕릉이나 그 능원의 형식도 그 시대의 것으로 판단된다.

다만 이 선덕여왕릉〈그림 1상〉은 현재 부석이 존재하지 않는 괴석으로 쌓은 담장형의 호석을 가지고 있어 이 글에서의 형식과 배치되는 점이 있다. 그러나 왕릉의 호석에는 아주 큰 석재가 포함되어 있는데, 이 석재가 원래는 괴석으로 쌓은 호석 면을 받치던 것으로 볼 수 있어 무열왕릉이나 전효공왕릉과 같은 유부석괴석형의 호석으로 볼 여지가 있다.

그림 1. 선덕여왕릉과 전효공왕릉

낭산 동쪽 작은 야산에 있는 전효공왕릉은 입지만 다를 뿐 그 형식이 선덕여왕릉과 같고 입지는 중대를 연 무열왕릉과 같이 산지 근접형으로 왕릉이라면 중고기 후기의 것으로 볼 수 있다. 따라서 형식에서는 『삼국사기』 본기에 "사량부에 장사지냈다(葬沙梁部)"라고 기록된 진덕여왕(몰년 654)릉일 수도 있지만 현재 고대사학계에서는 사량부의 위치를 남산 서측으로 보는 경향(이부오 2011: 207)이 많으므로 그러할 가능성은 줄어든다. 그러나 만약 사량부가 양부(梁部)를 둘러싼 새로운 개발지역에 붙여진 명칭이라면 이 능을 진덕여왕릉으로 비정할 수 있다.

한편 전효공왕릉〈그림 1하〉과 입지가 유사하고 괴석을 부석으로 사용한 이 형식 고분으로 전아달라왕릉을 들 수 있다. 이 고분은 뒤에 열 이은 2기의 고분(전신덕왕릉과 전경명왕릉)을 두고 가장 전면에 배치되었는데, 뒤의 두 고분은 부석이 확인되지 않아 그 형식이 다른데, 이는 연대 차를 의미할 수도 있다. 그러하다면 이 고분이 축조될 당시는 독립분이었을 것이므로 의미가 있다고 생각된다. 또한 현재 고대사학계에서 추정하고 있는 사량부의 범위에 위치하기도 한다. 다만 이 고분은 크기가 직경 18m, 높이 4.2m로 선덕여왕릉보다 너무 줄어들어 의문이 된다. 따라서 진덕여왕릉에 대한 비정은 앞으로 좀 더 검토되어야 한다.

이 시기의 왕릉으로 볼 수 있는 또 하나가 전헌덕왕릉이다. 왕릉은 십이지가 탱석에 새겨지고 난간을 가진 봉분 외표시설을 가졌으며 현재 경주고등학교에 보관된 능전석물이 여기서 떠내려온 것으로 믿어지고 있어 여기의 능원 형식으로는 V형식에 해당한다.

강인구(2000: 467~468)는 이러한 봉분 외표시설과 능전석물 등이 후대 이 왕릉이 개축되면서 설치된 것으로 판단하였다. 이는 이후 능전의 능원시설이 완비된 왕릉의 경우 모두 좌북조남의 방향을 택하고 있는데, 이 왕릉은 원래 동쪽의 소금강산을 배경으로 하여 그 앞 평지에 조성되어 월성 방향을 전면으로 택했을 가능성이 훨씬 크고, 그러한 입지와 방향은 중고기와 중대의 비교적 이른 시기에 나타나는 것으로 볼 수 있어서 가능성이 있다.

전헌덕왕릉〈그림 2〉이 자리한 곳은 북천 북안으로 당시의 다른 왕릉 입지와 차별성이 있다. 또 하대에는 주변이 왕경으로 개발되었기 때문에 헌덕왕릉이라면 왕경의 내부에 축조된 셈이 되어 경외왕릉(京外王陵)이라는 보편적인 현상에 배치된다. 이 왕릉에 대해 앞에서 언급한 바 있는데, 다시 강조하는 의미에서 부언하면 다음과 같다.

이곳이 계속해서 수해를 입었음은 잘 알려져 있다. 그리고 이 왕릉이 하대에 축조된 것이라면 지금과 같이 남쪽이 전면일 것인데 그러하다면 북천이 가로막고 있어 "천림사 북쪽에 장사지냈다(葬于泉林寺北)"(『삼국사기』 본기)와 "능은 천림촌 북쪽에 있다(陵在泉林村北)"(『삼국유사』 왕력)고 한 헌덕왕릉 기사의 '천림사'나 '천림촌'이 자리할 공간이 없다. 북천의 유수는 분황사 동북편의 원지를 가진 건물지(국립경주문화재연구소 2008) 등의 위치로 보아 그 흐름은 크게 변하지 않았고, 범람의 대상은 바로 그 북안이었고, 북안 지역은 현재 천변에서 북쪽으로 100m 이상의 지점부터 방리(坊里)가 형성된 것으로 볼 수 있기 때문이다(차순철 2011).

지금까지 이 왕릉의 주변에서 발견된 사지는 북동편의 (전)동천사지와 남동편의 (전)임천사지(국립경주박물관 외 2008)가 있는데, 후자의 경우 천변에서 수습된 석재에 근거한 것으로 더 상류 왕릉 동편의 소금강산 남쪽 말단에 존재했던 사지의 유물이 북천의 범람으로 여기로 떠내려온 것일 수 있다.

그림 2. 진평왕릉(전헌덕왕릉)과 입지 (하:네이버 지도 개변)

이러한 점들은 여기의 십이지신장상을 새긴 탱석의 배치와 함께 하대 개축의 가능성을 높여준다. 한편 현재 남아있는 왕릉도 북동편 홍수의 위험이 덜한 일부만 원래의 모습을 유지하여 십이지신장상도 북동의 자·축·인·묘·해상만 남아있어 그러한 사정을 전한다. 그러므로 홍수에 의해 훼손된 왕릉이 하대에 개축되면서 새로운 능원으로 조성되었고, 그것이 그 후에도 홍수의 피해를 계속해서 입었다고 보아야 한다.

한편 이 왕릉은 같은 봉분 외표시설을 가진 것 가운데 가장 커 직경 25.9m, 높이 6.3m로 하대의 헌덕왕에 앞서는 원성왕의 능으로 믿어지는 괘릉(22×7.5m)과 바로 뒤인 흥덕왕의 능(20.6×6.4m)보다 훨씬 크고 서악동의 여러 왕릉과 선덕여왕릉의 사이에 들어간다.

이러한 점들은 이 왕릉이 처음으로 단독 능원을 형성시켰고, 평지에 조성된 것, 즉 『삼국사기』 본기에 "한지에 장사지냈다(葬于漢只)"라고 한 진평왕(몰년 632)릉으로 추정할 수 있도록 한다.

따라서 이 형식의 능원을 가진 왕릉은 선덕여왕릉은 확실하고, 전효공왕릉이 진덕여왕릉일 가능성이 있다고 정리할 수 있다. 그리고 전헌덕왕릉은 진평왕릉이 개축된 것으로 본다.

2. 발전기 능원의 왕릉

다음 발전기의 무열왕릉형인 Ⅳ형식 능원에 해당하는 왕릉의 문제이다. 이 형식의 왕릉은 전 시기에 이어 유부석괴석형의 호석을 가진 것과 유부석치석형의 호석을 가진 두 종류의 능묘가 해당한다. 전자로는 무열왕릉과 전진평왕릉, 후자로는 전신문왕릉·전헌강왕릉·전정강왕릉·전민애왕릉과 근래 발굴된 신당리석실분 등이 있다.

앞의 무열왕릉은 신라 왕릉 가운데 주인공이 가장 명확한 왕릉이다. 능원의 능비 제액(題額)에 태종무열대왕(太宗武烈大王)이란 주인공이 분명하게 드러나기 때문이다.[18)]

이 형식의 다음 왕릉으로 전진평왕릉〈그림 3〉을 꼽을 수 있다. 이 왕릉은 무열왕릉과 같은 유부석괴석형의 호석을 가졌고, 능의 전면에 상석이 존재했으나 현재는 없어졌다. 그러나 과거에는 능묘의 주변에서 상석(床石)으로 사용된 장대석들이 확인되었다고 하는 점(강인구 2000)을 참고하면 이 능묘의 형식이 무열왕릉을 잇는 것으로 짐작할 수 있다. 왕릉의 크기도 무열왕릉(35.9×8.7m)과 유사한 직경 38.9m, 높이 8.4m이다.

이 왕릉이 자리한 곳은 낭산의 동쪽 명활산의 전면에 해당한다〈그림 3〉. 이로 본다면 『삼국사기』 본기의 장지에 대한 기록에서 "낭산 동쪽에 장사지냈다(葬狼山東)"라고 한 신문왕의 능으로 보는 것이 좋다. 낭산의 바로 동쪽에는 현재 발굴조사가 완료된 구황동왕릉지가 위치하여 그것을 신문왕릉으로 비정(강우방 1982)하기도 했으나, 발굴 결과 이 왕릉지는 축조과정에서 중단된 것으로 판명되었음(성림문화재연구원 2020)으로 이제 낭산 동쪽의 왕릉으로는 이것만이 존재함으로 신문왕릉으로 확정해도 좋을 듯하다.

유부석치석형의 호석을 가진 이 능원 형식의 고분 가운데 비교적 안정된 비정을 할 수 있는 것이 전신문왕릉〈그림 4〉이다.

이 능은 봉분의 전면에 장대석을 이용한 상석을 설치하였다. 상석은 무열왕릉과는 달리 2단으로 구성하였고, 그 앞에 2단의 계단을 두었다. 상석이 무열왕릉의 것에서 발전하여 높아지

18) 태종무열왕릉은 문무왕 원년(661) 6월에 조성되었으며 현재 석비는 비신이 결실된 채 귀부(龜趺)와 이수(螭首)만 남아있다. 이수의 전면 중앙에 '太宗武烈大王之碑'의 8자를 2줄로 전각(篆刻)하였다. 조위(曺偉)(1454~1503)의 『매계집(梅溪集)』에 의하면 이 비신은 적어도 조선시대 초기까지는 부러진 채 풀숲에 쓰러져 있었다고 한다.

고 있는 모습을 보인다.

호석은 지대석을 놓고 그 위에 5단으로 다듬은 사괴석(四塊石)을 쌓은 다음 갑석을 얹었다. 사괴석을 쌓을 때는 아래 단과 윗단이 약간 엇갈리게 하였다. 호석의 부석은 44개를 거의 등간격으로 설치하였다. 이 부석은 정면 장방형, 측면 제형으로 제형의 사면이 호석과 지면에 닿아 호석을 견고하게 받치게 하였다.

상석의 전면에는 비교적 넓은 대지가 형성되어 배례공간의 역할을 한다. 능의 방향은 전면의 상석을 기준으로 하면 좌서조동으로 무열왕릉과 유사하나 배후의 낭산을 기준으로 하면 산지근접형 입지이나 방향은 좌북조남으로 선덕여왕릉과 같다.

이 능은 신문왕릉으로 불리고 있지만 여러 가지 정황으로 보아 효소왕릉이 확실하다. 신문왕릉에 대해서는 앞에서 언급한 바와 같이 낭산 동쪽에 장사하였다고 기록되었는데, 이 능이 있는 곳은 낭산의 남쪽 대지에 해당하는 점에서 일단 신문왕릉이 아님을 알 수 있다. 신문왕의 다음 대인 효소왕릉에 대해서는 『삼국사기』 본기에 "망덕사 동쪽에 장사지냈다(葬于望德寺東)"라고 하였고, 『삼국유사』 왕력에는 "능은 망덕사 동쪽에 있다(陵在望德寺東)"라고 하여 같은 곳을 가리킨다.

그림 3. 신문왕릉과 위치(하:네이버 지도 개변)

그림 4. 효소왕릉과 위치(하:네이버 지도 개변)

여기서 망덕사는 신라 문무왕 19년(679) 당이 신라를 침입하자 사천왕사를 짓고 문두루비법(文豆婁祕法)으로 이를 물리쳤는데, 당은 이러한 소문을 확인하기 위하여 사신을 파견하자, 사신이 사천왕사를 보지 못하도록 이 사찰을 창건하여 보여준 것으로 알려져 있다.

이 사찰은 현재 사천왕사의 남쪽 길 건너에 위치하고 1969~1971년 발굴된 바도 있다. 이 사찰을 기준으로 동쪽에 해당하는 곳에 바로 전신문왕릉이 위치함으로 이 왕릉은 효소왕릉으로 봐야 한다. 능원의 형식이나 호석의 형식 모두 효소왕의 시대적 위치에 배치되지 않는다.

Ⅳ형식의 능원 가운데 유부석치석형의 호석을 가진 능묘로 효소왕릉을 제외하면 전민애왕릉·신당동석실분·전헌강왕릉·전정강왕릉이 있다. 이들은 크기가 유사할뿐더러 형식도 같다.

전민애왕릉〈그림 5상〉의 호석은 장방형의 사괴석을 지대석 위에 3단을 쌓았고, 그 위에 갑석을 얹었다. 이 호석을 돌아가며 수평 단면 오각형, 수직 단면 제형의 장대석을 부석으로 사용하여 받쳤다. 봉분의 직경은 12.5m, 높이 3.8m이다. 벽도산에서 동남쪽으로 뻗는 가지 능선 상위에 자리한 능선상위형의 입지이다.

신당리석실분〈그림 5중〉은 전민애왕릉과 똑같은 호석과 받침석을 가졌다. 단지 갑석이 발견되지 않았는데, 원래는 존재했으나 유실된 것으로 추정된다. 봉분은 직경 14.7m, 높이 3.5m이다. 고분이 위치한 곳은 비봉산에서 남쪽으로 뻗어 내린 능선의 말단부를 삭토하고 능묘를 조성한 능선말단형의 입지이다. 좌우에 낮은 산이 감싸고, 전면에 신당천이 흘러 풍수에 적합한 곳으로 인지되고 있다.

전헌강왕릉〈그림 5하〉은 동남산 기슭에 동향으로 조성된 능묘이다. 그리고 전정강왕릉 역시 동남산 기슭에 동향으로 조성된 능묘로

그림 5. Ⅳ형식 능원 능묘

전헌강왕릉의 북편으로 약 300m 떨어져 있다. 양자는 다른 능선에 있을 뿐 남산에서 동쪽으로 뻗는 가지 능선의 상위에 자리하여 능선중복형으로 그 입지가 같다.

전헌강왕릉은 지대석 위에 쌓은 4단의 사괴석이, 전정강왕릉은 3단의 사괴석이 남아있는데, 후대 복원되면서 현재의 모습이 된 것으로 보인다. 두 능묘의 주변에서는 이들의 호석 위에 얹었던 갑석재(이진락 2013)를 비롯해 많은 석재가 파손되어 널려있는데, 이러한 점으로 보아 원래의 호석 형식은 앞의 전민애왕릉이나 신당리석실분과 같았을 것이다.

전헌강왕릉은 봉분의 직경이 15.5m, 높이 4.2m이고, 전정강왕릉은 직경 15.5m, 높이 4m로 복원되어 있다.

이들을 앞에서 설명한 신문왕릉·효소왕릉과 비교하면 주인공은 중대 후기 왕에서 찾아야 한다. 왜냐면 발굴된 전헌강왕릉과 신당리석실분이 8세기 후반 무렵을 가리키고, 전민애왕릉의 경우 앞에서 언급한 바와 같이 후대 봉분 속에 매장한 골호가 원화(元和) 10년(815)을 가리켜 고분 축조의 하한이 되기 때문이다. 따라서 8세기 후반을 중심으로 한 시기에 이들 형식의 능묘가 축조된 것으로 보아야 한다. 이 시기의 왕 가운데 효성왕은 "법류사 남쪽에서 화장하여 동해에 산골하였다(燒柩於法流寺南散骨東海)(『삼국사기』 본기)", "법류사에서 화장하여 동해에 산골하였다(法流寺火葬骨散東海((『삼국유사』 왕력)"는 기록으로 보아 왕릉을 조성하지 않았을 것이기에 나머지 성덕왕·경덕왕·효공왕이 대상이 된다.

따라서 강인구(2000: 462~463)는 『삼국유사』 왕력의 '양장곡(楊長谷)'이 성덕왕과 경덕왕의 장지와 관련하여 함께 등장하는 점에 주목하여 전정강왕릉을 성덕왕의 능으로, 전헌강왕릉을 경덕왕의 능으로, 전민애왕릉을 혜공왕의 능으로 비정하였다.

그러나 양장곡이 동남산의 이 지역을 가리킨다는 증거가 없으며, 앞의 두 능묘 주변에서는 『삼국사기』 신라본기 경덕왕 13년에 세웠다는 성덕왕릉의 능비나 그 흔적이 발견되지 않아 성덕왕릉이 인정될 수 없는 형편이고 발굴된 전헌강왕릉에서 왕릉이라고 추정할만한 단서가 전혀 발견되지 않았다.

전민애왕릉은 산 능선의 상위에 위치〈그림 6〉하고 방향은 좌북조남이 택해진 것을 볼 수 있어 다른 중대의 능묘와는 차별성이 있다. 이는 본격적인 풍수와 관련되었을 가능성이 있다. 본격적인 풍수의 도입은 신라 말 도선국사(827~898)에 의해서라고 하지만 당의 일행(一行)

(683~727)에게서 직접 또는 간접적으로 수학한 현초(玄超)·의림(義林)·혜일(惠日) 등이 8세기 후반 귀국하여 보급된 것으로 보는 견해(최병헌 1986)(강인구 2000: 455에서 재인용)도 있어 8세기 후반 혜공왕(몰년 780) 무렵부터 본격적으로 신라에 도입되었을 가능성이 있다. 이후는 왕릉의 조성에 좌북조남의 방향이 기본적으로 택해지고 있음이 그 가능성을 높여준다.

전민애왕릉의 입지가 풍수에 부합한다면, 그리고 앞에서 언급하였듯이 이 능묘가 조성된 후에 매장된 것으로 믿어지는 주변에서 발굴된 골호의 연대로 보아 능묘의 축조가 815년 이전임을 고려하면 혜공왕의 능일 가능성도 있다.[19] 그러나 근래 발굴된 신당리석실분도 풍수에 적합한 입지를 택하고 있으며 좌북조남의 방향을 택하고 있어 이것만으로 왕릉으로 인정하기에는 곤란하다.

그림 6. 전민애왕릉의 입지(네이버 지도)

한편 효소왕릉을 제외한 유부석치석형 호석의 네 능묘는 봉분의 규모에서 유사함을 읽을 수 있다. 가장 작은 것이 전민애왕릉으로 직경 12.5m, 높이 3.8m이고, 가장 큰 전헌강왕릉이 직경 15.5m, 높이 4.2m이다. 이렇게 유사한 크기의 봉분을 가진 이들을 같은 형식이나 거의 확실한 왕릉인 효소왕릉의 직경 29.3m, 높이 7.5m와 비교하면 그 격차가 심하다. 이런 크기, 발굴된 전헌강왕릉과 신당리석실분에서 왕릉다운 유구나 유물의 현상이 없는 점 등을 고려하면 모두 왕릉이 아니고 8세기 후반, 즉 중대의 신라 최고 귀족의 무덤으로 보아야 한다.

결국 Ⅳ형식의 능원은 중대의 왕릉과 능묘라고 할 수 있다. 비교적 이른 시기에는 전시기인 중고기 후기에 이어 괴석으로 호석을 쌓고 괴석으로 이를 받친 것이나 중후기로 가면서 사괴석으로 쌓고 역시 치석한 석재의 부석을 기댄 호석으로 발전한다. 전자의 왕릉이 무열왕릉과

19) 이전의 논고(2012)에서 이 고분을 혜공왕릉으로 보았으나 여기서는 이를 철회하고 귀족의 무덤으로 본다. 또한 구황동왕릉지를 민애왕릉으로 추정하였으나 발굴 결과는 분명히 이를 부정한다.

신문왕릉(전진평왕릉), 후자가 효소왕릉(전신문왕릉)이다. 그리고 후자의 시기에 능묘를 축조한 귀족들도 같은 방식의 호석을 공유하고 있는 점이 발견된다.

3. 전성기 능원의 왕릉

전성기 홍덕왕릉형인 V형식의 왕릉은 원성왕릉(괘릉)·홍덕왕릉·전성덕왕릉이 있다. 이 가운데 앞의 두 왕릉은 안정된 비정으로 볼 수 있다. 나머지 전성덕왕릉은 앞에서 언급하였다시피 이 형식의 왕릉 가운데 가장 이른 시기에 해당되는 형식이므로 원성왕의 선대에 비정되어야 하고, 관검석인의 등장을 8세기 후반 이후로 보아야 하기에 비정할 마땅한 왕이 없는 셈이다.

전성덕왕릉〈그림 7상〉은 봉분의 앞에 상석과 배례공간을 두었고, 이 전체를 포함한 범위의 네 모서리에 석사자를 배치하고 그 내부에 또 관검석인 한 쌍을 배열하여 원성왕릉·홍덕왕릉과 다른 배치이고 축소된 모습이다.

훨씬 앞에 비를 세운 흔적인 귀부가 남아있으나 이 비가 능비인지, 다른 성격의 비인지는 아직 알 수 없다. 신라의 다른 능비와는 달리 이 비는 능의 전면으로 향했을 신도의 방향과 약 11도 어긋나고(齋藤忠 1937), 위치한 곳이 당시 왕경에서 불국사와 울산 방향으로 가는 길옆이었을 것이라는 점에서 다시 검토될 소지가 있다. 성덕왕비가 건립된 것은 경덕왕 13년인 754년으로 성덕왕 사후 17년이 경과한 후다.

또 하나의 문제는 이 비와 전성덕왕릉과의 거리, 그리고 그 옆에 남아있는 전효소왕릉과의 거리가 비등하고, 비가 존재하는 왕릉에서 능비는 신도의 우측에 배열된다는 점을 고려하면 전효소왕릉의 능비가 될 수도 있다는 점이다. 이를 감안하였는지 西嶋定生(1978)은 전성덕왕릉을 경덕왕릉으로 보았다. 이 비는 양식상 8세기 후반(이호관 1982)에 세워진 것으로 알려져 있다.

따라서 왕릉이 아닌 '능으로 부를 수 있는 묘(號墓爲陵)'의 가능성도 고려해야 할 것으로 보인다.[20] 하대를 원성왕계라고 부를 수 있을 정도로 원성왕이 하대에서 차지하는 비중이 높은

---

20) 당 황제릉 전면 배장분 가운데 묘원을 가진 의덕태자묘, 영태공주묘 등을 다른 것들과 구분하여 호묘위릉 으로 부른다(秦浩 1996).

그림 7. 성덕왕릉·전효소왕릉과 입지
(하:네이버 지도 개변)

점과 그가 그의 직계 조상을 왕으로 추존하였으며 이전 오묘(五廟)를 바꿔 그의 조부 흥평대왕(興平大王)과 부 명덕대왕(明德大王)을 포함시킨 점, 그의 아들 2인(인겸과 의영)이 태자로 책봉되었다가 먼저 죽은 점 등으로 보아 이들 가운데 전성덕왕릉의 주인공이 있을 수도 있다.

그러나 이 왕릉의 전면에 배치된 비석은 비록 조사된 조각에서 능비로 인정할 아무런 근거도 찾지 못했으나 무시할 수 없는 자료이다. 동북-서남 방향의 성덕왕릉 상석을 기준으로 신도가 설치되었다면 귀부가 위치한 곳은 신도의 우측에 해당하는데, 이 위치는 무열왕릉이나 흥덕왕릉도 마찬가지이기 때문에 이 비를 성덕왕릉비로 봐도 될 듯하다. 그러므로 성덕왕릉일 가능성이 더 크다고 해야 한다.

그리고 이 왕릉의 옆에 있는 전효소왕릉이 왕릉이라면 두 기의 왕릉이 한곳에 모여 있는 것이 되는데, 『삼국유사』 왕력에 동촌(東村)의 남쪽 양장곡에 함께 성덕왕릉과 경덕왕릉이 있다는 기록과 부합하는 점이 있다. 즉 성덕왕릉에 대해 "이거사 남쪽에 장사지냈다(葬移車寺南)"(『삼국사기』 본기), "능은 동촌 남쪽 양장곡이라는 곳에 있다(陵在東村南一云楊長谷)"(『삼국유사』 왕력)"라고 하였고, 경덕왕릉에 대해서는 "모기사 서쪽 언덕에 장사지냈다(葬毛祇寺西岑)"(『삼국사기』 본기)라고 하였고, "처음에 경지사 서쪽 언덕에 장사하였고, 돌을 다듬어 능을 지었는데, 후에 양장곡 가운데로 이장했다(初葬頃只寺西岑 鍊石爲陵 後移葬楊長谷中)"(『삼국유사』 왕력)라고 하여 같은 양장곡에 성덕왕릉과 경덕왕릉이 있음을 알려준다. 동촌에 대해서는 명확하지 않으나 왕릉이 위치한 곳의 북쪽에 있는 동방동을 가리키는 것으로 보고 있다(이근직 2012: 381).

전성덕왕릉이 성덕왕릉이라면 왕릉은 후대에 개축되어 현재와 같은 모습이 갖추어졌을 것이다. 이 능원에는 석사자와 관검석인이 출현하였다〈그림 8〉. 이 석사자와 관검석인은 당 능묘의 현상을 참조하면 앞에서와 같이 8세기 후반에나 출현한 것으로 볼 수 있다. 따라서 이러한 능원의 형성은 빨라도 성덕대왕신종(聖德大王神鍾)을 주조(771년 완성)하는 등 선대왕의 추모 사업이 벌어진 혜공왕대 후반기에나 성립될 수 있게 된다. 이는 전성덕왕릉이 성덕왕릉이라고 하면 이 능원의 완성은 후대로 볼 수 있고, 십이지신상을 호석에 설치한 것도 이즈음이라고 할 수 있다.

이 왕릉은 앞에서 십이지신장상을 논하면서 언급하였듯이 호석의 부석 때문인지 정확한 방위에 있지 않다. 서로의 간격도 일률적이지 않고 대략의 방위에 따라 배열된 모습이다. 이러한 사실에서 원래 호석을 축조할 때 십이지신장상을 배치하는 설계가 없었고, 호석을 축조한 이후 얼마의 기간이 지난 후에 십이지신장상을 환조하여 적당한 방위에 배치했음을 알 수 있다. 따라서 여기서는 경덕왕대에 능비를 세우고, 혜공왕대에 능원 석물과 십이지신장상을 배치하는 등 지속적으로 가꾼 성덕왕릉으로 보고자 한다.

한편 이 형식 가운데 비정이 안정되었으며 가장 완성된 형식으로 늦은 흥덕왕릉은 장화왕비(章和王妃)가 몰한 826년 무렵에 축조되었고, 흥덕왕이 10여 년 후에 합장된 것(이근직 2012: 119)이기에 이 형식의 완성된 능원은 9세기 초를 중심으로 한 시기에 한정된 것임을 알려준다. 다만 능비는 훨씬 후에 세워졌다고 한다(주보돈 2012).

그림 8. 성덕왕릉의 석각

성덕왕릉을 현재의 왕릉으로 비정하면 그 옆에 있는 전효소왕릉〈그림 7중〉이 경덕왕릉일 가능성이 크다. 앞의 성덕왕릉과 경덕왕릉의 기사들을 연결하여 해석하면 성덕왕릉은 이거사의 남쪽이며 동촌의 남쪽에 있는 양장곡에 있고, 경덕왕은 처음에 모기사 또는 경지사라 부르던 사찰 서쪽에 돌을 다듬어 능을 만들어 장사했으나 나중에 성덕왕릉이 있는 양장곡으로 이장하였다는 기사가 방증한다.

여기에 나오는 양장곡은 성덕왕릉이 있는 곳이기 때문에, 그리고 그 능원 자체가 혜공왕대 지속적으로 가꾸어진 것이 분명하다면 성덕왕릉의 옆에 있는 전효소왕릉〈그림 7하〉을 경덕왕릉으로 볼 수 있는 것이다. 따라서 다음과 같은 추측이 가능하다.

혜공왕이 조부인 성덕왕의 능원을 잘 가꾸고, 그 옆에 부친인 경덕왕의 능을 이장한 다음 능원의 조성을 시도하였으나 실각하고 시해되어 왕릉의 조성을 마치지 못해 현재의 전효소왕릉과 같이 호석을 비롯한 제반 시설이 갖추어지지 않고 남아있는 것으로 유추할 수 있다. 현재 왕릉의 뒤편에는 폐기된 석재로 보이는 것들이 몇 개 노출되어 있어 가능성을 높인다.

4. 쇠퇴기 능원의 왕릉

다음 쇠퇴기 전경덕왕릉형인 Ⅵ형식과 구정동방형분형인 Ⅶ형식의 능원 왕릉 주인공은 Ⅴ형식인 흥덕왕 이후의 왕에서 찾아야 한다. 이중 Ⅵ형식의 전경덕왕릉과 전김유신묘, Ⅶ형식의 전진덕여왕릉은 그 입지가 산속의 중복부에 위치〈그림 9〉하여 능선중복형의 입지라는 공통점을 찾을 수 있다. 그리고 중대 이후 왕의 장지 기록에서 산이 표현되고 있는 것은 앞의 성덕왕과 경덕왕의 '양장곡'을 제외하면 희강왕의 '소산(蘇山)', 신무왕의 '제형산(弟兄山)', 문성왕과 헌안왕의 '공작지(孔雀趾)'가 있다. 따라서 이들에서 주인공을 찾는 것이 바람직하다.

즉 희강왕릉에 대해 『삼국사기』 본기에 "소산에 장사지냈다(葬于蘇山)", 신무왕릉에 대해 『삼국사기』 본기에 "제형산 서북에 장사지냈다(葬于弟兄山西北)", 문성왕릉과 헌안왕릉에 대

그림 9. 산 능선 중복에 있는 능묘의 입지(네이버 지도 개변)

해 『삼국사기』 본기에 각각 “공작지에 장사지냈다(葬于孔雀趾)”라고 하였다.

이외 산에 장사한 기록은 51대 진성여왕에 대해 『삼국사기』 본기에 “황산에 장사지냈다(葬于黃山)”라고 하여 산이 언급되었으나, 『삼국유사』 왕력에는 “화장하여 모량부 서악의 미황산이란 곳에 산골했다(火葬散骨于牟梁部西岳一作未黃山)”라고 하여 산골했음을 알려주므로 왕릉이 조성되지 않았을 가능성이 크다.

또 52대 효공왕, 53대 신덕왕, 54대 경명왕 등은 모두 『삼국유사』 왕력에 화장하여 산 또는 고개에 장골(葬骨)하거나 산골(散骨)하였다고 한다. 즉 효공왕은 “사자사 북쪽에서 화장하고 구지제 동쪽 산허리에 장골하였다(火葬獅子寺北骨藏于仇知提東山脇東山脇)”라고 하고, 신덕왕은 “화장하여 잠현 남쪽에 장골하였다(火葬藏骨于箴峴南)”라고 하였고, 경명왕은 “황복사에서 화장하여 성등잉산 서쪽에 산골하였다(火葬皇福寺散骨于省等仍山西)”라고 하였다. 이 가운데 장골한 두 경우도 큰 봉분을 만들거나 화려하게 치장한 왕릉을 조성했을 가능성은 별로 없는 것 같다. 마지막으로 55대 경애왕의 경우 『삼국사기』 본기에 “남산 해목령에 장사하였다(葬南山蟹目領)”라고 했는데 남산은 이 세 능묘와 관련이 없다.

앞의 산 중복에 위치한 능묘 가운데 전김유신묘〈그림 10중〉는 경덕왕릉으로 보는 견해가 많으나 능원의 형식과 십이지신장상의 형식에서 흥덕왕릉 이후의 것이므로 이병도(1969)의 견해를 따라 제형산에 장사하였다는 신무왕릉으로 보는 것이 타당할 것으로 보인다.

이 능에 대해서는 또 흥덕왕 때, 김유신을 흥무왕으로 추존하면서 발전된 형식으로 개축한 결과(박일훈 1968, 김상기 1969)라는 의견도 제시되었는데, 그러하다면 능원의 형식이나 입지 등이 흥덕왕릉과 같아야 한다.

그러하지 않고 더 후대의 형식인 점, 김인문의 묘비 조각이 서악서원에서 발견되었는데, 서악서원 바로 뒤에 대형의 봉분 잔해로 보이는 것이 있고, 1960년대만 하더라도 거기에 석실이 있었고, 이 석재를 주민들이 갔다 썼다는 전언에 근거해 이를 김인문묘로, 전김인문묘를 김유신묘로 비정할 수 있다는 견해(문경현 외 2004: 148~158)를 따르면 부정된다.

전김인문묘〈그림 11〉는 무열왕릉에 배장된 묘이면서도 묘비가 세워지는 등 별도의 묘원을 가지고 있어 소위 호묘위릉(號墓爲陵), 즉 능으로 부를 수 있는 묘가 되어 김유신의 위상과 맞는다는 점도 있다. 『삼국사기』 김유신열전에서 김유신을 ‘금산원(金山原)’에 장사하였다고 하였고, 김인문열전에서 김인문은 '경서원(京西原)'에 장사를 지냈다고 하였는데, 서악동의 선도산 아래를 서울 서쪽의 들판을 의미하는 경서원으로 볼 수 있으나 금산원으로 불렸다는 근거는 없다.

그림 10. 산 능선 중복에 있는 왕릉

그림 11. 전김인문묘 묘원

그러나 금산이란 표현의 금(金)은 오행에서 서쪽을 의미하기에 고려의 대상이 된다. 즉 금산원이 서울 서쪽에 있는 산 주변 평지라는 의미로 읽을 수 있는 것이다. 따라서 앞으로 더 검토되어야 할 것이나 전김인문묘를 김유신묘로 보는 것에 더 비중을 두고 싶다. 전김인문묘는 지금까지 알려진 같은 호석의 형식을 가진 고분 가운데 무열왕릉과 신문왕릉(전진평왕릉)을 제외하고는 가장 큰 직경 27m, 높이 6.9m로 삼한일통의 대업을 이룬 위상에 합치되는 규모이다.

어쨌든 전김유신묘의 능원 형식과 십이지신상 형식 등은 홍덕왕릉 이후 훨씬 뒤에 해당하고, 왕릉이 산 중복에 자리한 점에서 『삼국사기』의 금산원에서 평지를 뜻하는 '원(原)'과는 통하지 않고, 홍덕왕대에 개축된 것으로 볼 수는 없으므로 신무왕의 능으로 추정할 수 있다. 또한 무열왕릉이나 그 앞의 두 배장분 크기를 고려하면 7세기에 최고 귀족인 김유신을 전김유신묘와 같이 작은 무덤(직경 15.8m, 높이 5.8m)으로 축조하지 않았을 것이다.

한편 조선 초기의 문호 서거정(徐居正)(1420~1488)의 시에 "김유신의 무덤 앞에는 돌 짐승이 우뚝하게 솟아 있고(金老墳前石獸危)"라는 구절이 나온다. 이는『삼국사기』김유신전에 "비를 세워 공명을 기록하다(立碑以紀功名)"라고 하여 세운 비석이 비신은 없어지고 귀부(龜趺)만 남아있는 모습을 표현한 것으로 보여 조선 초까지 비의 존재가 인식되고 있었음을 알 수 있다(문경현 외 2004). 그러나 현재 전김유신묘에서는 삼국시대 비의 흔적을 전혀 발견할 수 없고, 조선 후기에 세운 비만 존재한다. 그러나 전김인문묘의 전면 좌측에는 비신이 없어진 귀부가 남아있어 서거정의 시와 합치된다.

또한 전김인문묘 서측의 조금 작은 고분은 같이 무열왕릉에 배장된 김양(金陽)의 무덤으로 알려져 있는데,『삼국사기』김양전에 "서벌한으로 추증하고 그 추증과 부의와 장례 절차를 한결같이 김유신의 구례에 의하게 하여 그해 12월 8일에 태종대왕릉에 배장했다(追贈舒發翰 其贈賻殮葬 一依金庾信舊例 以其年十二月八日 陪葬于太宗大王之陵)"라고 하였다. 이는 김양을 무열왕릉에 배장한 김유신과 똑같이 장례를 치렀다는 것(문경현 외 2004)으로도 읽을 수 있는 대목이기도 함으로 무열왕릉에 배장된 주인은 김유신과 김양으로 볼 수 있다.

전김유신묘를 이렇게 추정하면 전경덕왕릉〈그림 10상〉은 소산(蘇山)에 묻힌 희강왕의 능일 가능성이 커진다. 전경덕왕릉 역시 산 중복에 위치하고, 왕릉의 주변에는 다른 왕릉이 보이지 않는다. 그리고 능원과 호석의 형식, 그리고 십이지신장상 형식의 시기가 전김유신묘와 유사하나 더 앞에 둘 수도 있기 때문이다.

Ⅶ형식의 오류리 전진덕여왕릉〈그림 10하〉은 더 뒤의 왕릉일 것이다. 이 왕릉의 십이지신장상 형식도 거의 마지막 형식이기 때문이다. 현재 이 왕릉의 뒤에는 왕릉으로도 볼 수 있는 대형의 봉토분이 왕릉과 연접하여 위치하는데, 만약 뒤의 이 봉토분을 왕릉으로 본다면 2기의 왕릉이 한 곳에 있는 것이 되어『삼국사기』본기의 장지 기록에서 '공작지(孔雀趾)'로 함께 장지가 표기된 문성왕과 헌안왕, 또는 '보제사(菩提寺)' 동남으로 함께 장지가 표기된 헌강왕과 정강왕의 능 가운데 하나일 가능성이 있다.[21)]

---

21) 전진덕여왕릉의 북쪽에 접해 축대가 있고, 그 위에 현존 직경 12m 내외, 최고 높이 2.8m의 봉토분이 분포한다. 한편 전진덕여왕릉은『삼국유사』왕력에 "火葬散骨于牟梁部西岳一作未(卉)黃山"이라고 한 진성여왕의 장지와 연결되나 산골하였다는 점에서 왕릉을 조성하지 않았을 가능성이 더 커 문제가 된다. 이는 양산에 남아있는 전진성여왕릉도 실제 진성여왕릉이 아님을 말해준다.

그림 12. 구정동 방형분 전경(상), 현문(하좌), 관대(하우)

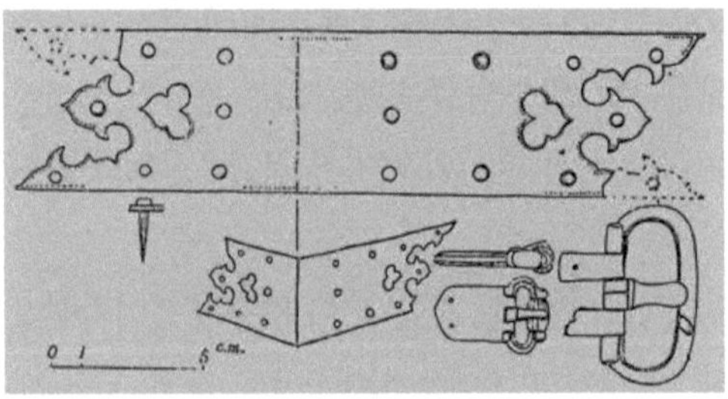

그림 13. 구정동방형분 출토유물(有光 1936)

더 추론하여 앞뒤에 있는 전진덕여왕릉과 대형 봉토분 가운데 앞에 있는 전진덕여왕릉이 선축된 것이고 뒤의 봉분이 후축된 것이라면 문성왕과 헌강왕이 전진덕여왕릉의 주인공으로 좁혀지고, 진성여왕 이후 왕릉이 제대로 조영되지 않았음을 고려하면 이를 문성왕의 능으로 볼 수 있다.

전진덕여왕릉이 입지한 곳은 그 지형이 북쪽의 높은 봉우리에서 남쪽으로 여러 갈래의 지릉이 뻗어 공작의 꼬리와 유사한데, 왕릉은 그 가운데 자리하고 있어 '공작지'라는 표현에 적합하다〈그림 9우〉. 그리고 그 서북에 사찰이 입지한 증거를 아직 찾을 수 없어 헌강왕의 장지 '보제사'의 동남이라는 표현에는 부합하지 않는다.

마지막으로 Ⅶ형식의 능원인 구정동방형분〈그림 12〉은 단독으로 존재하여 근거리나 함께 있어야 할 헌강왕릉과 정강왕릉을 제외하면 경문왕의 능으로 추정할 수 있다.

이렇게 보면 왕릉과 능원의 형식이 앞에서 살핀 구정동방형분의 연대와 순조롭게 합치된다. 또한 경문왕이 하대의 원성왕계 중에서도 새로운 출계의 왕계를 연 점에서 새로운 형식의 왕릉과 능원을 조성했을 가능성이 크다는 점도 약간의 근거가 된다.

이 왕릉은 비록 봉분의 크기가 작으나 앞의 Ⅴ형식 능묘의 능원에 배열되었던 석사자와 호인상을 호석의 네 모서리 우주에 새겨 새로운 형식을 창출하고 있다. 현재 경주박물관에 있는 우주는 왕릉의 전면 우측의 것으로 당대도(唐大刀)를 든 호인과 사자가 부조되었다.

이것으로 추측하면 전면 좌측에 역시 사자와 호인을 부조한 우주가 있었을 것이고, 후면 좌측과 우측에 관검인과 사자를 부조한 우주가 세워졌을 것이다. 즉 앞 시기 왕릉의 신도 등에 배열했던 환조한 석각을 부조로 바꾸어 능의 호석 우주에 배치한 것이다.

또한 이 고분은 내부를 볼 수 있게 공개되고 있는데, 몇 가지 특이한 점이 관찰된다. 먼저 고분의 석실은 아주 정교하게 치석한 장대석을 사용하여 축조한 것으로 지금까지 발견된 신라의 석실 가운데 가장 잘 치석된 석재를 사용했다는 특징이 있다. 이것은 석실의 축조가 정밀한 설계도에 따라 석재를 가공하여 축조되었음을 의미한다.

다음, 석실의 내부에는 안상문이 새겨진 관대(棺臺)를 설치하였다. 이 관대는 흥덕왕릉 등 다른 통일신라 정형화된 능원에서 상석으로 세워진 것과 같은 형식으로 조성되었는데, 이것은 그러한 상석을 묘실 내부로 끌어들여 관대로 사용했음을 알려준다.

이것이 관대임은 이 고분의 발굴 시 출토된 금동제의 목관장식〈그림 13〉에서 알 수 있다. 이 장식은 집지붕 모양의 목관 천판(天板) 지붕 마루의 한쪽을 장식한 것이므로 석실에 목관이 사용되었음을 적극적으로 지지한다.

신라의 석실분 특히 통일신라의 석실 내부에서는 목관의 흔적이 전혀 발견되지 않고, 시대(屍臺)를 설치하여 직장(直葬)한 것만 발견되고 있음에 이 고분은 아주 특이한 장법이다.[22] 시대에 직장한 대표적인 무덤이 토우총·헌강왕릉·신당리석실분 등이다.

이러한 여러 가지 점은 앞의 신라 왕릉과 다른 모습이면서 경문왕의 중흥을 위한 노력, 새로운 출계의 왕이라는 점 등과 어울린다.

5. 구황동왕릉지와 능지탑 십이지신장상과 왕릉

능지탑의 십이지가 원래 왕릉의 것(강우방 1990: 326; 이근직 2012: 322)이라면 잘 치석된 장대석과 십이지가 새겨진 탱석의 구성이 구정동방형분과 유사하고, 현재 능지탑의 북쪽에

22) 신라 석실의 중요한 특징이 머리받침, 발받침, 어깨받침을 설치한 시대에 직장한 것이다. 보문리합장분의 석실 등 비교적 이른 시기인 초기의 석실에는 목관을 사용한 장례의 흔적이 있으나 7세기를 넘어서면서부터는 목관장의 흔적이 보이지 않는 것이다. 이러한 가운데 구정동방형분이 목관장한 고분이란 점은 신라 말의 상황을 알려주는 것으로 볼 수 있다.

연접해 있는 방단유구를 감안하면 원래 2기의 고분이 나란하게 축조되었을 가능성이 있다. 이 능지탑의 십이지는 9상(국립경주문화재연구소 외 2007: 181~221)이 알려져 있다. 이중 자상은 구황동 황복사지의 인상으로 추정되고 나머지 8상 가운데 술상은 자상, 해상은 술상으로 볼 수 있다(이근직 2012: 322).

현재 능지탑의 십이지신장상〈그림 14〉을 자세히 살피면 묘상·미상·유상인 B류는 나머지 자상·축상·오상·신상·술상의 A류와는 천의 자락의 표현이 더 간결하여 차이를 보인다. 십이지가 A와 B 두 종류일 가능성은 십이지의 자세에서도 관찰된다. A류의 정남북에 해당하는 오상과 자상은 정면상으로 흥덕왕릉의 것과 같으나 B류의 정서에 해당하는 유상은 고개를 좌측으로 돌리고 있는 점이 그것이다.

이들이 왕릉의 것이라면 구황동 황복사지의 것을 제외하고도 2기의 왕릉 것이 모여 있는 것이 된다. 그러나 이에 대해서는 아직 명확한 자료가 되지는 못하는 상황이므로 유보하고 왕릉일 가능성만 점쳐 본다.

그림 14. 능지탑 십이지신장상(경주시 외 2013 발췌)

현재 복원된 능지탑의 북쪽에는 연접하여 방단의 유구가 남아있는데, 이는 일제강점기에도 존재하고 있었다(齋藤忠 1973). 따라서 9세기 후반의 왕릉이 해체되어 다른 용도의 건축으로 사용되었을 수 있고, 원래 두 능은 방분일 가능성도 있다. 만약 두 기의 왕릉이 있었고 그것에서 해체된 십이지가 새겨진 탱석 등을 사용해 능지탑이 축조된 것이라면 두 기의 왕릉은 근접하고 있었을 가능성이 크다.

만약 능지탑과 그 뒤 방단이 이렇게 나란한 방형분인 왕릉이라면 보제사 동남에 있었다는 헌강왕릉과 정강왕릉으로 비정될 수도 있다. 그러나 현재의 방단 모습으로 봐서는 제단의 성격을 가진 축조물의 가능성도 큰 것으로 판단된다. 조묘(祖廟) 성격의 제단이라면 십이지신장상을 배치했을 가능성이 크다.

또한 근래에 구황동왕릉지에 대한 성림문화재연구원(2020)의 발굴〈그림 16하〉이 이루어져 그 유적이 왕릉을 조성하다가 중지한 것임이 밝혀졌다. 그리고 잔존하고 있는 석재는 갑석·면석·탱석·지대석을 갖춘 호석의 부재였다. 이를 연구원의 보고서에서는 34대 효성왕(孝成王)이 수릉(壽陵)을 축조하다 중단된 것으로 추정하였다.

이 왕릉지의 남아있는 호석 석재로 봉분을 복원하면 경덕왕릉의 크기와 유사하다고 한다. 그리고 탱석에 십이지신장상이 새겨진 것은 없으며, 난간을 구성한 석재와 부석으로 볼 수 있는 석재도 보이지 않는다. 이러한 사실은 성덕왕릉 축조 이후의 호석 형식이면서 아직 십이지신장상이 새겨지는 시대에는 이르지 않았음을 알려준다. 즉 중대 후기의 왕릉일 가능성이 아주 크다.

주변의 황복사지·신문왕릉·효소왕릉과 관련시키면 더욱 그러할 가능성이 커진다. 중대 후반의 왕으로는 34대 효성왕, 35대 경덕왕, 36대 혜공왕이 있다.

이 중 34대 효성왕은 『삼국사기』 본기에 "널을 법류사 남쪽에서 태워 동해에 산골하였다(燒柩於法流寺南散骨東海)", 『삼국유사』 왕력에 "법류사에서 화장하여 동해에 산골했다(法流寺火葬骨散東海)"라고 하여 법류사에서 화장하여 동해에 산골하였다고 한다. 그리고 경덕왕릉에 대해서는 앞에서 언급한 바와 같고, 혜공왕은 시해당하여 왕릉이 축조되었는지 불분명하다.

당시에 수릉의 제도가 있었다면 혜공왕이 그의 왕릉을 축조하다가 사망하여 왕릉의 축조가 중단되었을 가능성이 있다. 따라서 세 왕 모두가 이 축조 중단된 왕릉의 주인공이 될 수 있으나 호석의 형식이 하대 초기의 완성된 신라 왕릉과 비교되므로 실각하여 살해당한 혜공왕의 수릉일 가능성에 좀 더 높은 비중을 두고 싶다. 따라서 여기서는 주인공이 누구인지는 불분명하나 중대 후기의 왕릉이란 정도로 비정해 놓고자 한다.

그리고 황복사지의 기단식 건물지의 기단에 있는 십이지신장상〈그림 15상〉은 전김유신묘의 것과 아주 유사한데. 이 경우는 하대의 어느 왕릉 것이 이 사찰의 기단으로 이용된 것으로 볼 수 있을 것이다. 이는 그동안 구황동왕릉지의 십이지신장상이 이 황복사지의 기단으로 사용되었을 것이라는 의견(강우방 1973)을 부정한다.

그림 15. 황복사지 십이지신장상(상)과 구황동왕릉지(하) (성림문화재연구원 제공)

전고(김용성 2015)의 논의와 이상의 논의를 종합하여 신라 왕릉을 찾으면 〈표 1〉과 같다. 마립간기의 왕릉은 대릉원지구의 초대형 고분이다. 황남대총·봉황대·서봉황대의 경우 왕릉으로 볼 수 있으며, 여기에 더하면 119호와 134호가 왕릉의 대상이 된다. 구체적으로는 119호 나물마립간릉, 황남대총 눌지마립간릉, 봉황대 자비마립간릉, 서봉황대나 134호가 각각 소지마립간릉 또는 지증마립간릉 가운데 하나일 가능성이 크다.

중고기 전반의 왕릉은 서악동고분군의 남에서부터 4호가 23대 법흥왕릉, 3호가 24대 진흥왕릉, 2호가 25대 진지왕릉이고, 1호는 진흥왕비릉일 가능성이 크다. 이후 중고기 후반의 왕릉은 전헌덕왕릉이 26대 진평왕릉, 27대 선덕여왕릉은 안정된 비정이고, 28대 진덕여왕릉은 전효공왕릉이 대상이 된다.

중대의 왕릉은 29대 무열왕릉, 30대 해중릉인 문무왕릉, 전진평왕릉이 31대 신문왕릉, 전신문왕릉이 32대 효소왕릉, 33대 성덕왕릉이 안정된 비정이고, 전효소왕릉이 35대 경덕왕릉, 구황동왕릉지가 34대 효성왕이나 36대 혜공왕의 능을 축조하다 중지된 왕릉의 가능성이 있다.

표 1. 중고기 이후 신라 왕릉의 비정

현지정왕릉	비정왕릉	현지정왕릉	비정왕릉
서악동 4호	법흥왕릉	성덕왕릉	성덕왕릉
서악동 3호	진흥왕릉	전효소왕릉	경덕왕릉?
서악동 2호	진지왕릉	괘릉	원성왕릉
전헌덕왕릉	진평왕릉	흥덕왕릉	흥덕왕릉
선덕여왕릉	선덕여왕릉	전경덕왕릉	희강왕릉?
전효공왕릉	진덕여왕릉?	전김유신묘	신무왕릉?
무열왕릉	무열왕릉	전진덕여왕릉	문성왕릉?
대왕암	문무왕릉	전진덕여왕릉 뒤	헌안왕릉?
전진평왕릉	신문왕릉	구정동방형분	경문왕릉?

하대의 왕릉은 38대 원성왕릉과 42대 흥덕왕릉은 확실하고, 전경덕왕릉이 43대 희강왕릉, 전김유신묘가 45대 신무왕릉, 전진덕여왕릉이 46대 문성왕릉, 그 뒤의 고분이 47대 헌안왕릉, 구정동방형분이 48대 경문왕릉일 가능성이 크다.

이렇게 신라의 왕릉을 비정하면 왕릉의 크기가 단락을 지으며 큰 것에서 작은 것으로 변천하고 있음이 관찰된다. 즉 마립간기 왕릉에서 중고기 전기에 축소되고, 중고기 후기에 다시 축소되다가 중대의 전기인 무열왕릉에서 커졌다가 다시 작아지고, 하대가 시작되는 원성왕릉(괘릉)부터도 점점 작아지는 경향을 읽을 수 있다. 신라의 시대 구분인 중대와 하대의 시작 시기에 각각 왕릉이 커졌다가 작아지는 이 현상은 의미가 있을 것으로 보인다. 새로운 왕계의 출현으로 구분되는 신라사 시대 구분 전환점에서 새로운 형식의 왕릉을 통하여 출계에서 정통성이 결여된 왕통의 정당성을 확보하려는 의지와 관련이 있는 것이 아닌가 생각되기도 한다.

제4장

신라 능원의 의의

신라의 왕릉과 능원

4장 신라 능원의 의의

1. 삼국시대 신라 능원

1) 마립간기의 능원

시원기의 능원으로 마립간기 마립간릉 형식이다. 마립간과 그 가족이 일반의 고분과는 구분되는 곳에 함께 왕묘 능원을 형성하였다. 능원은 왕궁인 월성에 근접한 특징이 있다. 이 마립간기 능원이 형성된 시기는 지금까지의 신라고고학 연구 결과에 의하면 4세기 후반부터 6세기 초까지이다.

월성 서북편의 이들 마립간기 왕족의 무덤으로 보이는 황남동에서 노서동까지의 고분 분포상을 분석하면 대형분을 기준으로 6개의 군집으로 묶을 수 있다〈그림 1〉. 이들 군집은 황남대총이 포함된 Ⅲ군, 봉황대가 포함된 Ⅳ군, 서봉황대가 포함된 Ⅴ군, 134호가 포함된 Ⅵ군의 경우 가장 큰 고분을 뒤에 두고 작은 고분이 옆이나 앞에 배열된 특징을 찾을 수 있다.

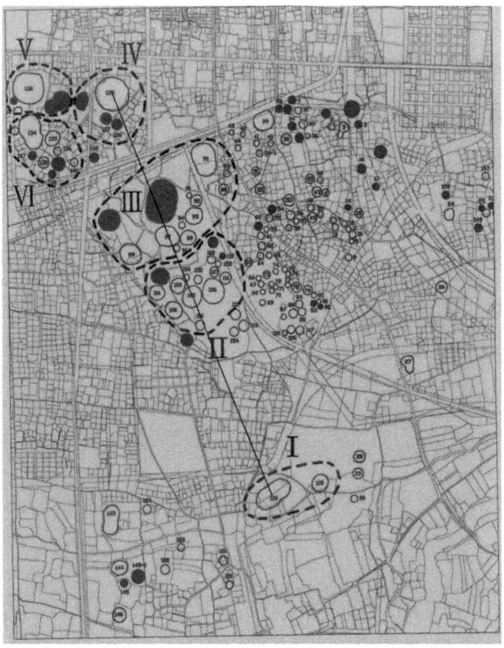

그림 1. 마립간기의 능원

유사한 형태의 배열인 임당지역고분군의 이러한 현상은 세대 관계를 의미하는데(김용성 1998: 1~26), 이 고분들도 그러할 경향성이 농후하다. 그것은 이들 대형분이 남에서 북으로 조영되어간 것으로 믿어지고 있는 데에서 뒷받침될 수 있다.

또 이 군집 각각의 최대형분인 119호, Ⅱ군의 105호, Ⅲ군의 황남대총 남분, Ⅳ군의 봉황대고분이 일직선상에 배치되었음은 이들 고분이 일정한 기획 아래 조성되었음을 의미[23]하는 것이므로 그 축

23) 꼭 같은 의도는 아니겠지만 이러한 신라 왕릉의 기획성은 뒤의 중고기 서악동능원에서 잘 드러난다.

조서열과 군집의 배치 파악에 필요한 방증이 될 수 있다. 그런데 전미추왕릉이 포함된 Ⅱ군의 경우 대형을 뒤에 두고 작은 고분이 앞에 배열되지 않았고, 비교적 유사한 크기의 100(검총)·101·102·103·105호가 서쪽에 군집을 이루고 있고, 그보다 작은 107·108·110·111호 등이 동쪽에 군집되어 가장 큰 전미추왕릉을 앞에 두고 배열되어 있다. 따라서 이 군집의 배열상은 다른 것들과 아주 다르다.

이러한 사실이 이 군집의 서측에 배열된 고분의 수즙 가능성을 지적해 주는 것이 아닌가 한다.[24] 특히 이 군집 가운데 가장 북서측에 위치하며 일부 조사된 100호(검총)가 수축되었을 가능성이 이미 제기되어 있다(최병현 1992: 431). 따라서 수즙기사와 연결시키면서 이 고분군 의 대형분 축조방향, 배치상황을 같이 고려하면 황남대총 남분은 눌지마립간릉일 가능성이 크다.

그리고 황남대총이 소속된 Ⅲ군의 경우 좌우측과 앞에 비교적 대형분에 해당되는 155호(천마총)와 90·97·99 등이 배열되어 있는데, 이들은 동세대의 친연관계가 있는 사람들, 즉 형제와 자매, 또는 부자나 부녀의 관계가 있는 사람들의 무덤일 가능성이 크며, 『삼국사기』나 『삼국유사』에 왕제로서 등장하는 인물로서 눌지마립간의 형제가 많으며, 그 자식들의 혼인으로 마립간기 왕계가 이어져 나간 것과 관련될 가능성이 있다.

이렇게 파악하면 119호를 나물마립간, 황남대총을 눌지마립간, 봉황대를 자비마립간, 서봉황대나 134호를 소지마립간 또는 지증마립간의 능으로 비정할 수 있다[25](김용성 2009: 170).

이렇게 왕인 마립간과 왕족이 혼거하면서 일반의 고분과 분리된 능원을 형성한 것은 중국 춘추시대와 전국시대의 '공묘제(公墓制)'와 비교될 수 있다. 중국의 춘추와 전국시대에는 묘제상에서 '족분묘(族墳墓)'제도가 쇠락하기 시작하는 단계이다. 도성에 묘지를 배치한 것은 춘추시대가 대표적으로 이때 제후의 능묘는 전시대와 마찬가지로 일반적으로 도성의 내부에 비교적 집중적으로 배치하였다. 이는 종법 관계와 소목제도(昭穆制度)에 따라 제후를 집중해서 매장하는 '공묘제'와 관련이 있다. 그러나 전국시대에는 동주와 서주의 군(君), 연나라, 노나라 등을 제외한 열국의 공묘는 모두 도성에서 먼 곳에 축조되었고, 각 능묘의 분포 범위는 갈수록 멀리 확대되었다. 이는 '공묘제'가 파괴된 결과로 보고 있다(許宏 2000: 126).

24) 유사한 크기의 고분이 군집하고 있음은 이들이 획일적인 작업으로 이루어졌을 가능성을 지적해 준다.

25) 최근의 연구들은 서봉황대를 소지마립간의 능으로 보는 경향이 강하다.

신라의 마립간기 능원제도가 이 족분제 혹은 공묘제의 영향인지는 확실하지 않다.[26] 러하지 않더라도 사회의 발전상에서 이러한 과정을 거쳐 완전한 능원제도가 형성되었다는 점에서는 의미가 있다고 생각된다. 즉 기원전 2세기부터 기원후 2세기 무렵까지 목관묘 단계의 고분 분포는 군집을 이룬 경우 서로 독립되어 분산된 상태로 분포하나, 이후 마립간기 이전까지의 목곽묘 단계에는 중심 혹은 능선 상위의 중앙에 대형의 분묘가 자리하고 주변과 사면에 소형의 분묘가 자리하여 분묘 간 서열이 분명하게 나타나고, 마립간기에 이르러 왕족만의 능묘구를 가지게 되는 발전상(김용성 2012b)이 사회의 변천상을 알려주는 것이기 때문이다.

2) 중고기의 능원

형성기의 능원으로 전기의 법흥왕릉형(서악동고분군 1～4호분)과 후기의 선덕여왕릉형(선덕여왕릉·전효공왕릉)으로 나눌 수 있다. 그 대표적인 현상은 전기에 중국 위진남북조의 제도를 도입하여 왕릉만을 군집시킨 능원을 형성하였고, 후기에 단독 능원이 발생하였다는 점이다. 그러나 각 능원은 모두 왕경의 내부에서 벗어나 그 주변에 자리한 특징이 있다. 그 시기는 중고기인 6세기 중엽에서 7세기 전반으로 판단된다.

서악동고분군[27]〈그림 2〉의 1～4호는 동일 능선에 연접하면서 열을 이루고 분포한다. 이들 가운데 법흥왕·진흥왕·진지왕의 능이 있다는 인식(강인구 2000: 418~426, 이근직 2012: 224~239)에서 살펴보면 커다란 특징이 왕릉만 독립된 능선에 분포한다는 점이다. 한편 이들 왕릉의 주변 능선에도 고분이 많이 분포하고 있는데, 특히 동북의 능선에는 현재 전진흥왕릉·전진지왕릉·전문성왕릉·전헌안왕릉을 비롯한 실제 왕릉보다는 훨씬 작은 유사한 크기의 대형분이 밀집분포하고 있다(국립경주박물관 외 2008: 183).

이러한 현상은 마립간기에 왕과 왕족이 혼거하던 능원에서 벗어나 왕릉이 독립되고 왕족이나 귀족의 묘는 별도의 구역에 군집해서 배치되었음을 알려주는 것으로 보인다. 즉 마립간기

---

26) 왕족의 분묘가 왕묘를 중심으로 서쪽에 세대별로 군집을 이루며 배열되고, 그 동쪽에 귀족의 묘들이 군집되고 있음은 씨족군집의 족분제일 가능성이 크다.

27) 서악동의 능원에 대한 논의는 김용성(2012)을 수정하여 서술한다.

왕릉을 중심에 두고 그 전면과 좌우에 배장분으로 왕족묘를 축조하다가 왕릉구와 배장구의 묘역을 분리하여 왕은 왕대로 왕릉구에, 왕족 또는 귀족의 묘는 배장구에 군집시킨 것이다.

이와 유사한 현상은 백제 웅진기의 송산리 왕릉군과 사비기의 능산리 왕릉군〈그림 3〉에서 찾을 수 있다. 송산리와 능산리의 왕릉군은 모두 도성과 근접한 거리에 왕, 그리고 그와 가까

표 1. 중고기 지증왕계와 왕릉

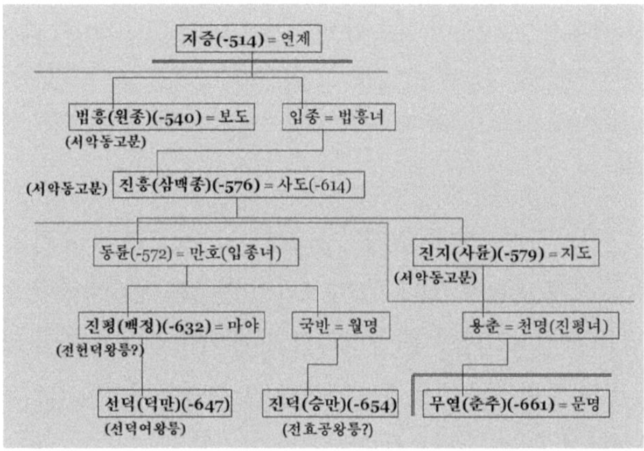

그림 2. 서악동 능원(네이버 지도 개변)

운 왕족만의 능묘를 군집시킨 왕가(王家)의 능원이다. 다만 신라의 서악동고분군은 일렬의 종렬로 배열했는데, 백제의 양자는 횡으로 열을 지어 배열시켰고, 소군집별로 배장묘가 함께하여 왕가의 능원으로 조성된 점에서는 약간 다르다.

그러나 이는 지형적 요건에 의해서 비롯된 것으로 서악동고분군이 위치한 능선이 좁고 길게 뻗어있어서 나타난 현상으로 파악할 수 있다. 아니면 후술하다시피 이러한 군집을 북위 방산의 능원에서 찾을 수 있어 다른 경로로 이 제도가 유입되었을 가능성도 있다.

이렇게 왕릉을 군집시키는 제도는 중국 위진남북조의 취족이장(聚族而葬)이라는 가족장제의 영향으로 볼 수 있다. 이 제도가 위진남북조에 유행하였음을 북위의 경우 대동(大同) 방산(方山) 풍태후(馮太后)의 영고릉(永固陵)과 효문제(孝文帝)의 수릉 만년당(万年堂)(大同市博物館 2007)에서 볼 수 있다.

동진의 경우 『건강실록(健康實錄)』에 의하면 황제 11위 중 9위를 계롱산의 남쪽[鷄籠山之陽] 혹은 종산의 남쪽[鐘山之陽]에 장사였다는 기록이 있고, 남제의 경우 『남제서(南齊書)·경릉문선왕자양전(竟陵文宣王子良傳)』에 소의(蕭嶷)·소자량(蕭子良)·소장무(蕭長懋)라는 숙질 3인이 가족의 신분으로 한 곳에 묻힌 사실이 보이는데, 단양(丹陽)의 이들 능의 입구에 대형석각이 있어 황릉족장지구의 전체 입구임을 표시한다.

양(梁)의 경우 안성강왕(安城姜王) 소수(蕭秀)와 그의 가족이 감가항(甘家巷)에 있는 배합기건공정소(配合基建工程所) 육조고분군 가운데 그 중심의 M4·M6·M30으로 추정되는데, 이 범위 내에는(묘 앞 1000m에 있는 입구의 석각이 위치한 곳 포함) 같은 시대의 다른 묘들이 하

그림 3. 백제 송산리(좌)와 능산리(우) 능원

나도 없고 서하산(栖霞山)이 있는 태평촌(太平村)에 이르기까지 10㎢ 범위에는 양대의 황실 성원인 왕후묘 9기가 분포한다는 사실(羅宗眞 2001: 98)에서 증명된다.

안휘 마안산(馬安山) 동오 주연(朱然)의 가족묘지, 강소 의흥(宜興) 주묘돈(周墓墩) 주처(周處)의 가족묘지, 오현(吳縣) 사자산(獅子山) 서진 부씨(傅氏)의 가족묘지, 남경 북교 상산(象山) 왕씨(王氏)의 가족묘지, 남경 북교 노호산(老虎山) 안씨(顔氏)의 가족묘지, 남경 사씨(謝氏)의 가족묘지, 남경 동교 선학관(仙鶴觀) 고씨(高氏)의 가족묘지, 남경 여가산(呂家山) 이씨(李氏)의 가족묘지 등(張之恒 2009: 479)의 예가 증명하듯 위진남북조시기 세가대족 역시 족장을 많이 하였음이 분명하다.

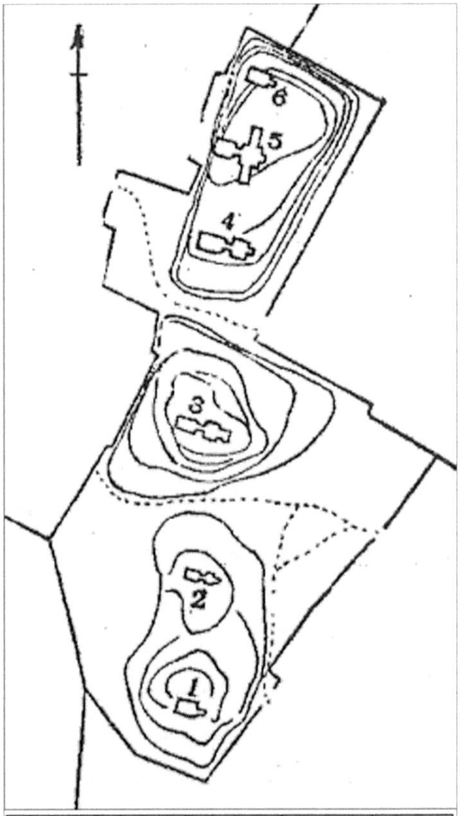

1대	2대	3대	4대	5대
빈(賓):6호	방(魴):4호	처(處):3호	기(玘) (5호 합장)	협(勰) 이(彝)
			찰(札):2호	
			정(靖):1호	

그림 4. 의흥 주씨 가족 묘지와 피장자 (張之恒 2009 개변)

이들 가운데 의흥 주씨 가족묘, 즉 진(晉) 원강(元康) 7(297)년 사망한 평서장군 주처(朱處)와 그의 가족 묘지〈그림 4〉를 예로 들면 세대별로 북에서 남으로 고분을 조영한 기획성을 발견할 수 있다.

그들의 장지에는 북에서 남으로 묘가 배치되었는데, 가장 북쪽에 있는 것이 주처의 조부 주빈(朱賓)의 묘(6호묘), 그 다음이 주처의 아들 주기(朱玘) 및 그 아들 주협(朱勰)과 주이(朱彝)의 합장묘(5호묘), 그 다음이 주처의 부친 주방(朱魴)의 묘(4호묘), 다시 다음이 주처의 묘(3호묘), 또 다음이 주처의 아들 주찰(朱札)의 묘(2호묘)와 주정(朱靖)의 묘(1호묘)이다(張之恒 2009: 480). 따라서 고분의 배치에 주씨 가족의 세계를 연결하면 그 의도를 읽을 수 있다.

이 현상은 서악동 왕릉군과 아주 유사하다.

이러한 사실에서 법흥왕릉 형식이 위진남북조의 영향을 받았음은 분명한데, 바로 중국의 영향을 받은 것인지, 아니면 백제를 통해 이차적으로 영향을 받은 것인지는 확실하지 않다. 다만 송산리의 왕릉군이 서악동의 왕릉군보다는 이른 시기에 조성되기 시작했음에 백제보다는 더 늦게 이 제도가 채용되었음을 알 수 있고, 서악동의 배치가 북위 방산 능원과 더 혹사하여 그 유입 경로가 다를 수도 있다.

한편 이 시기 능원의 특징으로 풍수를 들 수 있다. 이들 왕릉은 뒤에 선도산을 주산으로 하고 여기서 뻗는 능선에 축조되었고, 좌우에는 약간 더 높은 능선이 둘러싸고 있다. 이는 능선의 전면에 안산이 배치되어 있지 않을 뿐 풍수를 감안하여 선택하였다고 볼 수 있다. 즉 후대의 정형화된 풍수라고 볼 수는 없으나 중국 고대의 "배의산봉(背倚山峰), 면림평원(面臨平原)", 즉 분묘는 두 산이 둘러싼 산허리에 있어야 하고 앞으로 넓은 평원이 바라보이는 곳에 있어야 한다는 풍수[28]에서의 묘지 선정 원칙에 배치되지 않는다.

그림 5. 능산리 능원과 능사(네이버 지도 개변)

이들 서악동 왕릉이 위치한 곳은 선도산을 뒤로하고 전면에 왕궁인 월성을 비롯한 경주의 넓은 들판이 조망되므로 위진남북조의 풍수 사상이 개입되었다고 할 수 있다. 그러나 중국의 좌북조남

---

28) 풍수란 고대 '감여(堪與)'의 술을 말하는 것으로 『史記·日者列傳』에 "孝武帝時, 聚會占家門之, 某日可取婦乎? 五行家曰可, 堪輿家曰不可 ⋯." 이라 하였고, 『後漢書·哀安傳』에 "安父沒, 母使安訪求葬地, 道逢三書生, 安問何之, 安爲言其故, 生乃指一處, 云, 葬此地, 當世爲上公 ⋯ 于是遂葬其所占之地, 故累世隆盛焉."이라고 하여 한대에 이미 감여의 술법이 있었음을 알 수 있다. 진(晋) 이후에 이 풍습이 크게 유행하였음은 『晋書』, 『宋書』, 『南齊書』, 『南史』, 『北史』, 『魏書』, 『二十二史禮記』 등 문헌에 묘지를 고르는 술사가 많이 등장할뿐더러 제왕들이 이를 신봉하면서 일반 사족들도 이를 모방하였음에서 알 수 있다. 육조 및 그 이전 각 대의 '풍수'를 종합하면 모두 "背倚山峰, 面臨平原", 즉 분묘는 두 산이 둘러싼 산허리에 있어야 하고 앞으로 넓은 평원이 바라보이는 곳에 있어야 한다는 것으로 이해된다(羅宗眞 2001: 95~96).

이라는 방위의 풍수는 아직 채택되지 않아 백제의 능원과는 다르다.

또 이 능원의 서남에 자리한 사지로 추정되는 기와가 널려있는 유적은 이 왕릉군이 형성되는 시기나 그 후에 이들 왕릉의 원찰격인 사찰이 존재했음을 증명해 준다.

이렇게 능의 전면 혹은 능의 주변에 사찰을 조영하여 능원을 관리하고 제례를 담당하게 했던 제도는 북위 방산의 영고릉 남쪽의 사원불사(思遠佛寺), 백제 부여 능산리 왕릉군 우측의 능사(陵寺)〈그림 5〉, 고구려 평양의 진파리고분군 전면의 정릉사(定陵寺)〈그림 6〉에서 찾을 수 있다.

특히 북위의 대동 방산 풍태후의 영고릉과 효문제의 수릉 만년당은 두 능이 일렬을 이루며 배열되었고, 영고릉의 전면에 사묘(祠廟)인 영고당(永固堂), 사원불사, 재당(齋堂)인 영천궁(靈泉宮)을 배열하여 후대 능구에 불교 건축 축조의 시원이 되었는데, 이는 풍태후가 한족의 제도와 선비의 제도를 결합하여 새로운 능침제도를 창조한 사건으로 인식되고 있다(張之恒 2009: 452~453, 장인성 외 역 2005: 97).

이 능원의 만년당 뒤로는 넓은 공지가 형성되어 있어 더 후대의 능묘가 들어설 공간이 있는 것으로 보아 원래의 기획은 이곳에 북위의 능묘를 지속적으로 축조하고자 했던 것이나 효문제가 남천하면서 중지된 것으로 볼 수 있다.

따라서 기록에 애공사 혹은 영경사로 나오면서 법흥왕·진흥왕·진지왕과 관련된 사찰은 이곳에 있던 것(이근직 2012: 224~236)으로 볼 수 있고, 비록 이 사찰이 법흥왕릉 이후에 축조되었다 하더라도 이들 왕릉 전체를 위한 원찰로 볼 수 있다. 한편 이 사찰은 위치 등의 정황으로 미루어 후대 무열왕릉의 제례를 담당했던 사찰로도 사용되었다고 할 수 있을 것이다.

이러한 몇 가지 점에서 이 시기의 능원은 위진남북조의 영향을 혼합하여 신라만의 독특한 원찰을 가진 군집능원제를 시행했음을 알 수 있다.

이후 중고기 후기에는 중국에서 수와 당이 성립되고 독립된 능원제가 시행되어 이를 받아들인 것이 아닌가 한다. 수 문제(文帝)(581~604)의 태릉(泰陵)〈그림 7〉[29]은 독립된 능원에 해당하며 평지에 방대형의 봉토를 축조한 것(羅西章 1985)이고, 당의 황제릉은 처음에는 봉분을 쌓은 단독능원을 조성하다가 이후 산체를 능총으로 하는 인산위릉(因山爲陵)의 형식으로 변

29) 수 문제의 태릉(604년)은 섬서성(陝西省) 부풍현(扶風縣) 동남 45km 삼치원(三時原)에 있는데, 위수(渭水)와 북산산지(北山山地) 사이에 해당한다. 능은 진(秦)·한(漢)과 북조의 '봉토위릉(封土爲陵)'의 제도를 이어받아 평지에 방대형의 봉토를 판축해서 조성하였다.

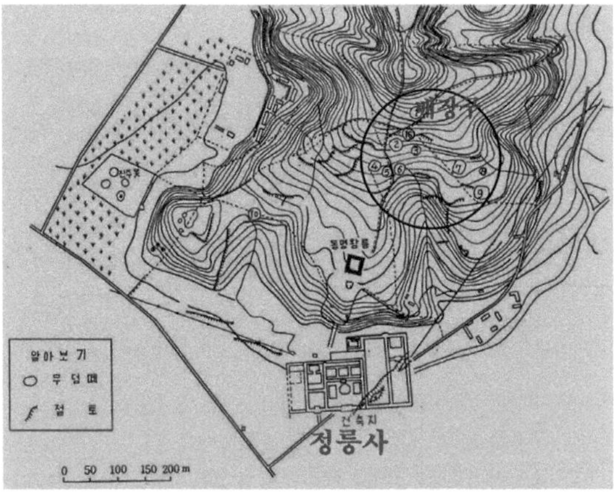

그림 6. 진파리고분군과 정릉사(東朝 2011 개변)

그림 7. 수 태릉의 방대형 봉분(바이두)

화하여 정착된다(來村多加史 2001: 165~167). 특히 초기 당 고조(高祖)(618~635)의 헌릉(獻陵)〈그림 8〉은 수나라의 제도를 이어 북산산맥(北山山脈)의 전면 형산원(荊山原)이라는 평탄지에 독립된 능원을 가진 방대형 봉토분으로 조성되었고, 후대 9세기 무종(武宗)의 단릉(端陵)(846)과 경종(敬宗)의 장릉(莊陵)(888)이 같은 능침제도를 택하고 있다(來村多加史 2001: 203).

앞에서 언급하였다시피 선덕여왕릉은 특수한 경우이고 진평왕릉은 기록으로 보아 이렇게 산지를 배경으로 한 평지에 단독능원으로 조성되었을 가능성이 큰데, 전헌덕왕릉이 바로 진평왕릉(강인구 2000, 김용성·강재현 2012)이라면 이 시기 왕릉의 조영에 수나 당의 영향이 미쳤다는 것을 짐작할 수 있다. 이는 백제에서 단 하나의 독립능원인 익산 쌍릉(이남석 2002: 247~273)과 비교되기도 한다. 다만 중국의 좌북조남의 방향은 의식하지 않았고, 월성을 바라보면서 배후에 산(소금강산)을 둔 형태로 변화시킨 것으로 보인다.

한편 선덕여왕릉과 전효공왕릉은 호석에 부석(扶石)을 받친 것으로 보이는데, 이것이 명확하게 확인되는 것은 더 늦은 시기의 무열왕릉이다. 이렇게 봉분의 외부에 호분석(護墳石)이라고 부르는 부석을 받친 것은 고구려의 태왕릉과 장군총을 비롯한 왕릉급의 적석총(吉林省文物考古硏究所 外 2004), 백제의 서울 석촌동고분군 대형 적석총에서 보인다.

신라의 왕릉에 부석을 사용하였음은 호석을 높이 쌓게 되자 봉분의 압력으로 호석이 무너지는 것을 방지할 목적이기에 이들 적석총의 부석과 같은 용도로 추정된다. 그러므로 이러한 부석은 고구려 혹은 백제의 고분 축조법을 모방한 것으로 볼 수 있다. 고구려의 경우 427년 평양으로 천도한 이후 부석을 사용한 적석총을 축조하지 않았고, 백제는 웅진으로 천도하는 475년 이후에 역시 부석을 받친 적석총을 축조하지 않았다. 따라서 이들과 신라의 부석이 사용된 왕릉 사이에는 상당한 시차가 있어서 구체적으로 그 연원을 찾을 수는 없다(이근직 2012: 250~251).

그림 8. 당 고조 헌릉(상:구글 지도 개변)

결국 중고기 왕릉은 전기에 위진남북조에 기원을 둔 제도의 영향을 받아 군집능원을 조성하였으나 후기에는 당의 초기 황릉 능원제도의 영향을 직접 받아 독립된 능원으로 발전하였다고 할 수 있을 것이다. 이는 진평왕 이후 특히 당과의 빈번한 교섭이 방증한다. 그러나 전기의 서악동왕릉군과 진평왕릉으로 추정되는 전헌덕왕릉은 뒤의 산을 배경으로 하고 월성을 바라보는 방향으로 조영되어 마립간기의 계세사상(繼世思想)의 요소가 아직 잔존하고 있음을 보여주고, 선덕여왕릉에 와서 좌북조남의 방향을 택해 다른 사상적 요인이 개재되었음을 알려준다.

한편 이 진평왕릉을 따라 같은 시기 혹은 뒤의 귀족들 석실묘도 북천 북안에 다수가 단독분으로 조영되었다〈그림 9〉. 이들의 연대는 진평왕 시기 병부령을 지낸 김후직(金后稷)의 묘인 간묘(諫墓)를 비롯해 대부분 7～8세기이다. 신라 중고기의 석실분은 대부분 고분군에 군집분으로 조성되었으나 유난히 이곳에 단독분으로 조성되었음은 진평왕 대 수당의 능묘제도를 본받았음을 알려준다.

이 시기 왕릉 가운데 선덕여왕릉의 입지가 주목된다. 선덕여왕릉〈그림 10좌〉은 평지에 나지막하게 솟은 낭산의 정상부 가까이 위치하는데, 이러한 위치는 당 태종(太宗)의 소릉(昭陵)〈그림 10우〉과 고종(高宗)과 측천무후(則天武后)의 건릉(乾陵)의 입지를 연상하게 한다. 소릉은 구종산(九嵕山), 건릉은 양산(梁山)을 택해 능원을 축조하였는데, 능침은 이들 산의 정상부 가까이에 있다. 전자인 구종산은 비록 여러 개의 산봉우리가 어우러져 있으나 능침이 있는 봉우리가 특출나게 높아 이 봉우리가 다른 봉우리들을 거느리고 있는 형상을 하고, 양산은 세 개의 봉우리로 구성되었는데 능침이 있는 봉우리가 역시 훨씬 높아 마치 독립된 산처럼 보인다.

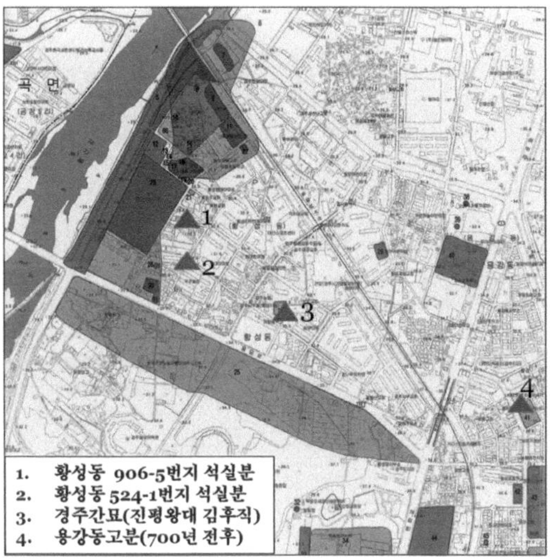

그림 9. 북천 북안 석실분(경주시 외 2008 개변)

신라의 왕릉 가운데 산에 축조된 경우는 여럿 있으나 선덕여왕릉과 같이 산의 정상부 가까이에 있는 능선상위형의 입지는 이 선덕여왕릉과 전민애왕릉뿐이고, 독립된 산의 봉우리 꼭대기에 있는 것은 선덕여왕릉이 유일하다. 또한 선덕여왕릉의 방향은 신라 왕릉 가운데 처음으로 좌북조남(座北朝南)의 방향을 택했는데, 이것도 당의 능침 방향과 같은 것이다.

주지하다시피 당의 경우 산봉에 능침을 두는 인산위릉(因山爲陵)의 제도는 장손황후(長孫皇后)가 합장된 당 태종의 소릉부터이다. 이 소릉은 장손황후(601～636년)가 먼저 사망하여 능침을 축조하기 시작했고, 이후 당 태종(598~649)이 서거하여 장사지냈다. 따라서 구종산에 소릉이 축조되기 시작한 시기는 636년부터로 볼 수 있다.

이 소릉을 축조하는 시기에 자장율사(慈藏律師)(590~658)가 당에 유학하고 있었다. 자장은 636년 당에 들어가 643년에 신라로 돌아왔고, 이때는 소릉이 한참 축조되던 시기이다. 그는 당의 제도를 본받아 신라에 처음으로 관복(官服)을 입도록 하는 등 신라의 의례에 지대한 역할을 한 인물이기도 하고 황룡사구층탑의 창건을 건의하는 등 선덕여왕 때 중앙 정계와 관계가 깊었다. 그의 영향으로 이 선덕여왕릉의 입지가 선택되었고, 647년 선덕여왕이 돌아가셨을 때 왕릉의 조영에도 어떤 역할을 했을 가능성이 크다.

그림 10. 선덕여왕릉(좌)과 당 소릉(우) 입지(좌:네이버 지도, 우:구글 지도 개변)

2. 통일신라 능원

1) 중대의 능원

발전기의 능원으로 초기의 무열왕릉형과 나중의 전신문왕릉형(전진평왕릉·전신문왕릉·전민애왕릉·신당리석실분)으로 나눌 수 있다. 문무왕릉도 이 시기에 해당하나 특수한 장법이기에 논의에서 제외할 수 있다. 형성 연대는 중대인 7세기 후반부터 8세기 후반 무렵까지로 볼 수 있다.

능원은 초기 무열왕릉형의 경우 전 시기에 이어 왕경의 범위 밖이지만 왕도의 내부에 해당하는 곳에 있으나 더 나중인 전민애왕릉형은 왕경에서 약간 먼 왕도 밖의 산지가 선택되었다. 이 시기의 특징은 당의 정비된 황릉 능원제도의 적극적인 도입과 불탑식 왕릉의 창안에 있다.

먼저 무열왕의 능원〈그림 11좌〉은 당의 정비된 능원제도에 영향을 받았음이 분명하다. 능은 전효공왕릉을 이어 능선의 말단부에 근접한 평지에 축조되었고, 전면에 상석이, 다시 그 전면 좌측에 능비가 있으며 다시 그 앞에는 배장분 2기가 배열되어 완벽한 독립능원으로 발전하였다. 이전 시기의 배례 공간만 조성되었던 능원과는 커다란 차이가 있는 것이다. 이는 무열왕 자신이 외교 업무를 주관하면서 입당하여 학습한 당의 제도를 적극적으로 수용한 결과로 보인다.

표 2. 중대의 무열왕계와 왕릉

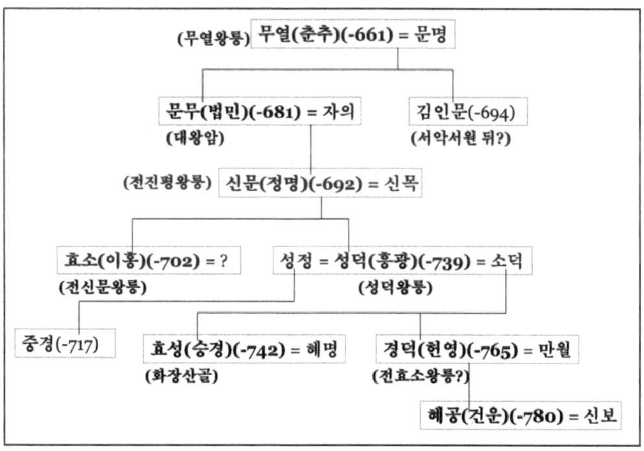

그림 11. 무열왕릉의 능원(좌:네이버 지도 개변)과 당 고종 건릉의 능원(우:바이두)

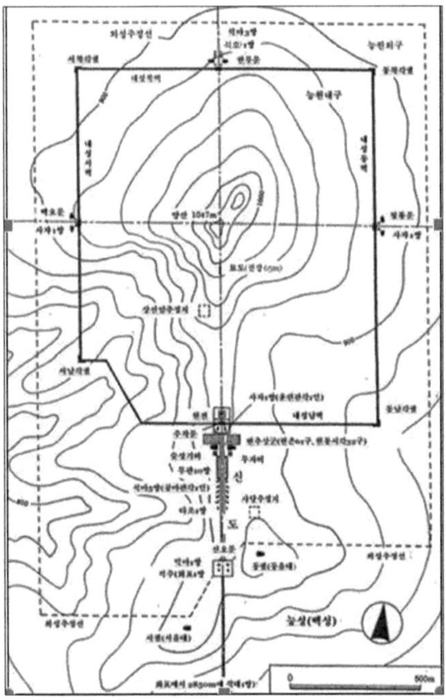

그림 12. 건릉 능원의 구조(來村 2001 개변)

당의 완비된 능원제도는 태종(太宗)(626~649)의 소릉(昭陵)에서 시작하여 고종(高宗)(649~683)과 측천무후(則天武后)(684~705)의 합장릉인 건릉(乾陵)〈그림 11우〉에서 완성되고 그 제도가 이후 당 황릉의 모본이 되었다.

당 고종과 무측천이 합장된 건릉은 건현(乾縣) 북쪽 양산(梁山) 산봉에 위치하는 인산위릉의 형식으로 능원의 구조〈그림 12〉를 살피면 내구(內區)는 기본적으로 정방형이다. 능총(陵塚)인 산체를 중심으로 정방형에 가까운 성벽을 둘러 내성을 표현하였다. 그 사방 중앙에 각각 청룡문(青龍門)·주작문(朱雀門)·백호문(白虎門·현무문(玄武門)을 설치하였고, 각 문 바깥에 석사자 1쌍과 쌍궐(雙闕)을 대칭으로 배치했다. 이 내성의 네 모서리에는 각궐(角闕)이 있다. 주작문인 남문의 안쪽에는 장방형의 헌전(獻殿)을 축조하였다. 그리고 현무문의 밖에는 석사자 외에 석호(石虎) 1쌍과 석마(石馬) 3쌍을 더해 배치하였다.

주작문에서 정남으로 신도(神道)가 길게 설치되었다. 이 신도의 좌우에 많은 석물을 배치하였는데, 주작문 쪽부터 61번왕빈객상(藩王賓客像)[30], 술성기비(述聖紀碑)와 무자비(無字碑), 무관(武官)의 석인 10쌍, 석마와 마부 5쌍, 타조(駝鳥) 1쌍, 익마(翼馬) 1쌍, 화표석(華表石) 1쌍을 나누어 배치하였다. 그리고 화표석이 있는 신도 입구의 좌우에는 궐(闕)을 축조한 유대(乳臺)가 배치되었고, 더 남쪽에 한 쌍의 작궐(鵲闕)이라 부르는 토궐(土闕)을 축조하여 능원의 입구를 표시하였고, 화표석을 기준으로 다시 외성격인 흙담장을 둘렀다.

그림 13. 영태공주묘와 묘원 전면

능원의 전면 유궐에서 신도로 이어지는 선의 좌측에 배장구를 설치하였다. 여기에 의덕태자묘(懿德太子墓)와 장회태자묘(章懷太子墓), 영태공주묘(永泰公主墓) 등 많은 배장분이 분포한다. 배장분 가운데 앞의 세 묘는 모두 '호묘위릉(號墓爲陵)'으로 규모가 황제릉의 다음이고 다른 것들보다 황제릉 가까이 위치하며 별도의 묘원(墓園)을 가지고 있다. 예컨대 영태공주 묘원〈그림 13〉의 네 주위에는 평면 방형의 판축 담장을 둘렀고 그 네 모서리에 각루(角樓) 유적이 남아있다. 또 봉토 남측에 쌍궐이 잔존하고 신도 양측에 석사자 1쌍, 석인 2쌍, 화표석 1쌍이 배치되었다.

그림 14. 무열왕릉의 배장분(전김인문묘와 김양묘)

30) 이 번왕빈객상에 신라인의 모습이 존재하고, 그 앞 시기 소릉의 번왕빈객상에서는 '신라(新羅)'라는 글자가 새겨진 진덕여왕의 상이 있다는 점과 더 후대 당 중종(中宗) 정릉(定陵)에서는 신라인으로 추정되는 '김의양(金義讓)'이란 인명이 있는 번왕빈객상의 조각이 발견되었다(박천수 2024, 김영관 2019)는 현상에 근 거하면 신라의 왕릉 조성에 당의 영향이 더 일찍부터 있었을 가능성이 있다.

이러한 황제의 인척 외에 공신 등도 배장되는데, 예컨대 당 태종의 소릉에는 비빈과 왕자, 공주와 부마 등 인척 32인을 포함한 당대의 개국 원훈 이정(李靖)·정교금(程咬金)·위지경덕(尉遲敬德) 등 모두 157인이 배장되었다(來村多加史 2001: 227~233).

전효공왕릉과 무열왕릉이 능선의 말단 가까이 능을 축조한 것은 능체를 산체로 여긴 당의 제도를 수정하여 전통적인 봉분을 축조하는 능으로 바꾸면서도 산체에 가깝게 위치시키려는 의도에서 택한 방식으로 보인다. 이는 후대 신라 왕릉의 입지와 축조방식에 커다란 영향을 미친 형식이다.

그리고 무열왕릉의 전면에 능비를 세우고 배장분을 배열〈그림 14〉한 것도 당의 제도를 따른 것으로 볼 수 있다. 특히 김유신묘로도 추정되고 있는 전김인문묘의 경우 묘비가 봉분과 일정한 거리를 두고 세워져 있는데, 이는 당의 황제릉 전면에 능으로 불러도 될 묘인 의덕태자묘와 영태공주묘가 석물이 배치되는 별도의 묘(능)원을 가지고 있는 점과 극히 유사하다.

다만 무열왕릉에서 당의 제도에서 벗어난 것은 무열왕의 선조인 법흥왕·진흥왕·진지왕의 왕릉이 군집하는 능선의 전면을 능원으로 택했다는 점, 능의 방향이 좌북조남이 아니라 월성을 바라보는 좌서조동이라는 점, 능원에 헌전 등의 제사와 관련된 건축물을 세우지 않고 상석을 설치하여 직접 능에 배례하는 제도를 창안하였다는 점이다.

이는 무열왕이 성골(聖骨)이 아닌 진골(眞骨)의 첫 왕으로서 왕통의 정통성을 강조하기 위해 자신의 조부와 그 윗대 왕릉의 전면을 장지로 선택한 것과 전통적인 왕릉 자체에 배례하는 제도를 버리지 않고 당의 제도를 결합한 것으로 이해할 수 있고, 제례를 주관한 것은 이 남측에 있던 것으로 추정되는 애공사(哀公寺) 혹은 영경사(永敬寺)로 믿어진다.

다음 이 시기 능원의 특징을 가장 잘 보여주는 것이 효소왕릉(전신문왕릉)이다. 이 왕릉은 무열왕릉의 능선 말단 가까이 산체에 접하여 능을 조성하는 형식에서 벗어나 후면의 낭산을 배경으로 조금 먼 평지의 미고지를 택하여 좌북조남의 방향으로 능을 축조한 형식으로 방향만 다를 뿐 처음으로 독립능원을 조성한 진평왕릉(현헌덕왕릉)의 입지로 돌아간 것으로 추정된다. 즉 같은 산지근접형이나 산지에서 더 먼 곳에 왕릉을 축조하여 무열왕릉에서 도입된 당의 제도에서 다시 이전 중고기 후기의 능원 입지로 회귀하였다. 그러나 능의 전면에 상석을 두고 배례공간을 마련하여 직접 능에 배례하는 제도는 무열왕릉을 이어받아 지속하고 있으며 능비와 배장 제도는 생략하고 있다. 이는 나당전쟁 등으로 인해 당과의 관계가 불편했던 시기의 산물로 볼 수 있다.[31)]

그러나 능의 호석에는 커다란 변화가 있었다. 이전의 할석이나 괴석으로 호석을 축조하고 부석을 받치던 것에서 벗어나 잘 치석한 블록형 사괴석을 사용하여 지대석을 갖춘 호석을 축조하고 여기에 사다리꼴로 치석한 부석을 받쳤고, 호석의 위에는 갑석을 얹었다. 이러한 호석의 형태는 불탑(佛塔)의 기단부를 모사한 것으로 볼 수 있다. 여기서 왕릉을 불탑식으로 꾸미려는 신라인의 의식이 이미 출발하고 있음을 알 수 있다.

그림 15. 서악동고분군 출토 문비석

법흥왕 이후 왕의 시호와 왕족의 이름, 예컨대 금륜(金輪)·동륜(銅輪) 등은 불교와 관련된 것이 사실이고, 『삼국유사』 기이 선덕왕지기삼사(善德王知幾三事)에 나오는 선덕여왕은 그녀가 묻힌 곳이 도리천(忉利天)이라 하였는데, 이후 문무왕이 사천왕사(四天王寺)를 그 아래 지어 불경의 사천왕천의 위에 도리천이 있다는 사실과 부합된다는 것은 신라왕과 불교와의 관계가 이미 이전부터 깊었음을 알려주며 선덕여왕릉에 와서는 왕이 묻힌 곳이 불타의 세계라는 것으로까지 발전하였음을 보여준다.

이러한 관계 즉 왕은 곧 부처라는 왕즉불(王卽佛) 관념(이근직 2012: 479~482)이 왕릉을 불탑식으로 축조하게 된 배경일 것이고, 그 첫 표현이 효소왕릉(전신문왕릉)으로 보인다. 또 이 왕릉 능원의 방향은 좌북조남으로 택하여 선덕여왕릉과 전효공왕릉을 제외한 이전 시기의 월성 방향을 전면으로 택한 것에서 벗어났다.

31) 나당전쟁 이후 신라와 당의 관계가 완화된 것은 성덕왕 13(714)년 왕자 김수충(金守忠)을 견당대감(遣唐大監)으로 파견하여 숙위(宿衛)하게 한 이후로 보인다.

이는 왕릉 자체를 불탑식으로 조성한 점과 함께 의미가 있을 것으로 보인다. 즉 신라 왕경의 중심 진산인 낭산을 도리천으로 인식한 선덕여왕릉과 함께 그 장지가 불교적 사상에 기인하여 선택된 것으로 보인다.

중고기에 왕은 부처로 자처했음은 국립경주박물관에 보관중인 서악동고분군에서 출토되었다는 문비석(門扉石)〈그림 15〉에서 알 수 있다. 이 문비석은 석실의 현문에 설치되었던 것으로 추정되는데, 불교의 신장상을 부조한 화상석으로 현실의 내부에 매장된 왕릉의 주인이 부처임을 상징하는 것으로 보인다. 따라서 왕을 부처라는 사고는 중고기에 출발했고, 이것이 이어져 효소왕릉(전신문왕릉)에 와서는 왕릉 자체를 불탑으로 꾸민 것이 된다.

이후 중대 후기의 왕릉이나 왕릉급 능묘인 전헌강왕릉·전정강왕릉·전민애왕릉은 앞의 왕릉과 달리 능의 입지가 변하여 산속으로 들어가 능선의 중복이나 상위가 택해졌다. 부석은 전신문왕릉과 같은 단면 장방형의 제형이 아니고 단면 오각형의 장대석으로 변화했다. 그리고 능묘의 뒤 산 사면을 삭토하여 능역을 설정한 특징이 있다. 이는 산체를 능총으로 삼은 당의 제도에 영향을 받은 무열왕릉의 제도를 따르고 있다고 할 수 있다.

결국 중대의 신라 왕릉은 무열왕릉에서 당의 제도를 적극 수용하였으나 문무왕의 수중릉이 축조된 이후에는 이전 중고기 후기 왕릉의 입지를 택하면서 능을 불탑과 같이 꾸미게 되었고, 이후 왕릉의 크기가 훨씬 더 축소되면서 입지를 변화시키고 그 형식이 쇠퇴하고 있었음을 보여준다. 그러나 사찰이 이전 시기까지는 왕경과 그 주변 평지에 축조되던 것에서 왕경에서 비교적 먼 거리에 있는 산지에 축조되기 시작하는 현상(박방룡 1997: 161)과도 물려 있어 왕릉을 불탑으로 여기는 사상은 지속되고 있다고 할 수 있다.

다만 전성덕왕릉이 성덕왕릉이라면 중대 말기에 능원시설로 석사자와 석인이 출현한 것이 된다. 석사자와 석인은 앞에서 설명하였다시피 8세기 후반에나 출현한 것으로 볼 수 있다. 따라서 이러한 능원의 형성은 혜공왕 무렵에나 성립될 수 있어 전성덕왕릉이 성덕왕릉이라고 하면 후대에 이 능원이 완성된 것으로 볼 수 있고, 십이지를 호석에 설치하는 것도 이때부터라고 할 수 있다. 즉 하대 능원 형식의 시원이 된다.

한편 왕릉은 아니지만 전민애왕릉은 산 능선의 상위에 위치하고 방향은 좌북조남이 택해진 능묘로 다른 중대의 능묘와는 차별성이 있다. 이는 본격적인 풍수와 관련되었을 가능성이 있다. 본격적인 풍수의 도입은 신라 말 도선국사(道詵國師)(827~898)에 의해서라고 하지만 당의 일행(一行)(683~727)에게서 직접 또는 간접적으로 수학한 현초(玄超)·의림(義林)·혜일(惠日) 등이 8세기 후반 귀국하여 보급된 것으로 보는 견해(최병헌 1986)도 있어 8세기 후반 혜공왕(몰년 780) 무렵부터 본격적으로 신라에 도입되었을 가능성이 있다. 이후는 능묘의 조성에 좌북조남의 방향이 기본적으로 택해지고 있음이 그 가능성을 높여준다.

2) 하대의 능원

하대의 능원은 전성기의 능원인 전기 전반의 흥덕왕릉형(전성덕왕릉·괘릉·흥덕왕릉)과 쇠퇴기의 능원인 전기 후반의 전경덕왕릉형(전경덕왕릉·전김유신묘·구황동왕릉지)과 후기의 구정동방형분형(전진덕여왕릉·구정동방형분)으로 나누어진다.

표 3. 하대 전기의 원성왕계와 왕릉

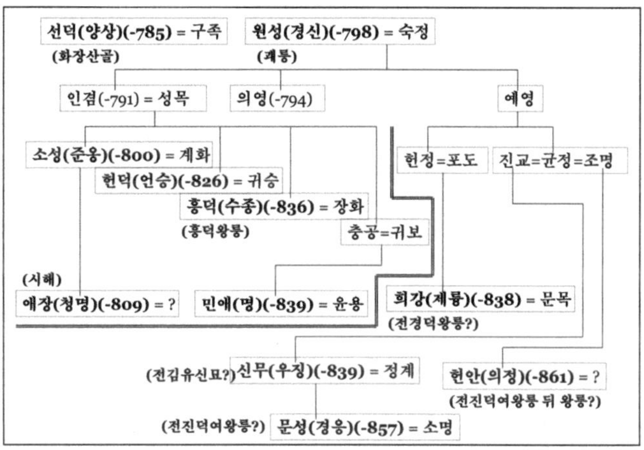

전성기의 능원인 흥덕왕릉형은 신라의 가장 발전된 모습을 보여주는 능원의 형식이다. 왕릉은 완벽한 불탑식으로 조성되었고, 능원 석물이 완성되는 등 신라 능원제도의 완성형이라 할 수 있다. 이 능원제도는 신라 하대의 초기를 그 중심으로 하여 그 전후에 성립된 것으로 하대

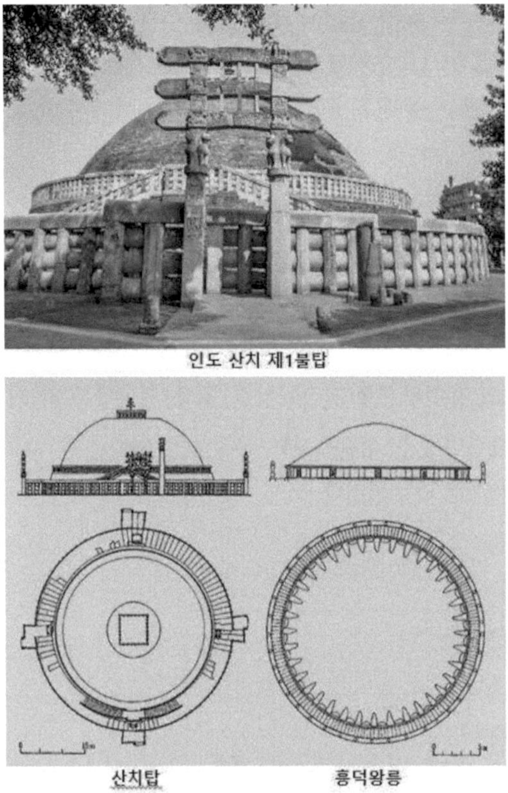

그림 16. 산치탑과 흥덕왕릉(상:박천수 2024, 하:강우방 1990)

전기의 형식[32]이라 할 수 있고, 실제 연대는 8세기 말부터 9세기 전엽이 중심으로 보인다.

이러한 전성기의 능원은 『삼국사기』 본기 애장왕 7(806)년 3월에 "왕이 하교하여 불사의 신창을 금하고 오직 수즙만을 허락하였으며 또 금수로 불사를 짓거나 금은으로 기용을 만드는 것을 금하여 소사로 하여금 널리 포고 시행케 하라 하였다."라고 하는 점으로 미뤄 비록 늦어도 이미 원성왕 때에 성립되었으나 불사에 들어가던 경비와 석조기술을 왕릉에 투여하게 되어 흥덕왕 이후 더욱 성행하게 된 것으로 추측된다.

전시기보다 왕도에서 더 먼 곳이 장지로 택해졌고, 산속에서 나와 평지와 산에서 남쪽으로 뻗는 능선이 마주하는 곳에 자리한다. 즉 능선의 말단부를 삭토하여 산체에 가깝게 능을 축조한 능선말단형의 입지로 앞 시기의 무열왕릉과 유사하나 약간 변형시켰다. 방향은 모두 앞 시기 전민애왕릉의 좌북조남 방향을 따르고 있어 정형화되었음을 보여준다. 치석된 사괴석으로 축조하여 불탑의 기단을 모방한 효소왕릉(전신문왕릉) 이후의 형식에서 더 발전하여 왕릉의 봉분 호석은 완벽한 불탑의 기단으로 변화하였다. 지대석 위에 면석과 탱석으로 구성된 호석의 위에 갑석을

32) 전성덕왕릉이 성덕왕릉이고 후대인 혜공왕 무렵에 능원이 완성된 것이라면 이 형식의 능원은 중대 말기에 성립된 것이 된다. 즉 성덕대왕신종이 완성된 770년 무렵이나 그 이후 혜공왕이 선대인 성덕왕과 경덕왕에 대한 추모 사업의 일환으로 새로 능원을 조성한 것이 된다. 그러나 본격적인 성립은 원성왕릉(괘릉)부터로 볼 수 있다.

없었으며 호석의 밖에 박석을 깔고 석난간을 설치하여 회랑으로 삼은 것이 그것이다. 다만 이 시기 가장 이른 시기의 왕릉으로 보이는 전성덕왕릉에서는 전시기 효소왕릉(전신문왕릉)에 등장하였던 부석을 호석의 탱석에 받쳐 완성형의 과도기적 모습을 보여준다.[33]

이렇게 석난간을 가진 회랑을 두르고 기단을 가졌으며 반구형의 본체를 가진 건축 구조는 인도의 산치대탑〈그림 16〉에서 그 원형을 찾을 수 있으므로 그 영향이라고 볼 수 있을 것이다(강우방 1973: 25~75).

능원의 시설로는 이전부터 성립된 능전의 상석과 배례공간이 지속되고 가장 완성된 흥덕왕릉의 경우 봉분의 주변에 석사자를 배치하였으며, 배례공간으로 진입하는 신도의 좌우에 관검석인상과 호인상을 대칭으로 배치하고 신도 입구에 화표를 배치하는 등 완성된 형식의 신라 능원을 구성하게 되었다. 이러한 배치는 당 고종의 건릉을 대표로 하는 당 황릉에서 영향을 받은 것으로 보인다.

당 황릉에서 석사자는 능총인 산체를 감싸는 내성의 네 문에 배치되었는데, 신라의 이 시기 왕릉에서는 괘릉(원성왕릉)의 석사자가 왕릉의 배례공간에서 더 내려와 전면 신도의 좌우에 대칭으로 배치된 외에 나머지는 모두 봉분의 네 모서리(흥덕왕릉)나 배례공간을 포함한 곳(전성덕왕릉)에 배치되어 능침을 보호하는 신수(神獸)의 역할을 하고 있다.

그림 17. 성덕왕릉(좌)과 당 교릉(우) 고개 돌린 석사자(우: 바이두)

이 석사자상은 그 배치상에서 당 예종(睿宗)(710~712)의 교릉(橋陵)에서 영향을 받아 성립된 것으로 보고 있다(이근직 2012: 371). 이는 가장 이른 시기 능원 석물로 등장한 전성

33) 전신문왕릉의 블록형인 치석된 석재로 호석을 마련하고 부석을 받치던 것에서 봉분의 규모가 작아진 전정강왕릉·전헌강왕릉·전민애왕릉에서는 부석이 별로 효용이 없어 형식적인 오각형으로 존재했으나 전성덕왕릉에서는 판 석과 탱석을 사용한 호석이 등장하여 필요성이 다시 대두되어 사용된 것일 수 있다. 이후에는 탱석의 길이가 길어져 봉분 안으로 깊숙이 들어가 호석이 안정되게 조립되면서 다시 사용되지 않는다.

그림 18. 괘릉의 관검석인(정면과 배면)과 호인

덕왕릉의 석사자 두향이 정면상이 아니고 고개를 틀어 다른 방향을 보고 있는데, 당 교릉(鞏啓明 2002)의 동문인 청룡문(青龍門) 문지 앞 석사자〈그림 17〉에서 이러한 현상이 보이고, 이 교릉에서는 이전 황릉과는 달리 암수 두 종류의 사자가 배치된다.

관검석인상과 호인상〈그림 18〉은 당 황릉의 신도 좌우에 대칭으로 배치된 문관상과 무관상에서 영향을 받았다. 이중 신라 왕릉 관검석인의 경우 관복의 위에 양당개(裲襠鎧)를 걸치는 등 무인의 요소도 있어 당의 문인과는 약간 다르다. 그리고 호인상은 당대도(唐大刀)[34]를 쥐고 있는 자유분방한 상으로 중국의 능묘에서 나타나는 검을 잡은 무복의 무인상을 변화시킨 것으로 보인다. 따라서 이들 석인상은 신라의 능원에서 당의 것을 모방해 창출한 것으로 볼 수 있다.

앞에서 언급하였다시피 당의 능묘에서 8세기 후반에 문관과 무관으로 나누어진 석인이 배치되고, 십이지가 등장하여 벽화로 그려지거나 능묘의 바깥에 매장된다. 이를 좀 더 자세히 다루면서 신라 능묘와의 관계를 풀어보면 다음과 같다.

중국의 능묘에서는 묘실 내에 호인의 형상을 한 호인용(胡人俑)의 부장이 비록 이전부터 존재[35]했으나 당 현종(玄宗)(712~756) 이후, 즉 안사(安史)의 난(難)(755~763) 이후 묘실 내부 부장으로 더욱 유행하는데 신라에서는 능원의 석물로 등장하여 다르다. 후대 당의 호인용과 황릉 신도의 호인상은 난에서 당 황실을 구하는 데에 위구르인들이 혁혁한 공을 세워 중앙 정

34) 호인상이 잡은 지물을 그동안 방망이로 보았으나 일본 정창원(正倉院)에 있는 당대도(唐大刀)로 보는 것(박천수 역)이 정확한 것으로 판단된다.

35) 호인용은 서진시기부터 중국의 묘실에 부장되기 시작한다(張之恒 2009: 467). 그리고 십이지용이 부장된 호북(湖北) 무창(武昌)의 마방산수묘(馬房山隋墓) 등을 비롯한 수·당대의 고분에는 대부분 호인용이 함께 부장되고 있다(東潮 2011: 357~360).

계에 진출하였고, 무장을 대표하는 상으로 인식되었기 때문으로 보고 있다(劉向陽 2012: 199).

또 당 황릉의 능원 신도 좌우에 배열된 석인상은 763년 현종 태릉(泰陵)부터 이전의 무관만 배치되던 것에서 문관이 더해져 동측에 문관이, 서측에 무관이 배치되는 변화를 보이고 있는데, 이 영향을 고려해 볼 수 있다.

그림 19. 당 태릉의 호인 무관과 문관

당 황릉의 능원에서 신도 좌우에 배열된 석인상의 경우는 앞에서 언급한 바와 같이 763년 현종 태릉부터 이전의 관검석인인 무관만 배치되던 것에서 문관이 더해져 무관과 함께 배치되는 변화가 보인다〈그림 19〉. 다음 대인 숙종(肅宗)의 건릉(建陵)(763년)에서도 마찬가지이고, 다음 대 대종(代宗)의 원릉(元陵)(779년)에서도 문관상의 출현이 확인된다.

이후 무관상과 문관상의 조합이 정형화한다. 또 태릉의 무관상으로는 한인(漢人)과 호인(胡人)이 교차 배열되었고 더 후대 선종(宣宗)의 정릉(貞陵)(860)에서도 호인의 무관상이 확인된다(劉向陽 2012: 297). 이는 신라의 완성된 능원에 관검석인상과 호인상이 함께 배치된 것과 통하는 것으로 보인다.

한편 무관이 신라의 것과 같이 양당개를 걸치고 있는 것은 호묘위릉(號墓爲陵)인 공릉(恭陵)(675년)(中國社會科學院考古研究所河南第二工作隊外 458~462)에서 처음 출현하였으나 성행하지 못하고 더 나중의 황릉인 현종의 태릉〈그림 18중〉과 숙종의 건릉(763년)에서 확인되고, 덕종(德宗)의 숭릉(崇陵)(805년)에서도 확인되고 있다(이재중 1996). 따라서 적어도 신라 능원에 문인상과 호인상으로 분리된 석인의 배치가 기원 8세기 후반 무렵부터라고 볼 수 있다.

비록 문관과 무관을 좌우에 나누어 따로 배열하는 당의 제도와 달리 좌우에 각각 관검석인상과 호인상을 함께 배열했고, 호인상이 검을 잡은 것이 아니라 방망이 같은 당대도를 잡아 형상도 다르지만 무사의 성격을 알려주고 석사자의 배치와 함께 신라식 배열의 제도로 창출된 것으로 볼 수 있게 된다.

그림 20. 수수인신 좌상 십이지(東潮 2011)

그림 21. 조양 황하로묘 수수인신 입상 십이지

결국 신라 능원에 관검석인상과 호인상이 함께 배치된 것이 전자는 당 황릉의 문관 성격으로, 후자는 무관 성격으로 볼 수 있게 하고, 그러한 제도의 형성이 8세기 후반 이후임을 말해준다. 즉 신라는 당의 능묘에 부장되거나 황릉의 전면에 세워진 호인상에 신라만의 특성을 부여하였고, 여기에 능을 보호한다는 상징성을 확실히 부각시켜 능침의 전면으로 끌어내 배치한 것으로 볼 수 있다.

이외 신도 입구에 화표석을 세운 것도 당 능묘에서 영향을 받은 것으로 볼 수 있다. 화표석이 중국 남조의 능묘에도 등장하였으나 한반도에서는 아직 이 신라 전성기 능원 이전의 것은 찾을 수 없기 때문이다.

또 흥덕왕릉에서는 능의 전면 좌측에 능비를 세웠는데, 그 위치 등은 앞 시기 무열왕릉의 것과 다르지 않아 전 시기의 것이 답습된 결과로 보인다. 다만 무열왕릉에서는 능의 배례공간과 연접하여 능비가 배치되었으나 흥덕왕릉의 능비는 훨씬 멀어져 신도의 중앙부 좌측에 배치되었는데, 이는 능원 석물의 배치가 정형화하면서 그에 합당한 위치로 변동되었기 때문으로 보인다. 그러나 능비는 특수한 경우에만 세워졌고, 입비의 시기도 능의 축조와는 큰 관련이 없었다(주보돈 2012).

이 시기 왕릉의 또 하나 커다란 특징이 십이지이다. 십이지는 중국 위진남북조에 이미 출현하여 중원지구에서 묘지(墓誌)의 뚜껑 사면이나 신부의 네 측면에 실제 동물 형상의 십이지를 새긴 것이 등장하였으나 머리는 짐승이고 몸체는 사람인 수수인신(獸首人身)의 좌상〈그림 20〉으로 성행한 것은 수나라 대업묘(大業墓)(610), 장사(長沙) 황토령묘(黃土嶺墓), 장사 우각

당묘(牛角塘墓), 염인묘(冉仁墓)(652년) 등과 같이 수와 당 초기이다. 이것이 8C 초의 조양(朝陽) 황하로묘(黃河路墓)〈그림 21〉, 개원(開元) 이후 736년의 최씨묘(崔氏墓), 738년의 이경유묘(李景由墓), 740년의 양사훈묘(楊思勛墓) 등에서 십이지용이 입상(立像)으로 변화하였다(東潮 2011: 319~331).

이후 십이지는 벽화로 그려지기도 하였는데, 유명한 것이 당 현종 태릉에 배장된 고력사묘(高力士墓)(762년) 묘실 벽화와 당 희종(僖宗) 정릉(靖陵)(889년)의 감실 벽화〈그림 22〉이다(東潮 2011: 359).

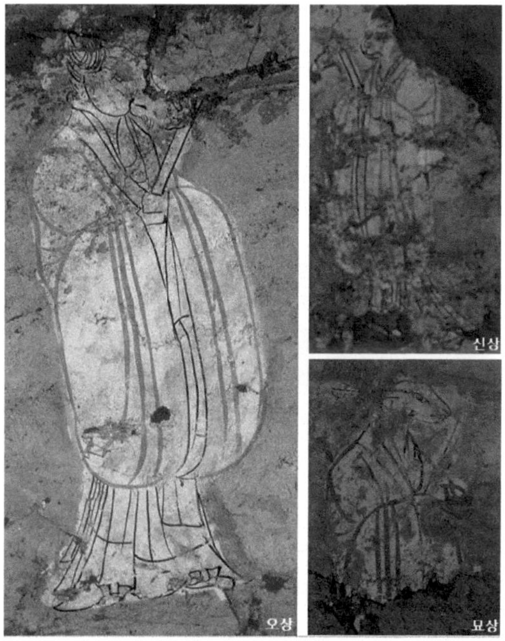

그림 22. 희종 정릉 십이지 벽화(張建林 2024)

당의 십이지용은 묘실의 내부에 부장된 묘실 내장의 십이지로 용강동고분의 것과 같은 양상이다.[36] 그리고 석상으로 환조한 십이지가 당의 숙종 건릉에서 처음으로 등장하나 이것도 배례형이다.

신라에서는 7세기 말 또는 8세기 초인 용강동고분에서 묘실에 내장하다가 8세기 후반 무렵의 전민애왕릉에서는 봉분의 바깥에 매장하는 형식으로 변화하였다〈그림 23〉. 한편 전성덕왕릉에서는 이를 석상으로 환조하여 회랑에 배치하였고, 이후 봉분의 주변에 매장하면서도 호석의 탱석에 부조로 새겨 정형화하였다. 또 이전의 십이지는 당의 십이지와 같이 두 손을 모은 배례형이나 전성덕왕릉 이후의 것은 무기를 잡은 신장상(강우방 1990: 348)으로 변화하여 무덤을 수호하는 의미가 크게 부여되었다.

이 무장을 한 십이지는 경갑(頸甲)·견갑(肩甲)·흉갑(胸甲)·복갑(腹甲)·요갑(腰甲)·경갑(脛甲)을 갖춘 명광개(明光鎧)와 군의(裙衣)를 입고 손에는 각종 무기를 들고 있는 수수인신의 입

36) 이 결과와 출토토기로 보면 용강동고분의 입상인 청동십이지는 7세기 말 또는 8세기 초로 편년된다.

그림 23. 신라의 십이지용

상이다. 이 명광개의 모습은 당 태종 소릉의 배장묘인 정인태묘(鄭仁泰墓)의 무사용에서 그 원형을 볼 수 있다.

한편 탱석에 평복을 입은 십이지를 배치한 전헌덕왕릉과 전김유신묘에서는 봉분의 주변에 곱돌판에 부조한 또 다른 무복의 십이지를 매장하기도 하였는데, 이는 두 능의 호석 십이지가 무복이 아닌 평복이라는 공통점과 어떤 관련이 있을 것으로 추정된다.

이렇게 현실의 내부에 배례형의 십이지용을 부장하여 사체를 보호하는 기능을 가진 당의 제도와 달리 신라의 이 시기 왕릉에서는 호석의 바깥으로 끌어내 매장하였다가 더하여 호석의 탱석에 부조로 새겨 왕릉 자체를 보호하는 신장상으로의 기능을 부여하였는데, 이는 신라인이 창출한 것이다.

당과 신라 왕릉 십이지가 다름은 당 숙종 건릉(763)의 내성 바깥에 매장한 환조 십이지와 성덕왕릉의 호석에 배치한 환조의 십이지에서 잘 드러난다〈그림 24〉. 건릉의 십이지는 역시 평복이고 배례형이나, 성덕왕릉의 십이지는 무장한 신장상이다. 이는 능묘의 주변에 십이지를 배치

그림 24. 성덕왕릉(좌)과 당 건릉(우) 십이지(우:張建林 2024)

하는 제도가 당으로부터 출발한 것이지만 신라에서 재해석하여 다른 모습을 창출하였음을 잘 보여준다. 성덕왕릉 이후 신라에서는 능묘의 호석에 부조하여 능묘를 보호하는 신수로서 십이지를 배치하는 전통이 이어졌다.

결국 이 전성기 신라 왕릉의 능원은 당 황릉 능원의 석물 배치의 기본적인 패턴을 흡수하여 성립되었으나 이전 시기부터 이어져 온 왕은 곧 부처이기에 능을 불탑과 같이 꾸미고자 하는 관념에다 이를 결합하였고, 능을 보호하는 석물과 십이지를 다시 해석하여 당의 능묘 묘실 내부에 주로 부장되던 십이지와 호인용을 묘실의 밖 호석으로 끌어내 왕릉을 보호하는 시설로 재창출하여 성립된 것으로 볼 수 있다.

쇠퇴기의 능원은 전경덕왕릉형과 구정동방형분형이다. 이 시기의 왕릉 능원은 불탑식 왕릉은 지속되나 능원 석물의 배치 등은 생략된다. 이는 능원의 크기가 축소되는 현상을 의미하고 있는 것으로 보인다. 대략 하대의 후기인 9세기 중엽 이후 9세기 후엽까지이다. 현재 이 시기의 왕릉으로 추정할 수 있는 위의 두 능원 형식 이후에는 왕릉이 조영되지 않고 화장이 성행하여 지속되는 경향이 있다. 즉 제51대 진성여왕(887~897)부터는 제55대 경애왕(924~927)과 경주에 묻히지 않은 제56대 경순왕(927~935)을 제외한 네 왕이 모두 『삼국유사』 왕력에 화장한 것으로 기록되어 있다. 이중 경애왕은 견훤의 침입과 관련지어 생각하면 제대로 가꾼 왕릉을 조성할 수 없었을 것이다.[37)]

전경덕왕릉형은 산지의 주산에서 남쪽으로 뻗는 능선의 중복에 입지를 선택하였고, 방향은 모두 좌북조남이라는 점에서 공통성이 있다. 이러한 입지는 일찍부터 풍수에 적합한 장소로 인식되고 있었다(齋藤忠 1973: 258, 강인구 2000: 455). 이 형식의 전경덕왕릉과 전김유신묘는 아직 상석을 설치하고 배례공간을 둔 능원으로 변모하여 전성기 이전 중대 후반의 능묘 형

37) 경애왕릉은 크기도 작으며 별로 치장되지 않은 전지마왕릉으로 보기도 한다(전덕재 2012).

표 4. 하대 후기 경문왕계와 왕릉

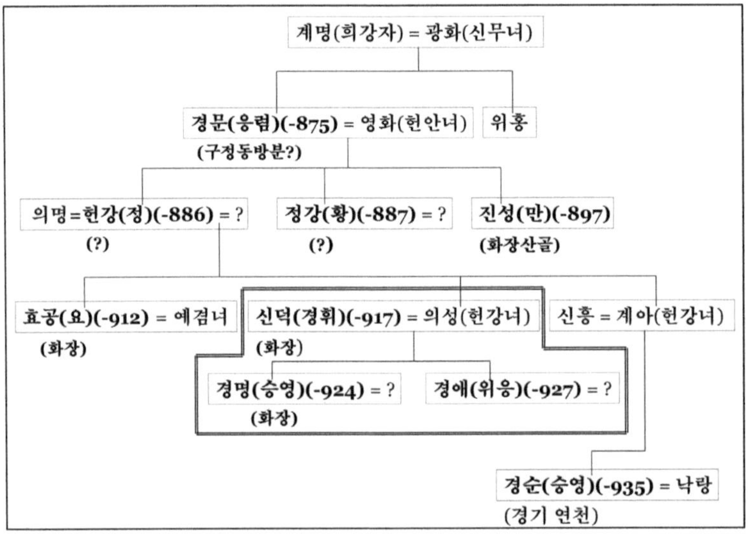

그림 25. 구정동방형분과 전면 우측 우주

식으로 되돌아갔고, 구정동방형분형인 전진덕여왕릉과 구정동방형분은 상석마저 소멸하고 배례공간만 남아있다.

구정동방형분〈그림 25〉은 하대 후기의 능원으로 아직 왕도에서 멀리 떨어졌으나 다시 능선의 말단에 자리하였는데, 산지근접형으로 무열왕릉과 유사하다. 구정동방형분에서는 봉분 형태가 반구형에서 방추형으로 바뀌고, 전성기에 능원시설로 존재했던 호인상과 사자가 십이지와 같이 호석에 새겨지는 형식으로 변화하였다. 즉 방분의 네 귀퉁이 우주석에 석인과 사자가 새겨진 것이다. 국립경주박물관에 남아있는 방형분의 우주석으로 유추하면 전면 좌우 우주석에는 호인상과 석사자, 후면 좌우 우주석에는 관검석인과 석사자가, 또는 전면과 후면이 바뀌어 새겨진 것으로 추정된다.

이런 새로운 능원 형식의 창조는 어떤 전기로 인했을 가능성이 크다. 이 능은 9세기 후반 경문왕(861~75)의 능으로 추정되는데, 헌안왕의 사위인 그가 비록 희강왕의 손자로 원성왕과 예영의 후대이나 전대 신무왕·문성왕·헌안왕과는 다른 출계로 왕이 되었으므로 그러한 왕계의 변화(〈표 3·4〉 참조)와 관련된 것으로 추측할 수 있다.

제5장

신라와 비교한 백제 후기 능원

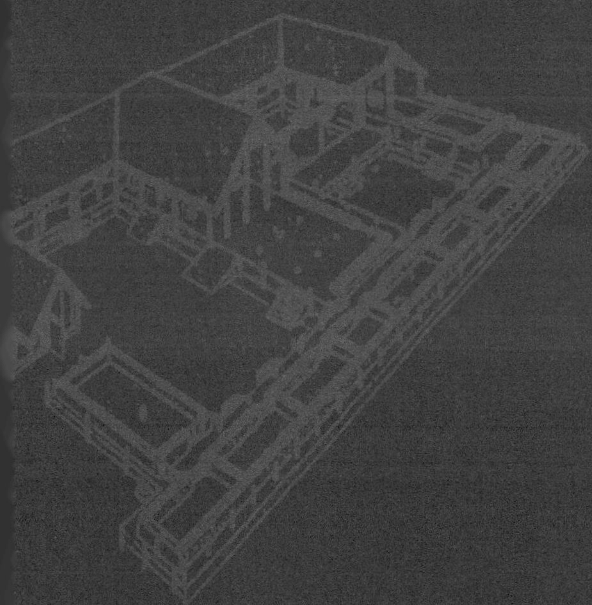

신라의 왕릉과 능원

5장 신라와 비교한 백제 후기 능원

1. 머리말

왕릉은 왕을 매장한 무덤으로 특별히 축조한 거대한 기념물이며 왕을 신격화해서 제사를 지내는 장소(고분문화연구회 역 2011: 21)로 인식된다. 그리고 능원은 왕릉과 이를 둘러싼 여러 시설물을 포함하는 개념이다. 즉 왕릉을 포함한 복합형무덤건축(김용성역 2006: 56)이라고 할 수 있다. 이러한 능원은 담장이나 성벽 등 가시적인 구획시설로 구분되기도 하나 그러하지 않은 경우도 많다. 우리의 왕릉 연구는 자료의 한계 때문인지 그렇게 활성화되지 않았고, 얼마 되지 않는 연구도 연대 부여 등을 위한 왕릉 자체의 구조에 매달린 경향이 있다. 즉 묘제와 그 구조 등에 매달려 특히 능원이 가진 전체적인 문화적 양상을 파악하는 데에는 소홀한 감이 없지 않다.

왕릉이 포함된 능원의 관점에서 보면 거기에는 지형적 조건, 무덤의 배치 형태, 제의 시설 등을 읽어낼 수 있다. 이러한 조건과 형식, 시설 등은 시대의 사조에 따라 변화했을 것이고, 그것의 파악은 왕릉을 통한 당시 문화상의 이해에 많은 토대를 제공해 줄 것으로 믿는다. 따라서 백제능묘[38]의 특성 부여라는 목적을 위해서는 능원의 파악이라는 관점이 더 필요할 듯하다. 그렇다고 능묘 자체의 분석이 무시되어서는 제대로 된 결과의 도출이 어려울 것이기에 함께 고려되어야 한다.

능묘나 능원의 파악에는 주변 국가, 특히 중국의 능원과 그 변천의 영향을 무시할 수 없을 것이다. 여기서 논하는 백제 웅진기 이후는 특히 백제와 남조의 밀착이 심화한 시기이고, 사비기 후기는 중국의 수당 시기로 상호 간의 접촉이 지속되었기 때문이다. 이러한 밀착과 접촉에서 백제는 중국문물을 계속해서 유입하였을 것이고, 그 시대사조에 따라 새로운 사상과 문화가 받아들여져 사생관과 세계관도 변화했을 것이다. 또 이에 수반하여 능묘와 능원이 변화했을 것이기 때문이다.

이러한 관점에서 여기서는 먼저 백제의 능원과 능묘를 지금까지 연구되어 나누어진 도읍 시기별로 자료를 검토하고자 한다. 지금까지 백제의 고분 연구는 한성기·웅진기·사비기로 나누어 연구되고 있어 백제 후기에 해당하는 공주 송산리의 능원과 부여 능산리의 능원이 그 대상

38) 이 글에서 능묘는 왕이나 그에 버금가는 신분을 가진 인물의 무덤이라는 뜻으로 사용한다.

이 된다. 그러나 백제 말기의 무왕릉으로 익산 쌍릉이 지적(이남석 2002: 247~273, 최완규 2001: 77~100)되고 있으므로 이를 별도의 능원으로 설정하여 자료를 검토한다.

여기에 사용된 주된 자료로는 일제강점기의 조사(關野貞 1915, 關野貞·黑版勝美 1915, 梅原末治 1938, 野守建外 1935, 野守建·小川京吉 1920)와 무령왕릉(문화재관리국 1973), 그리고 이들에 대해 근래에 연구로 검토된 것(강인구 1977, 이남석 1995·2002, 최완규 1997·2001)을 활용한다. 다음 백제의 웅진기와 사비기에 대응하는 신라의 중고기[39]를 전기의 서악동능원, 후기의 진평왕릉(전헌덕왕릉) 등 독립된 왕릉으로 나누어 능원의 관점에서 검토한 것(김용성 2012b; 김용성·강재현 2012)을 주된 비교 자료로 삼고자 한다. 그리고 이러한 자료의 검토를 바탕으로 여기서 파악된 백제의 능원에 나타나는 특징을 잡아 이를 주로 신라와 비교하면서, 그 연원 등을 중국 자료를 활용하여 파악함으로써 백제 후기 능묘와 능원의 특성을 드러내 보도록 한다.

2. 웅진기와 사비기의 능묘와 능원

1) 송산리 능원

송산리 능원〈그림 1〉은 해발 130m의 송산을 북에 두고 그 남사면에 좌북조남의 방향으로 능묘가 조성되었다. 중앙의 계곡을 사이에 두고 그 동쪽과 서쪽에 짧게 능선이 뻗고 있으며, 그 사이에 능묘가 조성된 셈이다. 이러한 형국은 풍수지리에 합당한 지형으로 보고 있다(강인구 1977: 24·25).

능원 내에서는 지금까지 모두 13기의 능묘가 확인되었다. 이들 가운데 제대로 알려졌으며 주요한 능묘의 현황을 정리하면 〈표 1〉과 같다.

지금까지 백제 고분의 연구(강인구 1977, 이남석 1995·2002)에서 이 능묘군의 묘제는 대략 석실묘에서 전실묘로 변천한 것으로 이해되고 있다. 그것은 주인공이 확실한 무령왕릉이 전

39) 백제 한성기의 능원은 불행하게도 서울의 도시확장 과정에서 대부분 소멸되어 그 양상을 파악할 수 없어서 제외한다. 또 실제 백제의 웅진기는 신라의 마립간기와 겹치나 마립간기의 능원제도는 백제 웅진기와 사비기의 것과 유사성이 크게 없어 중고기를 대상으로 비교한다.

실묘인 점에서 타당성이 있다. 따라서 이들 2기의 전실묘와 6기의 석실묘가 이 능원의 중심 능묘로 볼 수 있고 그 가운데 왕릉이 있을 것이다. 그러하다면 7호와 8호 석곽묘는 동측군 석실들의 배장묘일 가능성이 아주 크다.

또한 무령왕릉의 전면에 배치된 6호 전실묘와 5호와 29호 석실묘의 경우는 그 피장자가 무령왕과 관련된 인물이라고 본 의견(이남석 2002: 205)을 받아들이면 무령왕릉의 배장묘로 보아도 문제가 없을 것이다. 이들 2기의 석실묘는 비록 비교적 규모가 커 앞에 축조된 것으로 보이는 1~4호 석실묘와는 차이가 별로 없으나 바닥에 벽돌을 사용하는 등 전실묘의 색채가 일부 보이는 점에서 구별이 되고, 무령왕릉과 비교하면 그 크기에서 작은 점이 인지되기 때문이다. 이는 웅진으로 천도한 후 무령왕 이전의 왕들이 모두 천수를 누리지 못했고, 무령왕에 이르러 중흥의 기틀

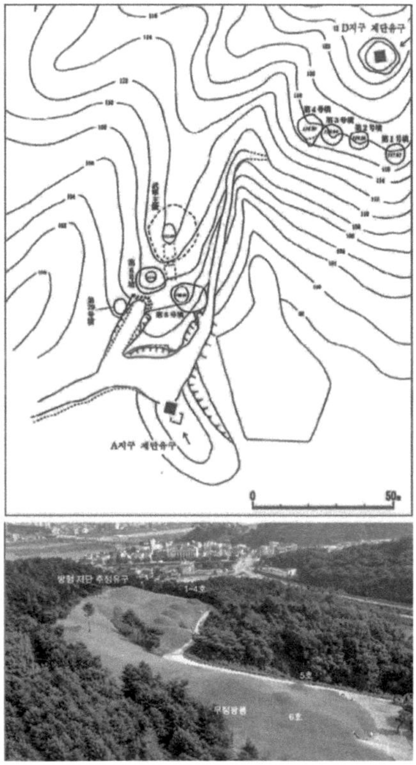

그림 1. 송산리 능원(상:이주헌 2019)

표 1. 송산리 능원의 능묘 현황

고분	봉분(m)	주체시설					
		묘제	현실(m)	천장	연도	축재	바닥
1호		석실묘	2.58×1.77	궁륭	우편	할석	자갈+판석
2호		석실묘	3.33×2.97×3.12	궁륭	우편	할석	
3호		석실묘	3.37×2.75×2.6	궁륭	우편	할석	
4호		석실묘	3.45×3.5×2.8	궁륭	우편	할석	
5호		석실묘	3.45×3.26	궁륭	우편	할석	벽돌, 관대?
6호		전실묘	3.7×2.24×3.13	터널	중앙	소전	벽돌, 단관대
29호		석실묘	3.4×2.84	궁륭?	우편	할석	벽돌,복관대?
무령왕릉	20내외×2이상	전실묘	4.2×2.72×3.14	터널	중앙	소전	벽돌,복관대

이 마련되고 왕의 위세를 되찾았던 것(권오영 2005: 72)과 연결될 수 있다.

결국 주인공이 확실한 무령왕릉을 기준으로 한다면 동측 능선에 분포하는 석실이 무령왕 이전의 왕이나 그 가족의 능묘로 볼 수 있을 것이다. 따라서 1~4호 석실묘 가운데 무령왕의 선대 왕릉이 있을 것으로 추정할 수 있다. 어느 것이 누구의 능인가는 문제가 되나 그 대상으로는 문주왕(477년 몰), 삼근왕(477년 몰), 동성왕(501년 몰)이 될 것이고, 무령왕이나 동성왕의 부친으로 알려진 곤지의 묘 역시 그 대상이 된다.[40]

표 2. 백제 웅진기 왕계

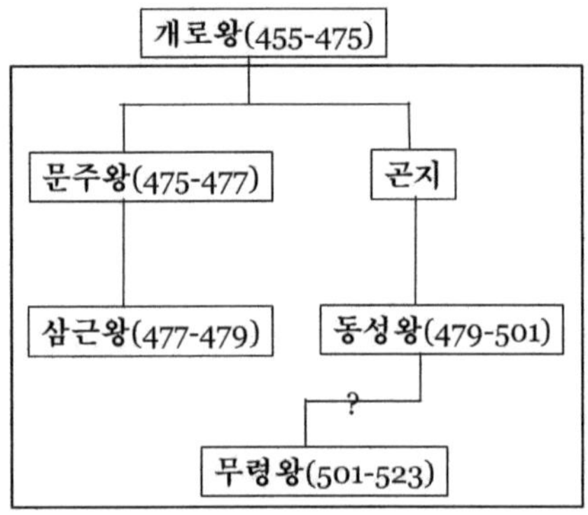

이렇게 본다면 이 능원의 동쪽 능선에 자리한 능묘의 경우 대략 5세기 후반과 6세기 초에 축조된 것이 되고, 무령왕릉을 위시한 서쪽 능선의 능묘는 6세기 전반에 축조된 것이 된다. 또한 이들 능묘가 모두 왕이나 왕족의 무덤이 되어 이 능원 전체가 백제 웅진기의 공동 능원이며 왕가(王家)의 능원으로 자리매김할 수 있다.

한편 이 능원에서는 제의와 관련된 것으로 보이는 시설이 확인되었다. 적석유구로 알려진 것으로 하나는 1~4호 석실이 있는 동측 능선의 전면에 있는 석축시설(A지구)이고, 하나는 그 능선 후면 상부에 계단식 적석총과 같이 축조된 시설물(D지구)〈그림 2〉이다. 후자는 허묘 혹은 가묘(윤근일 1988: 307~336)로 보기도 하고 구체적으로 개로왕을 위한 가묘(조유전 1991: 56)로 보기도 한 단류 건축물이다. 이 건축은 남경(南京) 종산(鍾山) 육조시기 단류 건축(南京市文物研究所等 2003)을 빼닮았다.

40) 이남석(2002: 235~243)은 송산리 능원이 무령왕과 관련된 가계의 매장지역이고, 가계에서 무령왕과 상대적으로 거리가 있는 문주왕과 삼근왕, 혹은 동성왕의 능은 다른 곳에 조영되었을 것으로 추정하였다. 이는 이미 독립된 능원이 존재했다는 의미로 백제 능원제도의 발전상과 배치된다. 만약 가계가 연결되지 않는다면 오히려 무령왕릉이 전대의 능묘군집과 구별되는 곳에 축조되어 현재와 같은 모습을 갖춘 것으로 보는 것이 더 합리적일 것이다. 그리고 큰 봉분을 갖추었고, 배장묘가 다수 배치되는 등의 현상은 웅진 천도 후 무령왕대에 흥성하여 왕다운 왕이 되었음에 기인하는 것으로 판단된다. 최근의 연구도 송산리 고분군의 각 피장자는 웅진기 왕과 왕실 관련 인물로 보고 있다(이훈 2013: 17).

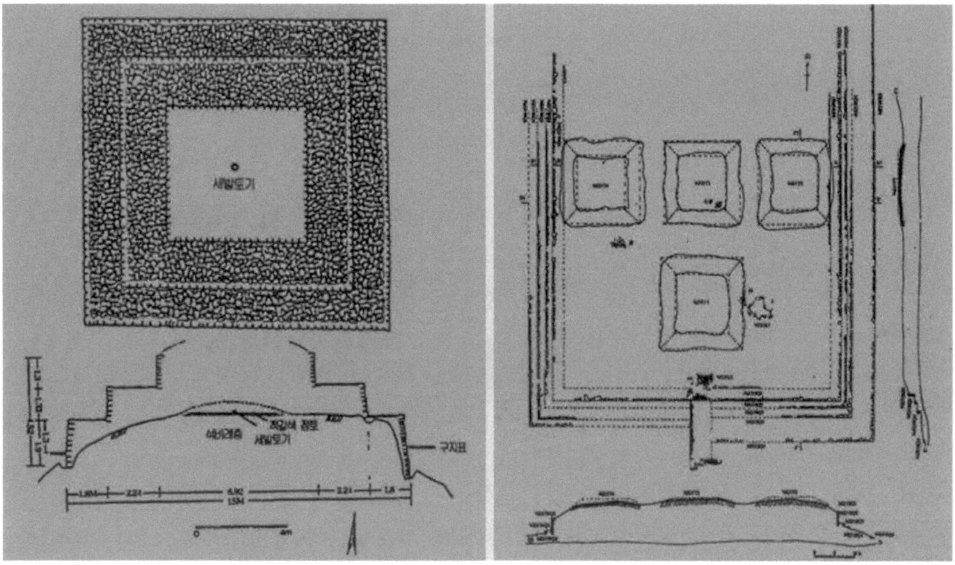

그림 2. 송산리 D지구(좌)와 남경 종산(우) 단류 건축

이를 종합하면 송산리 능원은 웅진으로 천도한 문주왕 이후의 웅진기 왕릉과 그 가족의 묘인 배장묘로 구성되었고, 능묘는 대략 동쪽에서 서쪽으로 가며 순차적으로 축조되었다. 배장묘는 왕릉의 전면에 배치된 특징이 있고, 본격적인 봉분의 조성은 무령왕릉에서 이루어졌다. 능묘의 후면과 전면에는 제의를 위한 단류의 축조물을 설치하였다.

2) 능산리 능원

능산리 능원〈그림 3〉은 반월형인 부여 나성의 동쪽 성벽 바로 밖에 있다. 이곳은 산성이 위치한 청마산의 남향사면 말단에 해당하고, 능묘는 군집을 이루며 사면에 좌북조남의 방향으로 조성되어 풍수에 적합한 입지로 인식되고 있다. 나성과 능묘군의 사이에는 능사가 자리하고 있다. 능원에서는 모두 8기의 능묘가 확인되었다. 이 능묘의 현황은 〈표 4〉와 같다.

그림 3. 능산리 능원(좌)과 능묘의 배치(우)(네이버 지도 개변)

능묘 가운데 7호와 8호는 사용된 석재나 크기에서 다른 능묘보다 하등으로 볼 수 있어 왕릉으로 추정될 수 있는 것은 6기인데, 이 가운데 중하총·중상총·동상총의 현실 크기가 다른 것들보다 커 일단 왕릉의 대상이 된다.

어떤 것이 누구의 왕릉인가를 판단하기는 어렵지만 천장 구조[41]가 터널 모양에서 집지붕 모양으로 변화한다는 인식에서 보면 중하총이 이르고 동상총과 중상총이 늦은 것이 되어 중하총이 부여로 천도한 첫 왕인 성왕(554년 몰)의 능(강인구 1977: 89, 이남석 2002: 245)으로 추정할 수 있고, 이때는 능묘가 아래에서 위로 축조되어 간 것을 알 수 있다. 한편 능묘의 배치상을 세분해서 살펴보면 능묘군은 아래 동측의 동하총·중하총·8호를 한 그룹으로, 위 열의 중상총과 동상총을 한 그룹으로, 서측의 서하총과 서상총을 한 그룹으로 묶을 수 있다. 이 가운데 동하총·중하총·8호의 그룹은 모두 모전석이 사용된 특징이 있다. 이것이 시기적인 속성

41) 이남석(1995: 199~217)은 백제 횡혈식석실의 천장구조를 네벽조임식, 궁륭식, 터널식과 아치식, 고임식과 수평식, 맞배식, 조임식으로 나누고 그 세부적 변화를 살폈다. 그리고 최완규(1997: 138)는 궁륭상, 네벽조임식, 단벽조임식, 터널형, 괴임식, 맞배식, 평천장으로 나누었다. 이중 능묘급에는 궁륭식, 터널식, 고임식, 수평식이 나타나고 있다. 따라서 네벽조임식과 단벽조임식은 능묘의 주된 형식의 아류로서 축재와 축조 기술의 문제로 형성된 것으로 볼 수 있다. 또한 고임식과 맞배식은 모두 집지붕 모양을 한 것으로 맞배식은 고임식을 본 떠 약화시킨 것으로 볼 수 있고 능묘급에서는 맞배식이 나타나지 않는다. 따라서 여기서는 백제 능묘의 천장을 궁륭천장·터널천장·제형천장(집지붕 모양으로 현실 측벽을 제외한 천장의 단면이 제형을 이루는 것)·평천장(제형천장에서 사방향의 사면을 생략한 것)으로 구분하도록 한다. 이외 백제에는 제형천장을 변형하고 축약시킨 삼각형천장이 있다.

이라면 능묘의 세분된 군집은 다시 동에서 서로 가며 축조된 것이 된다. 이러한 사실은 이현주(2019)의 능산리고분군에 대한 연구에서 그 축조서열이 중하총(1-1단계)→동하총·8호분·동상총(1-2단계)→중상총·서하총(2단계)→서상총·7호분(3단계)의 순서라는 데에서 잘 드러난다. 그리고 이 그룹의 규모 등의 상황을 함께 고려하면 왕릉과 그 배장묘가 군집을 이루고 있음을 알려준다. 배장묘의 주인공에 대해서는 알 수 없으나 능묘의 구조와 규모를 고려하면 일반 귀족이 아닌 왕족일 가능성이 아주 크다.

이 능묘군의 동쪽에는 능산리 동고분군으로 알려진 고분군이 일제강점기에 확인되어 조사되었다(梅原末治 1938). 그리고 여기서 더 동쪽으로 약간 먼 지점에 능안골고분군(국립부여문화재연구소 1998)이 분포한다. 또 최근에 왕릉군의 서쪽에도 고분이 분포하는 것이 확인되어 서고분

그림 4. 능산리 왕릉군

표 3. 백제 사비기 왕계

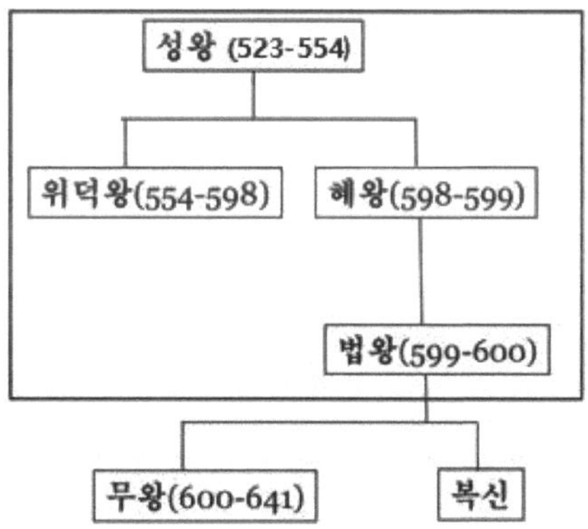

표 4. 능산리 능원의 능묘 현황

고분	봉분(m)	주체시설					
		묘제	현실(m)	천장	연도	축재	바닥
동하총	27×2 이상	석실묘	2.50×1.12×1.22	평천장	중앙	판석	모전석,복관대
중하총	30×2 이상	석실묘	3.21×1.98×2.15	터널	중앙	장대석	모전석
서하총	20×2 정도	석실묘	2.85×1.25×1.50	제형	중앙	판석	판석
서상총	25×2.5 정도	석실묘	?	제형	중앙	판석	판석
중상총	30×2 정도	석실묘	3.25×1.45×1.58	제형	중앙	판석	판석.단관대
동상총	21×?	석실묘	3.25×2.00×2.11	제형	중앙	판석	판석.복관대
7호	?	석실묘	2.79×1.25×1.42	제형	중앙	장방판석	판석
8호	?(동하총 배총)	석실묘?	1.74×0.76×0.90	평천장		장방판석	전석관대

군이라고 불리고, 이 중 4기의 고분이 발굴되었다(서현주 2019). 이 고분들은 왕족의 방계나 귀족의 묘가 군집된 것으로 볼 수 있는데, 특히 능산리 동고분군과 서고분군의 고분은 그 규모나 구조적 특성에서 능산리 능원 내부의 배장묘로 볼 수 있는 것에 크게 떨어지지 않는다. 따라서 적어도 능산리 동고분군과 서고분군은 별도로 조성된 배장묘군으로 볼 수 있는 여지가 있다.

이를 종합하면 능산리 능원은 중심에 왕릉과 왕과 비교적 가까운 왕족의 능묘를 군집시켜 조성하였고 능묘는 아래에서 위로, 동에서 서로 가며 소군집을 이루며 축조되었다. 이들 능묘의 전면에 배례공간을 두었다. 또 전면을 향한 우측에 제의를 담당하고 선왕의 명복을 빌었던 능사를 설치하고, 좌측과 우측에 방계의 왕족이나 귀족의 묘인 배장묘를 군집시켜 배장구를 설정한 것이 된다.

3) 익산 쌍릉

일제강점기에 북쪽의 대왕릉과 남쪽의 소왕릉이 조사되어 백제 왕족의 능묘로 확인되었다. 이후의 연구에서는 대왕릉은 백제 무왕릉, 소왕릉은 왕비의 능으로 비정되어 자리매김이 되고 있다.

쌍릉<그림 5>은 북 후면에 오금산성이 있는 산지를 배경으로 하여 그 전면에 펼쳐진 야트막한 구릉 위에 있다. 쌍릉이 자리한 구릉은 주변의 평지에 비해 비고 10m 미만으로 그리 높지 않은 미고지이다. 쌍릉에서 정북으로 약 900m에 동서로 뻗는 산지의 서남단 봉우리(해발 97m)가 위치하여 대왕릉은 이 봉우리를 기준으로 정남에 위치하는 셈이다. 따라서 대왕릉은 비교적 먼 곳에 산지를

그림 5. 쌍릉의 입지와 대왕릉 발굴 모습 (네이버 개변)

두고 그를 배경으로 평지에 축조되었다고 할 수 있다. 조사된 대왕릉과 소왕릉의 현황을 정리하면 〈표 5〉와 같다.

왕릉이 북쪽에 자리하고, 왕비릉이 남쪽에 자리하는 점에서 왕비릉은 배장의 성격으로 배치된 것을 알 수 있다. 이렇게 보면 이 쌍릉 능원은 백제에서 처음으로, 그리고 단 하나뿐인 독립 능원으로 자리매김할 수 있을 것이다. 따라서 묘제 등은 능산리 능원의 능묘 것을 그대로 이어왔으나 능원의 관점에서는 새로운 제도가 들어와 시행된 것이 된다. 봉분이 남아있는 두 능만 조사되어 능원의 상세한 형식 등을 알 수 없으나 앞으로 더 진전된 조사가 시행되면 주변에서 다른 배장묘나 능원시설 등이 발견될 수 있을 것으로 믿어진다.

표 5. 익산 쌍릉의 능묘

고분	봉분(m)	주체시설					
		묘제	현실(m)	천장	연도	축재	바닥
대왕릉	30×5(호석)	석실묘	3.80×1.78×2.27	제형	중앙	판석	판석,단관대
소왕릉	24×3.5(호석)	석실묘	3.20×1.30×1.70	제형	중앙	판석	판석,단관대

3. 능묘의 변천과 특성

백제 웅진기에는 먼저 한성기의 지방 묘제였던 석실묘(성정용 2011)[42]가, 후기에는 전실묘가 왕실의 능묘로 채택되었다. 그리고 사비기의 능묘는 계속해서 횡혈식석실묘가 이용되었다. 일반적으로 웅진기 전기에 사용된 횡혈식석실묘는 송산리식, 사비기의 횡혈식석실묘는

42) 서울 서초구 우면산에서 백제의 횡혈식석실이 발견되었고, 적석총인 석촌동 4호분의 매장주체가 횡혈식석실일 가능성이 제시되어 있다(조가영 2013). 그러나 우면산의 석실은 그것에 이어서 축조된 것이 신라 석실이어서 고구려의 한성 점령기 재지 백제인의 무덤일 가능성을 고려해야 한다. 한성기의 석실이라 하더라도 중앙 왕족의 능묘로 보기보다는 주변 귀족집단의 것으로 보는 것이 합리적이다. 석촌동 4호분은 고력묘자 11호 등 석축의 연도를 가진 목실묘도 고려하여야 한다(김용성 2005). 따라서 백제 한성기 중앙 왕족 능묘가 횡혈식석실을 채용했다는 증좌로는 아직 문제가 된다.

능산리식으로 나뉘어 불리고 있으며 그 구조가 분명하게 구분되고 있다. 다만 장법에서는 지속적으로 주축평행장[43]이고 목관장이 유지되었다〈표 6〉.

송산리식은 할석으로 쌓은 평면 방형이나 장방형 현실 남쪽의 우측에 연도를 붙이고, 궁륭천장을 덮은 것이다. 현실의 안에는 하나 혹은 두 사람분의 관대가 마련되어 있어 부부합장을 의식한 것이다. 이 석실은 한성기 지방의 것과 같이 묘광을 깊이 파고 축조한 지하식이다. 이러한 석실의 사용 직후 백제의 능묘로 사용된 것이 무령왕릉과 송산리 6호에서 나타나는 전실묘이다. 이 전실묘 역시 깊이 판 묘광에 축조된 지하식이나 현실의 평면은 장방형이고, 중앙 남쪽으로 연도를 단 특징이 있다. 이 전실묘는 중국 남조의 묘제와 너무 닮아 그것이 그대로 이식되었음을 보여준다.

능산리식의 석실은 묘광을 파고 축조된 지하식이고 입지 또한 유사하다. 고구려의 영향으로 생각되는 매끈하게 잘 다듬은 판석을 사용하여 축조하기도 하고 정제된 할석으로 축조한 것으로 평면 장방형의 현실 남쪽 중앙에 긴 연도와 묘도를 달아낸 구조이다. 바닥에는 넓적한 돌을 깔고 판석으로 된 관대를 마련하였다. 따라서 축재를 바꿨을 뿐 웅진기 전실묘의 평면 구조를 닮고 있어 이를 이어받아 축조한 것으로 볼 수 있다. 천장은 전실묘에서 이어지는 터널형도 있으나 집지붕 모양을 한 제형 혹은 평천장도 있는데, 터널형(형성기)에서 나머지 형태(전형기)로 진행되는 것으로 보인다.

이렇게 백제의 능묘는 도읍지의 변천에 따라 계기적으로 묘제가 변화하는 양상을 잘 보여준다. 즉 한성기의 기단식적석총, 웅진기의 송산리식 석실과 전실묘, 사비기의 능산리식 석실의 형성기와 전형기 변천 과정이 아주 명확하다. 즉 백제의 능묘는 5세기 중엽까지 적석총, 5세기 후엽과 6세기 초 송산리식 횡혈식석실, 6세기 전반 무령왕대에 한하여 전실묘, 6세기 후반 이후 능산리식 횡혈식석실이 묘제로 채택되었다. 이 가운데 송산리식 석실은 한성기의 지방 묘제를 수용하여 정형화시킨 것으로 볼 수 있고, 전실묘는 중국 남조 묘제의 이식, 능산리식 석실은 전실묘를 기반으로 하여 축재를 바꿔 백제에서 창출한 것으로 볼 수 있다.

43) 횡혈식석실은 대부분 능선의 주축 방향을 따라 아래에 연도를 두어 묘향과 연도 방향이 유사하나, 능선의 주축과 엇갈린 방향으로 연도를 설치하는 경우가 신라에서 발견된다. 그리고 묘향과 연도의 방향이 같더라도 현실 내부에 그 방향과 엇갈리게 횡으로 시상대를 설치하는 것이 많이 있다. 묘향과 연도의 방향이 같고, 관대나 시상대가 이 방향과 평행하게 설치된 것을 주축평행장(主軸平行葬), 그러하지 않은 것을 주축교차장(主軸交叉葬)이라고 부르도록 한다.

표 6. 백제 능묘의 변천

<table>
<tr><th colspan="2">묘 제</th><th>능 묘</th><th>신라</th></tr>
<tr><td colspan="2">기단적석총
(한성기)</td><td>
석촌동4호분</td><td rowspan="2">적석목곽묘 단계</td></tr>
<tr><td colspan="2">송산리식석실
(웅진 전기)</td><td>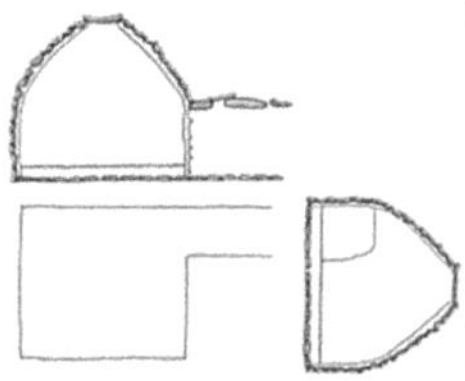
송산리 4호분
송산리 5호분
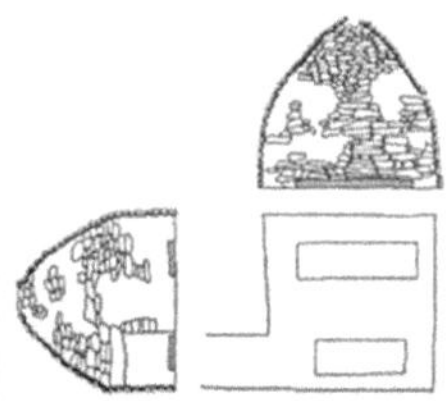</td></tr>
<tr><td colspan="2">전실묘
(웅진 후기)</td><td>무령왕릉
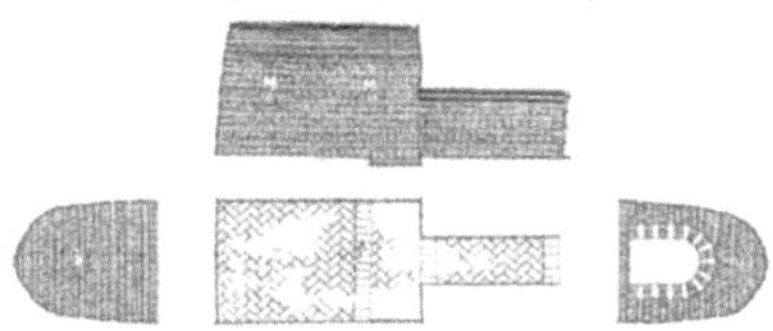</td><td rowspan="3">석실묘 단계</td></tr>
<tr><td rowspan="2">능산리식석실</td><td>형성기
(사비초)</td><td>중하총
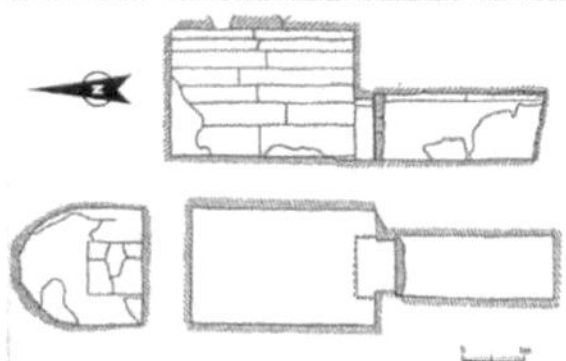</td></tr>
<tr><td>전형기
(사비기)</td><td>동하총
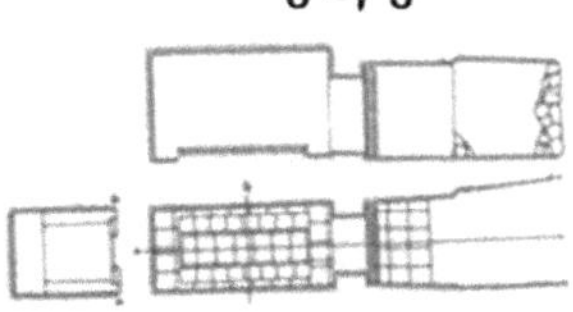
서하총
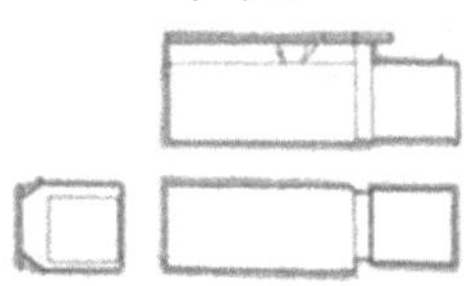</td></tr>
</table>

이러한 백제 능묘 가운데 남천 이후의 것을 신라의 능묘와 비교해 특성을 찾아보자. 신라의 왕릉이나 그에 버금가는 등급의 능묘가 발굴되지 않아 불분명한 점이 있지만 지금까지 조사된 고분과 비교하면 백제 능묘의 특성은 지하식의 구조, 봉분이 현저하지 않은 점, 전실묘가 사용된 점, 가형 목관을 사용한 목관장, 좌북조남의 능묘 방향, 주축평행장이 전체적인 특징이고, 능산리식의 경우 장방형 평면에 중앙연도식, 잘 다듬은 장대석이나 판석을 사용한 축재, 집지붕 모양의 천장 구조로 볼 수 있다. 그리고 송산리 6호와 능산리 동하총에서 나타나는 사신도 벽화 역시 신라 영역에서는 아직 보이지 않고 있다.

백제 능묘가 완전한 지하식으로 축조되었고 현저하지 않은 봉분을 가졌음은 개별 능묘의 표식을 중시한 것이 아니라 전체 능원으로 선조의 능역을 표시하는 공동체적인 성격에서 기인한 것으로 보인다. 송산리 동측의 능묘가 봉분이 분명치 않음이 그러한 연유일 것이다. 무령왕릉 이후 개별적인 능묘의 봉분이 분명하게 표현되고 있지만 같은 시기 신라의 것과 비교하면 더 작은 것도 그러한 연유로 보인다. 또한 완전한 지하식으로 묘실을 축조하고 높은 봉분을 올리지 않은 것은 중국 남조 묘제의 수용에서 온 것일 가능성이 크다. 남조의 묘제 역시 무덤이 입지할 지점의 산세가 높으면 봉분을 올리지 않았고, 지세가 낮을 때 봉분을 올린 것(권오영2005: 133)이 확인되고, 묘는 완전한 지하식으로 축조되기 때문이다. 이는 나중에 설명할 가족묘지 전체를 중시하고 개별 능묘의 표식에는 힘을 쏟지 않았기 때문일 터이다.

무령왕릉을 비롯한 전실묘는 신라에서는 전혀 발견되지 않고 있다. 이 전실묘는 남조 양나라의 묘제가 이식된 것으로 지금까지 많은 연구가 있었기 때문에 여기에서 다시 언급할 필요가 없을 것이다. 이 전실묘가 축조되기 시작한 전후 무렵에 신라의 능묘는 적석목곽묘에서 석실묘로 변천하는 것으로 보인다.

백제에서 창출된 것으로 보이는 능산리식 횡혈식석실은 백제 고유의 묘제이다. 이 석실은 장방형이라는 평면 구조, 연도를 중앙 남쪽으로 내는 방식이 앞 시기 전실묘와 똑같다. 그리고 본격적인 집지붕 모양 천장 구조를 가지기 전에 과도기로 나타나는 터널형 천장 구조의 능산리 중하총으로 보아 이것이 축재만 바꿨을 뿐 무령왕릉의 구조를 본받아 축조된 것을 알 수 있다. 이 중하총에 사용된 석재가 판석이 아닌 장대석임도 그러한 연유로 보인다. 따라서 이것은 형성기의 능산리식 석실로 규정할 수 있다. 다음에 출현하는 전형적인 능산리식 석실은 중하총의 형식에서 천장을 바꿔 집지붕 모양을 채택하였고, 축재도 판석을 이용하였다. 이는 중하총을 거치면서 백제가 그들 특유의 석실을 창출하였음을 알려주는 요소이다.

이 능산리식 횡혈식석실의 창출은 당시 국제 관계, 국내 정세 등과 연동되어 나타났을 가능성이 크다. 즉 석재의 채용 등에서 고구려의 영향의 가능성을 읽을 수 있는데, 성왕의 패사 이후 신라와 관계가 소원해지면서 고구려와는 좀 더 밀착되어 그 문화 요소가 유입되었다고 볼 수 있는 것이다.

어쨌든 이 석실은 가옥형이라는 점에서 특징이 있는데, 살아서의 집과 죽어서의 집이 같아야 한다는 사고의 표현일 것이다. 가옥형의 지하에 들어간 석실이 백제 왕족의 사후세계가 된 것이다. 물론 무덤 자체는 죽은 후의 집으로 꾸며진 것이지만 이전 천장은 현실 세계의 것과는 다른 모습이나 사비기의 가옥 모양 무덤은 현실 세계의 집과 똑같은 모습을 하는 것이다. 그리고 그 안에 들어간 목관 역시 쌍릉의 목관을 감안하면 무령왕릉에서 나타나는 가옥형 목관으로 추정할 수 있는데, 이 또한 사후의 집이라는 관념과 관련이 있을 것이다.

신라의 경우는 적석봉토분의 목곽 내부에 목관을 사용한 흔적이 찾아진다. 그러나 석실에서는 적석봉토분과 거의 동시기 것에서만 목관의 사용이 확인[44]될 뿐 이후 중앙에서도 석실을 채용한 단계에는 시상대를 설치하고 그 위에 석침, 견좌 등 시신을 바로 안치하는 시설이 나타나는 것으로 보아 목관 없이 직접 시신을 안치하는 풍습이 유행하였다. 다만 구정동방형분으로 보아 신라 하대에 이르러서 다시 가형 목관이 출현한다〈그림 6〉.

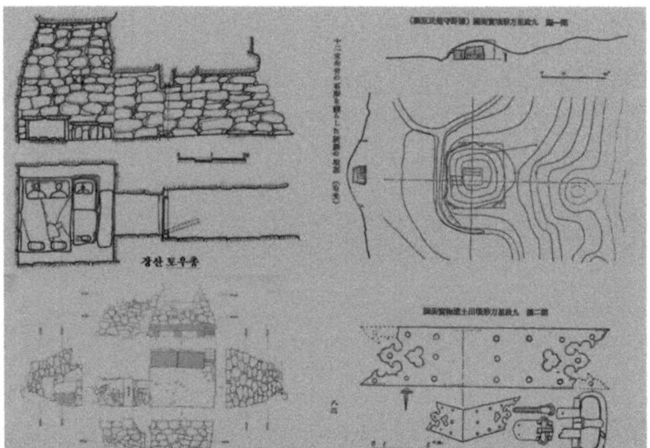

그림 6. 통일신라의 석실묘

능산리식 석실의 축재인 잘 다듬은 판석은 고구려의 석실에서는 예가 보이나 신라에서는 아직 발견되지 않고 있다. 신라의 석실은 대부분 할석을 사

44) 예컨대 달성 쌍계리의 석실, 의성 학미리 석실, 포항 대련리 석실의 목관 흔적 등이 그것이다. 이중 달성 쌍계리의 목관은 신라 하대의 구정동방형분과 함께 가형목관으로 복원된다(허일관 2012: 724).

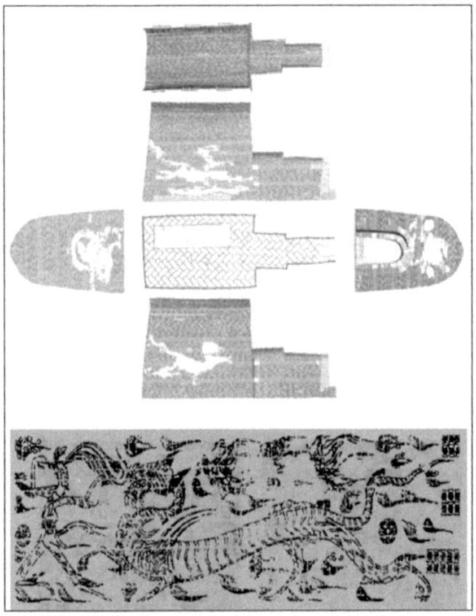

그림 7. 송산리 6호분과 단양 금가촌 백호도

용하여 축조하였고, 잘 다듬은 장대석을 사용한 경우도 신라 하대 구정동방형분에만 보이고, 그 이전에는 전혀 발견되지 않고 있다. 잘 다듬은 판석을 설계된 크기로 잘라 무덤을 축조하는 것은 규격화된 석실의 축조법이 존재했음을 알려주는 것이다. 이는 백제 능묘 축조자가 발달된 기술을 가진 숙련공이고, 전문적인 능묘 축조집단이 별개로 운영되고 있었음을 알려준다.

송산리와 능산리의 능묘는 모두 좌북조남의 방향으로 축조되었다. 이러한 방향성은 역시 남조의 풍습에서 유래한 것으로 보인다. 이는 또 백제 능묘가 풍수에 따른 지형에서 모두 남향 사면을 택해 축조된 입지와도 관련된 것이다.

신라의 경우는 산지에 축조된 석실묘는 방향의 선택보다는 능선의 지형적 조건이 중시되었고, 주축선에 엇갈리게 축조된 것도 있다. 또 현실 내부에 시신의 안치도 백제와 같은 주축평행장도 보이지만 많은 것이 주축교차장이다. 이러한 점들은 동향 또는 남향의 머리 방향이 고려된 것으로 보인다. 그리고 평지에 축조된 석실과 마립간기 적석봉토분의 경우는 대부분 머리 방향이 더 중시되었다.

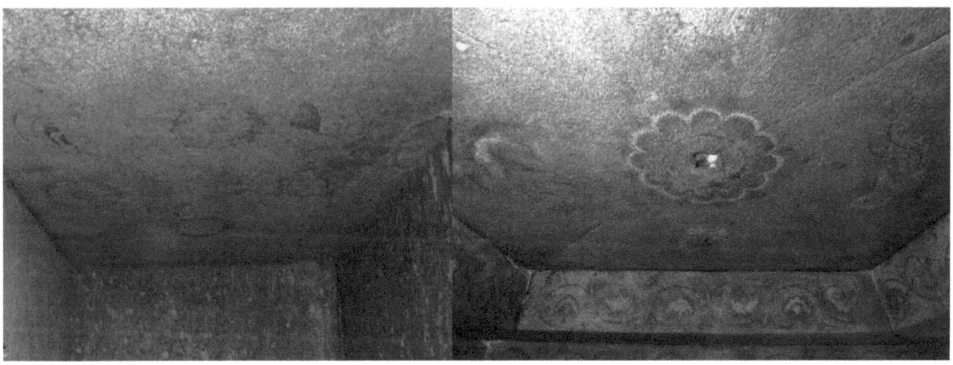

그림 8. 백제 동하총(좌)과 고구려 강서중묘(우)의 천장 벽화

또 하나의 특징은 벽화를 그린 능묘의 존재이다. 신라에서는 아직 중앙부에서 벽화고분이 발견되지 않고 먼 변경인 영주지역에서 고구려계의 벽화가 발견될 뿐이다. 송산리 6호분과 능산리 동하총에 그려진 사신도는 고구려와의 관련성이 지적되고 있으나 전자의 경우는 중국 남조의 영향(권오영 2005: 120·121)으로 보는 것이 합리적일 것이다.

남조에서는 벽화보다는 화상전(畵像磚)을 이어 그림의 주제를 나타내는 병감전화(拼嵌磚畵)가 유행하였는데, 백제의 사신도와 구도가 같은 백호도가 단양(丹陽) 금가촌(金家村)의 고분〈그림 7〉에서 확인되었다(韋正 2011: 298). 이에 비해 더 나중의 판석에 채색한 동하총의 벽화는 고구려 강서중묘 벽화를 닮아 고구려 계통임을 알려준다〈그림 8〉.

벽화가 발견된 송산리 6호와 능산리 동하총은 모두 배장분이라는 특징이 있다. 즉 전자는 무령왕릉의 배장분이고, 후자는 성왕릉(중하총)의 배장분이 된다. 따라서 이 벽화가 그려진 능묘는 당시 제의를 담당하는 등 특수한 성격을 가진 인물의 무덤으로 볼 수 있을 것이고, 동하총의 평천장이 훨씬 늦게 등장(이남석 1995: 258)하는 것이 아니라 제형의 천장과 동시기 아류의 형식으로 출현한 것을 알려준다. 특히 동하총과 중하총이 같이 바닥시설로 모전석이 사용되었음이 이 증좌이다. 이러한 순서로 보아야 익산 쌍릉의 천장이 제형인 것이 이해된다.

4. 능원의 변천과 특성

백제 능원의 특성 가운데 하나는 풍수지리를 고려하여 능원을 설치하였다는 점이다. 또 그 능원에 왕가만의 능묘를 군집시켜 배치하는 가족장제를 시행하여 왕가의 능원을 조성하였다는 점도 특징이다. 이러한 능원은 송산리와 능산리 능원 모두에 적용되었다. 그러나 말기에 이르러서는 단독 능원을 조성한 것이 무왕릉으로 볼 수 있는 익산 쌍릉에서 관찰된다.

송산리와 능산리에서 풍수지리설을 적용하고 가족장제를 택한 것은 중국 남조의 영향으로 보인다(권오영 2002: 133~137). 남조 고분의 중요한 특징으로 지적되는 것이 바로 풍수의 적용과 취족이장(聚族而葬)이라고 부르는 가족장제의 선택(羅宗眞 2001: 86)으로 알려져 있기 때문이다.

그림 9. 경주 서악동 왕릉군의 입지

풍수는 일반적으로 "배의산봉(背倚山峰), 면림평원(面臨平原)", 즉 분묘는 두 산이 둘러싼 산허리에 있어야 하고 앞으로 넓은 평원이 바라보이는 곳에 있어야 한다는 것(羅宗眞 2001: 95·96)으로 이해된다. 그리고 송산리와 능산리 능원이 모두 뒤에 주산을 두고 양쪽에 능선이 감싸있는 주산의 남사면에 능묘가 배치되었고, 전면에는 들판이 자리한 것이 관찰되는데, 이것이 풍수에 따라 선지된 것임은 오래전부터 논의되었다(강인구 1977: 21~25).

신라의 경우 풍수에 적합한 곳에 능묘를 배치한 것은 서악동 능원〈그림 9〉에서 처음 시작된 것으로 보인다. 뒤에 주산인 선도산의 남쪽 봉우리를 두고 좌우로 뻗는 능선의 사이 중앙 능선에 능묘를 배치한 모습은 바로 풍수를 염두에 둔 선지로 볼 수 있기 때문이다. 그러나 백제의 두 능원은 모두 방향도 좌북조남을 택해 중국 남조의 풍수 입지를 그대로 따랐으나 신라 서악동 능원은 방향이 좌서조동으로 다르다.

이는 서악동 능원의 경우 완벽한 풍수라고 보기 어렵게 하는데, 이 경우 방향을 의식하지 않고 지형만 고려했기 때문이 아닌가 한다. 즉 신라의 서악동 능원은 아직 그들이 생전에 살았던 왕경을 바라볼 수 있는 곳으로서 풍수의 지형에 적합한 곳을 찾아 왕릉을 조영한 것으로 볼 수 있을 것이다. 이는 서악동 능원이 적석봉토분 이래의 계세사상도 고려하여 선지된 것과도 통하는 것으로 보인다.

송산리와 능산리 능원은 왕가의 능원이라고 할 수 있다. 설정된 능원에 왕과 왕비, 그리고 그와 가까운 인물만 매장하였음은 철저한 가족장제이다. 다만 아직 송산리 능원에서는 왕과의 관계가 좀 먼 인물의 배장구가 확인되지 않으나 능산리에서는 그러한 배장구가 바로 전면 방향으로 좌측(동측)에서 발견되고 있어 다르다. 이러한 장제는 중국 남북조의 취족이장이라는 세가대족의 묘지에서 명확하게 나타나는 현상이다.

이 제도가 남북조에 유행하였음은 다음과 같은 사실에서 찾을 수 있다.

북위(北魏) 대동(大同) 방산(方山) 풍태후(馮太后)의 영고릉(永固陵)과 효문제(孝文帝)의 수릉 만년당(万年堂)(大同市博物館 外 1978)은 긴 능선의 남북에 열을 지어 분포한다. 또 남조의 경우 『건강실록(健康實錄)』 등의 기록에 의하면 대부분 가족장제를 시행하였음이 특징이다(羅宗眞 2001: 97). 또 동진대의 남경 노호산(老虎山) 안씨(顔氏)묘군(南京市文物保管委員會 1957), 상산(象山) 왕씨(王氏)묘군(南京市文物保管委員會 1965, 南京市博物館 1972), 여가산(呂家山) 이씨(李氏) 가족묘군(南京市博物館 2000)과 강소 의흥(宜興) 주씨(朱氏)묘군(羅宗眞 1957, 南京博物院 1977) 등의 예가 증명하듯 위진남북조시기 세가대족 역시 가족장을 많이 하였음이 분명하다.

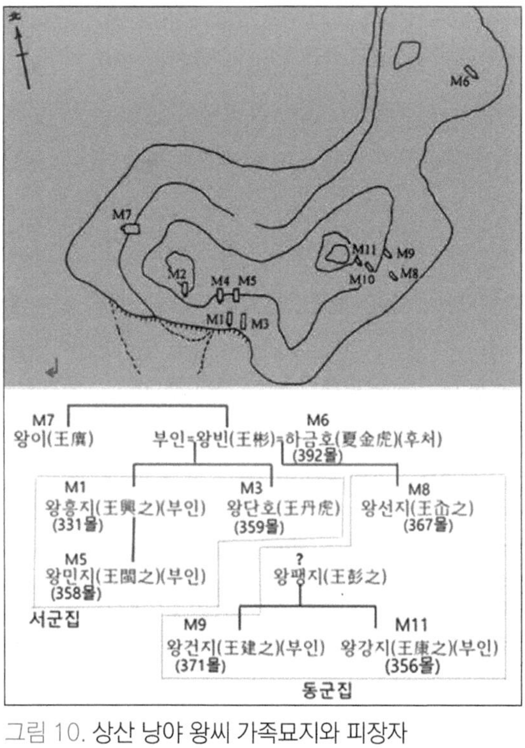

그림 10. 상산 낭야 왕씨 가족묘지와 피장자

이중 특히 상산 왕씨 가족묘군<그림 10>의 경우 백제 송산리와 능산리의 능묘 배치와 아주 유사하다. 이 묘군은 동진(東晋) 권문세가의 묘원으로 동서로 긴 능선에 자리하였다. 지금까지 발견된 11기의 묘는 모두 전실구조이고 장방형 단실 아치천장 무덤, 凸자형 단실 아치천장 무덤, 凸자형 단실 궁륭천장 무덤 3종류로 나뉜다. 2호묘가 후대에 속할 뿐 모두 동진(東晉) 시기에 축조되었다.

출토된 묘지에서 묘주를 알 수 있는 것은 모두 동진의 낭야(琅琊) 왕씨 왕빈(王彬)의 가계에 속하고, 그 가운데 1호 묘주는 왕빈의 아들 왕흥지(王興之)(341 몰)와 그의 부인, 3호 묘주는 왕빈의 장녀 왕단호(王丹虎)(359 몰)로 오누이의 묘가 나란하게 배치되었고, 5호 묘주는 왕흥지의 장자 왕민지(王閩之)(358 몰)로 묘주를 알 수 없는 5호묘와 함께 선대의 뒤에 배치되어 서쪽 군집을 이룬다. 6호 묘주는 왕빈의 후처 하금호(夏金虎)(392 몰)로 가장 동쪽에 단독으로 배치되었다. 8호 묘주는 하금호의 아들 왕선지(王仚之)(367 몰)로 따로 중앙군집의 제일 전면에 배치되었고, 9호 묘주는 왕빈의 손자 왕팽지(王彭之)의 장자 왕건지(王建之)(371 몰)와 그의 부인, 11호 묘주는 왕건지의 동생 왕강지(王康之)(356 몰)와 그의 부인으로 선대의 후면에 배치되어 군집을 이룬다. 7호묘에서는 묘지가 출토되지 않아 분명하지 않으나 이 묘의 규모가 가장 크고, 연도에 목문이 설치된 점 등 묘주는 왕빈의 형 평남장군(平南將軍) 형주자사(荊州刺史) 무릉후(武陵侯) 왕이(王廙)로 추정된다.

이렇게 각 묘는 장유존비(長幼尊卑)와 시간적 순서에 따라 앞뒤로 규율을 이루면서 상산 서록, 남록 서단, 동단과 동록 4개 지구에 분포하여 가족묘지에서 세계의 배분과 존비가 원칙인 장지 배열의 규칙이 있었음을 분명히 한다(張之恒 2009).

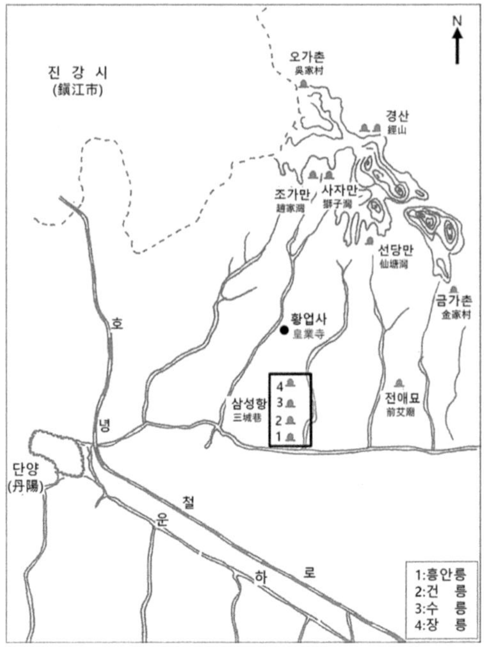

그림 11. 단양 부근의 능묘 배치(韋正 2011 개변)

남조의 황릉 가운데 단양(丹陽) 삼성항(三城巷)의 양(梁)의 황릉 군집에서도 이를 읽을 수 있다. 이 황릉구에는 남쪽에서부터

제(齊) 명제(明帝) 소란(蕭鸞)의 흥안릉(興安陵), 그 북으로 약 100m에 양 문제(文帝) 소순지(蕭顺之)의 건릉(建陵), 그 북쪽 약 300m에 양 무제(武帝) 소연(蕭衍)의 수릉(修陵)과 양 간문제(簡文帝) 소망(蕭綱)의 장릉(庄陵)의 순으로 석각이 배열되어 있다〈그림 11〉. 이 석각은 황릉의 신도 입구임을 가리키므로 각 석각 서편 가까이에 황릉의 능침이 존재함을 알려준다.

표 7. 양 황제의 계보와 황릉

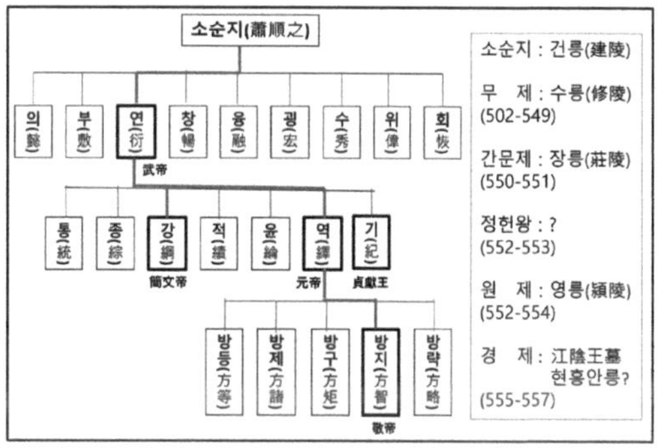

이 가운데 가장 남쪽의 흥안릉은 최근 중국학계에서 양 경제(敬帝) 소방지(蕭方智)의 능(韋正 2011; 291), 또는 소순지의 부친 소도사(蕭道賜) 부부의 능묘(王志高 2011: 316)로 다시 비정하고 있어 실제 이곳은 양의 황제 가족묘만 모여 있는 것이다. 즉 남에서부터 북으로 가며 횡으로 열을 지어 능묘가 배열된 것이다. 흥안릉이 경제의 능이라면 양의 정식 황제 가운데 원제(元帝)의 영릉(潁陵)을 제외하면 모두 이곳에 모여 있다〈표 7〉.

이러한 가족장제는 신라 서악동 능원에서도 관찰된다. 왕릉이나 왕비릉으로 추정되는 서악동 1~4호분은 종으로 일렬을 이루며 분포되었고, 공동의 배례공간이 마련되어 있다. 따라서 군집능원제라고 부를 수 있는 것으로 바로 가족장제의 성격으로 볼 수 있다. 그리고 능원의 전면 방향으로 좌측에 배장구가 따로 마련되어 있는 점에서 능산리의 능원과도 같다. 그러나 이 능묘들은 일렬로 분포하는 점, 왕릉만 군집시킨 것에 해당하여 횡으로 배열하고 배장 성격의 능묘를 함께 배치한 송산리나 능산리의 왕가 능원제와는 구별된다.

이러한 차이는 서악동의 지형적 조건과 관련된 것으로 볼 수도 있으나 다른 의미를 내포하고 있을 가능성도 있다. 서악동의 왕릉이 들어선 능선이 좁고 길게 뻗은 지형적 특징 때문에 풍수에 가장 적합한 이 능선에 왕릉만 군집시키고, 따로 그 좌측 능선에 배장구를 설정하여 능원을 조성한 것이 아닌가 한다.[45] 그러나 북위 방산(方山)의 영고릉과 만년당의 배치가 서악동의 배

45) 지형적인 요인으로 인하여 종렬로 배치된 권문세가의 가족묘지로는 진의 평서장군 주처(周處)와 그의 가족 묘원을 들 수 있다(김용성 2012b: 686).

치와 같고, 후술하는 낙양의 북위릉도 같은 원리이기 때문에 서악동 능원의 경우는 남조 영향이 아니라 북위 영향을 점쳐 볼 수도 있다.

대동 방산 북위 풍태후(490년 몰)의 영고릉과 효문제의 수릉 만년당(大同市博物館 外 1978)〈그림 12〉은 긴 능선의 남북에 열을 지어 분포한다. 여기서 긴 능선의 후면, 즉 만년당의 뒤편에는 넓은 공지가 마련되어 있어서 만약 효문제가 낙양으로 남천하지 않았다면 후대의 능이 이곳에 들어설 수 있는 여건을 가지고 있다. 이는 원래 이 능원의 기획 시 북위의 후대 황릉을 배치하고자 하였으나 효문제의 남천으로 중지된 것으로 볼 수 있게 된다.[46] 따라서 배장묘 없이 능만을 열을 지어 군집시킨 서악동 능원의 제도는 이 방산 능원에서 영향을 받았을 가능성이 크다.

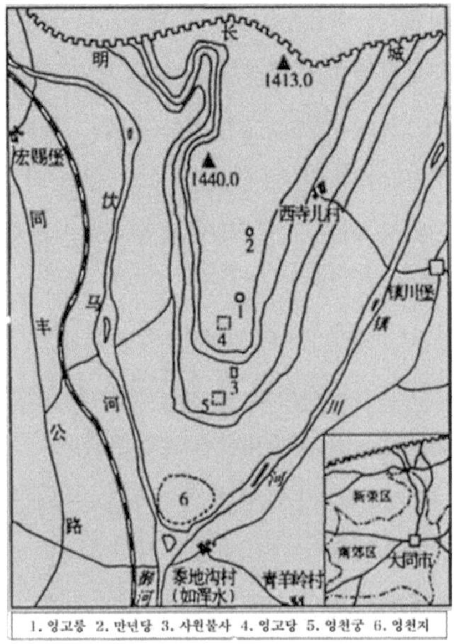

그림 12. 대동 방산 능원

결국 같은 위진남북조의 영향이 백제의 송산리와 능산리, 신라의 서악동 능원에서 찾을 수 있으나 백제의 것은 좀 더 남조의 성격에 가까워 그대로 이식된 것으로 볼 수 있고, 신라의 것은 북위의 요소가 강하게 작동되었고, 재래의 계세사상적인 요소가 백제보다 더 강하게 남아있다고 할 수 있을 것이다.

그림 13. 진평왕릉(전헌덕왕릉)의 입지(네이버 지도 개변)

46) 남천 후 북위의 황제릉은 수당 낙양성의 북서쪽 망산지구에 북에서 남으로 가면서 효문제의 장릉(長陵)(499), 선무제의 경릉(景陵)(515), 효장제의 정릉(靜陵)(530) 순으로 각각의 능전 석물을 가진 개별 능원으로 조성되었고, 그 배장분들이 각 황제릉의 후면과 좌측에 배치되는 특징이 있다. 따라서 아직 가족장제적인 특징이 남아있다고 할 수 있다.

그리고 송산리 능원과 능산리 능원에서 능묘의 배치에 있어서는 약간의 차이점을 발견할 수 있는데, 송산리에서는 배장묘를 왕릉의 전면에 배치하였으나 능산리에서는 후면에 배치한 점이 그것이다. 이 차이점은 신라 마립간기의 능묘 배치로 보아 송산리에는 아직 전대의 성격이 남아있었기 때문이 아닐까 한다.

이러한 가족장제의 왕가능원과 군집능원에서 벗어나 백제와 신라는 같이 단독능원제가 시행되었다. 백제의 무왕(641년 몰)의 능과 신라의 추정 진평왕(632년 몰)의 능(전헌덕왕릉)[47]〈그림 13〉이 그러하다. 양자는 모두 약간 먼 곳의 산지를 배경으로 하여 그 전면 평지나 야트막한 미고지에 능원이 형성되었고, 봉분이 우뚝하게 솟아 있는 공통점이 있다.

특히 무왕릉은 이제까지 발견된 백제 고분의 봉분 가운데는 가장 큰 것으로 그 직경이 30m에 달하고 있다. 진평왕릉으로 추정되는 전헌덕왕릉도 직경이 25m가 넘어 이전의 서악동능원 왕릉들보다는 작지만 이후 신라의 왕릉들보다는 훨씬 큰 특징을 가진다. 이들 단독능원제는 수와 당초의 영향으로 볼 수 있을 것이다.

유사한 시기에 살았던 신라 진평왕과 백제 무왕의 시기는 중국의 경우 당초에 해당한다. 중국의 능원제에서 당의 제도가 확립되어 정착되는 당 태종(649년 몰)의 소릉(昭陵)에 앞서서는 먼 산지를 배경으로 하여 평지에 봉분을 세우는 제도가 채택되었다.

그림 14. 수 문제 태릉(좌:구글 지도 개변)과 남쪽으로 조망되는 평원과 태백산(우상)

47) 진평왕릉을 현재의 진평왕릉으로 보더라도 마찬가지이다.

그림 15. 당 고조 헌릉의 입지(바이두)

예컨대 수(隋) 문제(文帝)(581~604)의 태릉(泰陵)(羅西章 1985)〈그림 14〉은 독립된 능원에 해당하며 위수(渭水)의 북안에 북산산지(北山山地)를 배경으로 한 관중평원(關中平原) 내의 삼치원(三畤原)에 방대형의 봉토를 축조한 것이고, 당(唐) 고조(高祖)(618~626)의 헌릉(獻陵)〈그림 15〉도 수의 제도를 이어 북산산맥의 전면인 역시 관중평원에 속하는 형산원(荊山原)이라는 평탄지에 독립된 능원을 가진 방대형 봉토분으로 조성되었다(來村多加史 2001: 156·157).

이후 당의 소릉(昭陵)부터 황제릉은 변화하여 산체를 능총으로 하는 인산위릉(因山爲陵)의 형식이 주류로 정착된다. 그러나 당의 능원제도가 정착된 후에도 일부의 능은 봉분으로 축조된 것이 있다(경종의 장릉·무종의 단릉·희종의 정릉). 수와 당초 이 제도는 남조의 황릉이나 세력가문의 가족묘제와는 아주 다른 모습으로 무왕릉인 쌍릉과 진평왕릉으로 추정할 수 있는 전헌덕왕릉과 너무도 유사하다.

한편 송산리의 능원에는 두 곳의 제의 시설이 존재하고, 능산리의 능원에 능사가 설치된 것도 백제 능원의 한 특징으로 잡을 수 있다.

잔존 상태가 불량하여 송산리 능원의 제의 시설 성격을 명확하게 할 수 없지만 특히 계단식 적석총형의 동북부 시설(D지구)은 단(壇) 종류의 제사 시설로 볼 수 있고, 남부의 시설(A지구)은 그 위치로 보아 여러 왕릉을 위한 공동의 배례와 관련된 시설물로 볼 수 있다.

이 가운데 전자는 중국 남조 종산(鍾山) 단류건축을 닮았다.[48] 다만 종산의 것은 커다란 석축의 계단식 기단 위에 네 개의 방대형 토축단을 배치한 것이나 능산리의 것은 하나만 배치되어 다를 뿐이다. 종산의 건축지는 도성의 북교단(北郊壇)으로 추정(南京市文物研究所等 2003)되고 있는데, 불교와 관련된 계단(戒壇)(張學鋒 2006)으로 보기도 한다. 백제의 이 시설은 조묘(祖廟) 성격의 묘단(廟壇) 시설로 볼 수도 있을 것이다.[49]

비교할 수 있는 것이 고구려의 전동명왕릉 능원이다. 전동명왕릉이 평양에 재건된 동명왕릉(강인구 2002: 139)인지 아니면 남천한 첫 왕인 장수왕의 능(조영현 2004)인지 명확하지 않지만, 만약 동명왕릉이라면 평양으로 천도한 후의 시조묘로 축조되어 무덤[墓]과 사당[廟]의 성격을 겸한 것으로 볼 수 있고, 장수왕릉이라 하더라도 그러한 성격을 가진 것으로 볼 수 있다. 앞의 정릉사가 마치 종묘와 사찰을 합한 배치 형태로 보이는 것이 이를 증명한다.[50]

정릉사〈그림 16〉는 5개의 구역으로 나누어졌는데, 그 중심은 제1구역과 제2구역이다. 이 두 개의 구역은 회랑으로 둘러싼 각각 하나의 원락을 이루고 있다.

제1구역은 전면 중앙에 팔각형의 탑이 자리하고, 그 좌우에 곁채(2호와 3호 건물지)가 배치되었다. 이를 회랑으로 구분한 후면의 공간에는 금당으로 추정되는 3기의 건물지(5·6·7호)가 나란하게 배열되었다. 따라서 이 원락은 사찰의 구조라고 할 수 있다.

이에 비하여 그 좌측에 배치된 제2구역 원락은 정원인 빈 전면 공간과 건물이 배치된 후면 공간을 회랑으로 구분하고, 후면 공간 뒤에 비교적 큰 건물(1호 건물지)을 배치하였다. 이 건

---

48) 송산리의 이 축조물은 3단의 계단 위에 원형의 토축부가 있는 것으로 추정(조유전 1991: 58)되었으나 제1단 상면 너비(1.8m)보다 제2단 상면 너비(2.24m)가 넓은 점으로 보아 제2단까지가 계단식 기단이고 그 위에 둘레를 호석식으로 돌아가며 석축한 방대형의 토축부를 축조한 것으로 볼 수 있고, 토축부에서 묘(墓)와 관련된 시설이 전혀 발견되지 않은 점에서 단류의 축조물로 볼 수 있다.

49) 백제의 시조묘가 한성에 있었을 것이기에 남천 후 실지한 곳에 있는 시조묘에 제사를 시행할 수 없어 이곳에 시조묘를 재건했을 가능성이 있다. 『삼국사기』 잡지 제사조에는 "온조왕 20년 2월에 단 (壇)을 베풀고 천지에 제사하였다."라고 하였고, 시조 동명묘(東明廟)에 여러 왕이 배알한 기사가 있다. 남천 후의 기사는 보이지 않으나 그러한 의례가 지속되었을 것으로 보인다. 또한 『삼국사기』에는 동성왕 11년에 "동 시월 단을 베풀고 천지에 제사하였다."라고 하였는데, 이와 관련된 것(서정석 1995: 54)으로 볼 수 있다.

50) 『삼국사기』 잡지 제사조에 의하면 고구려가 남천한 이후 안장왕, 평원왕, 영류왕 때에도 졸본의 시조묘에 제사하는 등으로 보아 장수왕릉설이 더 타당한 것이 아닌가 한다. 전동명왕릉의 동북에 배치된 고분들을 배장분으로 보면 장수왕릉의 가능성은 더욱 커진다. 그러하더라도 장수왕은 남천한 첫 왕으로서 중시조적인 성격을 가지고 있다.

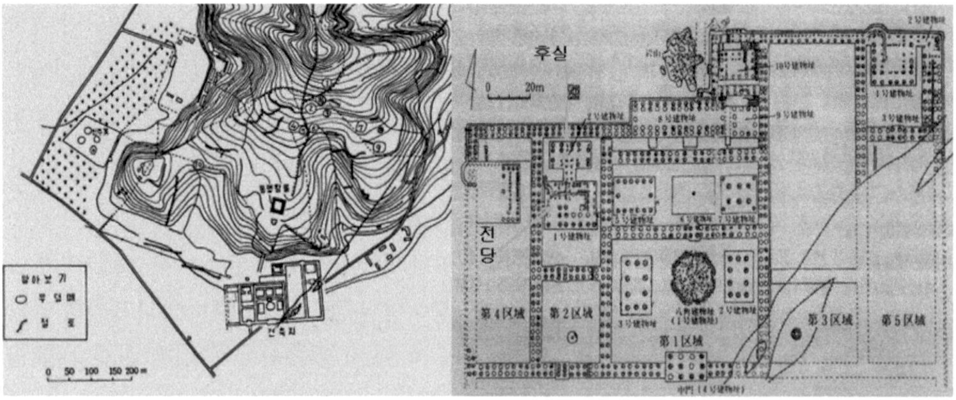

그림 16. 전동명왕릉과 정릉사(東潮 2011 개변)

물은 앞에는 방형에 가까운 큰 건물을, 뒤에는 장방형의 좀 작은 건물을 배치했으며 이를 회랑으로 연결하여 통하도록 하였다.

이러한 건물 배치는 종묘로 알려진 중국 섬서(陝西) 기산(岐山) 봉추(鳳雛) 서주(西周) 갑조(甲組) 건축(楊鴻勛 2009: 90)을 꼭 빼닮았다. 봉추 갑조 건축〈그림 17〉은 이과식(二顆式) 사합원(四合院)으로 불리며 전면 건물은 전당, 후면 건물은 후실로 여겨지고 있어 의례용 건축의 전형으로 인식되고 있다.

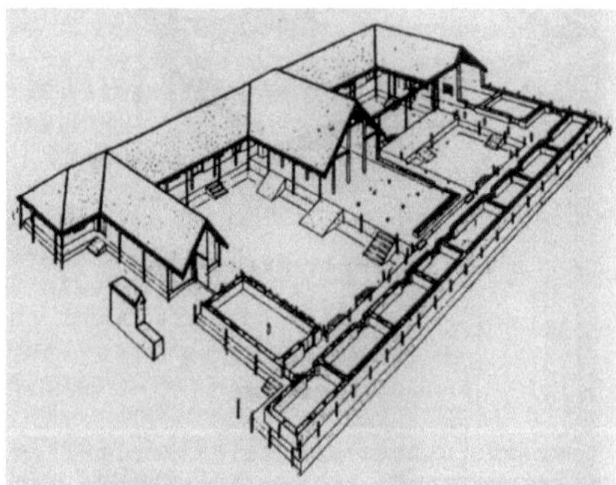

그림 17. 봉추 서주 갑조 건축

따라서 정릉사는 실제 동측의 사찰과 서측 의 사묘를 결합한 건물 배치로 후술하는 북위 방산의 영고릉 전면의 사묘(영고당)와 사찰(사원불사)이 합쳐진 것으로 볼 수 있다.

이 정릉사의 사묘로 보아 송산리의 D지구 단류 건축은 조상에 대한 제사와 관련된 불교적인 시설물(임영진 2013: 155)로 볼 수도 있으나 그 형태와 능묘들 상면에 위치, 능원 전면에 배치된 공동배례시설물(A지구)의 존재 등을 고려하면 다른 성격의 의례 건축으로 볼 수도 있다. 신라의 능원에서는 아직 이러한 단류의 시설이 발견되지 않았다.

능산리 능원에는 전면 방향으로 우측에 능사가 축조되어 제의를 담당하고 왕의 명복을 빈 것이 확인된다.[51] 서악동 능원에도 같은 방향에 애공사 혹은 영경사로 불리던 사찰이 존재하여 아주 유사한 양상을 보여준다.

이렇게 능원에 사찰을 조영하여 선조의 명복을 빌고 제의를 담당하게 한 능원제도는 북위 방산의 능원에서 가장 먼저 시행되었다. 그리고 앞서 설명한 고구려의 정릉사도 전동명왕릉 전면에 배치되어 같은 역할을 한 것이 관찰된다.

방산 능원은 앞에서 설명한 영고릉과 만년당으로 구성된 능침의 전면에 사묘(祠廟)인 영고당(永固堂), 사원불사(思遠佛寺), 재당(齋堂)인 영천궁(靈泉宮)을 결합시켜 후대 능구에 불교건축 축조의 시원이 되었다. 이는 풍태후가 한족의 제도와 선비의 제도를 결합시켜 새로운 능침제도를 창조한 사건으로 인식되고 있다(張之恒 2009: 455).

이러한 사실은 성왕의 사후 백제가 신라와의 관계가 소원해지고 고구려와 좀 더 밀착되면서 고구려로 유입되었던 북위적 문화 요소가 백제로 들어온 결과로 보인다. 즉 신라의 서악동 능원과 같이 사찰만 따로 떼어 능원의 우측에 배치한 것으로 볼 수 있고, 사묘는 고려되지 않은 대신 후술하는 배례공간이 설치된 것으로 볼 수 있다.

능산리 능원의 군집된 능묘 하단인 전면에는 배례공간으로 볼 수 있는 평평한 공지가 마련되어 있다. 이는 송산리 능원의 전면에 배치된 제의 시설과 같은 성격으로 보인다. 이렇게 전체 능원의 능묘를 대상으로 한 배례공간은 서악동의 네 왕릉급 고분 전면에도 존재한다.

이는 신라나 백제나 능침의 전면에는 헌전(獻殿) 등의 제사를 위한 건축물을 세우지 않고 공간만 마련하여 능묘에 대해 노천제의를 시행했음을 보여주는 것으로 중국의 제도와는 다른 현상이라고 할 수 있다. 그리고 이 제사는 서악동 능원과 같이 개별 왕을 위한 제사가 아니라 능원 내 전체 능묘에 대한 제사라는 점에서도 특징이 있다.

---

51) 능산리사지는 유교식 오제제사를 위한 건물로 축조되었다가 성왕을 추복하는 기능의 불교사원으로 변화했다(이장웅 2010: 52)는 점에서 보면 고구려 정릉사와 유사한 성격이 된다. 또 신라의 경우 애공사나 영경사의 구조를 알 수 없으나 중대 황복사탑 사리함의 '종묘성령선원가람(宗廟聖靈禪院伽藍)'이란 표현도 사묘와 사찰 또는 사묘와 불탑의 결합으로 볼 수 있다.

문을 닫으면서

신라의 왕릉은 봉분의 외표시설을 기준으로 하고 여기에 능원에 설치된 시설, 입지 등에 의한 분류를 통하여 그 변천을 살필 수 있고, 봉분의 크기도 단락을 지으며 축소된다. 그 가운데 봉분의 외표시설이 신라 왕릉의 변천을 살피는데 가장 민감하여 그 기준이 된다.

신라 왕릉은 지금까지 비정된 것 가운데 비교적 안정적으로 인정되는 무열왕릉을 포함한 서악동 왕릉군과 선덕여왕릉·신문왕릉(전진평왕릉)·효소왕릉(전신문왕릉)·흥덕왕릉·괘릉(원성왕릉)에 대한 앞의 분류형식이 변화하는 양상에서 그 대략적인 변천 양상을 찾을 수 있다. 여기에 더하여 조사된 전헌강왕릉·전민애왕릉 등과 용강동고분·황성동석실묘·전신덕왕릉·구정동방형분 등의 고고학 자료에 대한 지금까지의 편년을 통해 분류한 각 형식의 변천상을 읽어낼 수 있다.

신라 왕릉의 변천에서 가장 민감하게 작동되는 호석은 마립간기에 천석을 사용하여 돌담식으로 호석을 마련하던 것(무부석천석담장형)에서 서악동고분군과 같이 괴석으로 호석을 쌓은 것(무부석괴석담장형), 여기에 부석(扶石)을 기댄 무열왕릉과 같은 것(유부석괴석담장형), 지대석을 놓고 치석한 블록형의 장대석으로 호석을 쌓은 전헌강왕릉과 같은 것(무부석치석담장형)과 여기에 부석을 기댄 전신문왕릉과 같은 것(유부석치석담장형), 흥덕왕릉과 같이 지대석 위에 면석과 탱석으로 구성된 호석을 축조하고 갑석을 얹었으며 난간을 마련한 것(판석면석형), 이를 변화시켜 면석을 정연하게 치석한 장대석으로 바꾼 구정동방형분(치석면석형) 순으로 변천하였음을 알 수 있다.

이를 기준으로 하여 능원을 7개의 형식으로 나눌 수 있다. 능원의 형식은 배례공간의 존재가 희미하며 능묘가 군집하는 마립간기의 형식(Ⅰ형식), 공동 배례공간을 가진 왕릉군집형인 중고기 전기의 형식(Ⅱ형식), 독립된 능에 배례공간만을 가지는 중고기 후기의 형식(Ⅲ형식), 거기에 상석이 등장하는 중대의 형식(Ⅵ형식), 더하여 석사자와 석인 등 능원시설이 완비되는 하대 전기의 형식(Ⅴ형식), 상석과 배례공간만 남고 능원시설이 생략되는 하대 중기의 형식(Ⅵ형식), 상석마저 소멸하고 배례공간만 남는 진성여왕 이전 하대 후기의 형식(Ⅶ형식)으로 나눌 수 있다.

한편 십이지신장상을 가진 신라의 능묘는 그것이 가진 몇 가지 속성, 즉 복식, 십이지신장상의 두향, 조각 수법, 화면의 비례 등에 의해서 적어도 두 계열의 축조집단이 상정된다. 이 축조집단은 시기에 따라 변천하고, 서로 영향을 준 것으로 판단할 수 있고, 최종적으로는 무복의 상, 장방형에 가까운 화폭의 화풍, 곡면각의 조각 수법 집단이 십이지신장상을 새기고 그 능묘를 축조하였다.

봉분 외표시설의 형식, 즉 호석과 그 부대시설의 구성, 호석의 단면 형태, 호석에 배치된 십이지신장상을 가진 탱석의 배열, 그 탱석의 화폭 비례 등과 십이지신장상 두향 등은 시기에 따라 변천하는 요소로 볼 수 있고, 이에 대한 형식 분류는 능원 시설에 의한 신라 왕릉의 변천 과정과 순조롭게 연결됨으로 십이지신장상을 가진 신라 능묘의 변천 과정을 지적해 준다.

변천 과정의 추출 결과 십이지신장상을 가진 신라 능묘는 성덕왕릉→원성왕릉→흥덕왕릉→전헌덕왕릉→전경덕왕릉→전김유신묘→전진덕여왕릉→구정동방형분의 순서가 도출된다. 이는 전성덕왕릉은 8세기 후반 이후에 능원이 완성된 성덕왕릉이고, 전경덕왕릉·전김유신묘·전진덕여왕릉·구정동방형분이 왕릉이라면 흥덕왕 이후, 즉 희강왕(836~838)부터가 주인공으로 비정될 수 있음을 뜻한다. 또한 전헌덕왕릉은 흥덕왕 무렵에 개축되어 현재의 호석 모습을 갖춘 것으로 볼 수 있다.

이 호석과 능원의 변천과정, 십이지신장상 호석 능묘의 변화, 그리고 약간이나마 남아있는 기록을 통해 신라의 왕릉은 마립간기의 대능원지구 대형분, 중고기 초기의 서악동왕릉군, 중고기 후기의 선덕여왕릉, 중대의 무열왕릉·신문왕릉·효소왕릉·성덕왕릉, 하대 전기의 왕릉으로 원성왕릉(괘릉)과 흥덕왕릉, 하대 중기 이후의 왕릉으로 전경덕왕릉(희강왕릉?)·전김유신묘(신무왕릉?)·전진덕여왕릉(문성왕릉?)·구정동방형분(경문왕릉?)을 비정할 수 있다. 이외 전헌덕왕릉을 중고기의 진평왕릉이 흥덕왕 무렵에 개축된 것으로 볼 여지가 있다. 또 성덕왕릉이 혜공왕대에 개축되어 현재 모습을 갖추었다면 그 연장선상에서 전효소왕릉을 미완성 경덕왕릉으로 볼 여지가 있다.

이러한 결과는 일부 조사된 왕릉과 고분이 자료로 사용되었으나 대부분은 엉성한 문헌과 현재 남아있는 왕릉의 외관에 의해 분석된 것이다. 따라서 과도한 추정도 많았을 것이고, 왕릉에 대한 본격적인 조사가 시행되면 고쳐질 부분이 많을 것이다. 한편 현재 신라 왕릉 연구에서는 능원의 관점에서 중국 능묘의 능원 제도와의 관계에 대한 검토가 필요하고, 능원 형식의 변천이 담고 있는 의미의 파악도 필요하다.

신라의 능원은 배례공간이 성립되지 않은 마립간릉형, 복수 왕릉에 대한 배례공간이 성립된 법흥왕릉형, 단독능원으로 배례공간이 있는 선덕여왕릉형, 능전에 상석이 배치되는 무열왕릉형, 상석 외에 석사자, 관검석인, 호인상 등의 석상과 화표석이 배치된 완성형의 흥덕왕릉형, 상석만 남고 다른 능원시설이 생략되는 전경덕왕릉형, 상석도 소멸되는 구정동방형분형으로 변천한 것이 확인된다. 이중 마립간기의 마립간릉형을 시원기, 중고기의 법흥왕릉형과 선덕여왕릉형을 형성기, 중대의 무열왕릉형을 발전기, 하대 전기의 흥덕왕릉형을 전성기, 하대 중후기의 전경덕왕릉형과 구정동방형분형을 쇠퇴기로 구분하여 살필 수 있다.

이러한 왕릉과 능원은 지속적으로 외래요소가 개입되면서 재창출되어 변화한 것이 확인된다. 먼저 능원 형성기인 중고기 전기인 법흥왕릉형에는 남조와 북위의 요소인 가족장제, 풍수, 사찰의 등장을 찾을 수 있다. 중고기 후기인 선덕여왕릉형에서는 수와 당의 초기 능원제도의 영향을 읽을 수 있다.

발전기인 중대 무열왕릉형에서는 당 태종의 소릉과 고종과 무측천의 건릉에서 완성된 제도의 영향을 읽을 수 있고, 좀 더 후기 효소왕릉(전신문왕릉)에서는 불탑을 모방하기 시작한 현상이 보인다.

하대의 전기이며 전성기의 능원인 흥덕왕릉형은 신라의 완성된 능원 형식이다. 이 능원은 당 현종의 태릉 이후 당의 제도를 모방하였으나 앞 시기 왕릉을 불탑으로 꾸미려는 의도를 완벽하게 실현하여 인도의 불탑을 모방한 신라 왕릉의 특수한 형식이 완성되었다. 능전의 시설은 당의 석물 배치를 모방하였으나 신라만의 독특한 형식을 창출하여 이루어졌다. 하대의 중후기인 쇠퇴기의 전경덕왕릉형과 구정동방형분형에서는 다시 역으로 능원 시설이 생략되고, 이전 능 앞의 석물이 호석에 부조되는 등으로 변화하였다.

백제의 능묘와 능원의 연구에서 문제점은 도굴이 쉬운 백제 묘제의 성격 때문에, 그리고 멸망 후 제대로 된 관리가 이루어지지 않았기 때문에 우리가 살필 수 있는 한계가 크다는 것이다. 다만 무령왕릉이 제대로 남아있어서 그 단초를 이해할 수 있고, 비록 도굴되고 파괴되었으나 대부분 능묘의 내부가 조사되어 그 묘제라도 알 수 있다는 점은 역설적으로 이점이 된다.

백제 능묘는 적석총이 능묘로 채택되던 한성기를 지나 금강유역으로 천도 후 송산리식의 횡혈식석실묘→남조식의 전실묘→능산리식의 횡혈식석실묘로 변천하였다. 송산리식 횡혈식석실묘는 한성기 지방 묘제를 수용하여 정형화한 것이고, 능산리식 횡혈식석실묘는 전 시기 전실묘를 본뜬 과도기를 거쳐 형성되었다. 이 변화에서 가장 눈에 띄는 것이 천장 구조의 변화이다.

천장은 궁륭천장(송산리식)→터널천장(전실묘와 능산리식 과도기)→집지붕천장(능산리식으로 제형·삼각형·평천장 세 아류의 형식)으로 변천했다. 이러한 변천 과정에서 가장 특징적인 것은 능산리식 횡혈식석실로 이는 백제에서 창출된 특수한 형식이다. 이 형식의 축재 또한 신라 영역에서는 보이지 않는 것이다.

또 이 송산리와 능산리 능묘에는 각각 사신도를 그린 벽화가 등장하였다. 이 벽화는 전자는 전실묘와 함께 남조에서 유입된 것이고, 후자는 고구려의 영향이고, 일정한 시기인 송산리 후기와 능산리 초기에 특수한 신분 인물의 무덤에 그려진 것이다.

백제의 능묘는 봉분을 중시하지 않아 처음에는 봉분이 현저하지 않았다. 그러나 전실묘가 축조되는 무령왕릉에 이르러 봉분이 무덤의 표지로 드러나기 시작하여 능산리로 이어져 지속되나 그 크기는 신라에 비해 작았다. 이는 개별 능묘를 과시하여 표지하고자 하는 의도보다는 능원의 영역을 중시하는 가족공동체적인 성격이 강화된 것이고 역시 남조의 영향으로 볼 수 있다.

백제 능원의 특성은 먼저 백제가 남천한 후의 왕가의 능원에서 단독의 독립능원으로 변천한다. 전자는 송산리와 능산리의 능원이고, 후자는 익산의 쌍릉이다. 전자는 완벽한 풍수지리와 함께 남조의 영향으로 볼 수 있고, 후자는 중국이 재통일된 수와 당초의 능원제 영향이다.

왕가의 능원에는 왕릉만 존재하는 것이 아니고 그와 관련 있는 인물을 배장한 특징이 있다. 그리고 능산리 능원에서는 좀 더 거리가 먼 왕족이나 최고 귀족을 위한 배장구가 따로 마련되어 있었다. 이러한 제도는 백제 능원이 비록 남조의 영향을 받았으나 백제만의 고유한 특성도 가지고 있었음을 의미한다.

능원에는 제의시설이 존재했다. 송산리 능원에는 제단이 설치되어 있었는데, 이는 시조묘적인 성격을 가진 것으로 보인다. 이 제단의 형식은 남조의 영향으로 볼 수 있으나 능원의 내부에 이를 설치하여 명확한 성격을 드러낸 것은 백제만의 고유한 특징이다. 또한 능원의 전면에는 전체 능묘에 대한 제의를 위해 석축의 시설이 마련되어 있다. 이를 이은 능산리 능원에는 전체 능묘에 대해 제의를 시행할 수 있는 노천의 제의 공간이 마련되었고, 이 제의를 담당하면서 선왕에 대한 명복을 빌기 위한 능사가 설치되었다.

이러한 배치나 구조는 신라의 서악동 능원과 아주 유사하다. 능사가 설치되는 제도는 북위에서 고구려로, 다시 백제와 신라로 유입된 것으로 보이고, 백제와 신라는 이 제도를 수용하였으나 노천제사 등 나름대로 전통적인 방식에 융합시켰다.

덧붙인 글

당 황릉을 보고

신라의 왕릉과 능원

덧붙인 글 – 당 황릉을 보고

1. 들어가며

우리나라에 능전석물(陵前石物) 등의 시설이 들어선 본격적인 개별 능원이 마련된 것은 신라가 통일한 이후이다. 즉 신라의 태종무열왕릉에서 능전석물이 출현하고, 이것이 신라 중대 동안 정비되고 하대에 이르러 정형화된 신라왕릉과 능원의 모습을 갖추게 되었다. 이러한 신라 왕릉과 능원의 정형화에는 중국의 황릉 제도가 영향을 크게 미쳤다고 짐작되는데, 그 관련성을 찾기 위해서는 중국의 황릉에 대한 관찰과 이해가 필수적이라고 할 수 있다.

이런 관점에서 필자는 신라의 왕릉과 능원의 형성에 비교적 많은 영향을 주었을 수(隋)와 당(唐)의 황릉 전체를 답사해 보고픈 마음뿐 그 기회는 없었다. 그러다가 2018년 여름 서안(西安)에 있는 수당의 황릉 대부분을 실견할 수 있게 되었다. 모든 황릉에 대한 본격적인 조사는 아니었으나 각 황릉의 전체적인 구조와 시설의 겉모습을 파악할 수 있게 된 것이다. 그것은 한빛문화재연구원의 후원과 계명대학교 행소박물관의 협조로 답사단을 꾸려 여름 방학과 겨울 방학을 이용한 답사였다.

본래의 계획은 여름 방학 동안 전체를 둘러보려고 했으나 일정이 벅차 일부는 여름에 보지 못하고 겨울 방학에 일부 연구원이 답사하여 마무리하도록 하였다. 여름 조사에 참여한 조사단은 한빛문화재연구원의 김용성, 장정남, 김현우, 김병훈, 차영송, 계명대학교 행소박물관의 김권구 관장님, 권순철, 김기홍(현 대가야박물관)으로 구성되었다. 그리고 겨울 조사는 권순철, 김병훈, 김기홍, 차영송이 진행하였다. 사진 촬영을 비롯한 제반 업무는 한빛문화재연구원의 김병훈과 계명대학교 행소박물관의 권순철이 주관하였다.

수나라는 개국 후 얼마 지탱하지 못하고 당나라에 정권을 넘겼다. 수의 세 황제 가운데 제대로 된 능원이 갖춰진 것은 문제(文帝) 양견(楊堅)의 태릉(太陵)뿐이다.

2대 양제(煬帝) 양광(楊廣)의 능은 양주시(楊州市)에 그 황릉으로 전해지는 것이 있으나 청대에 비정된 것으로 학계에서는 부정되고 있고, 2013년 양주시 한강구(邗江區) 서호진(西湖鎭) 조장촌(曺庄村)에서 대형의 전축묘가 발굴되었는데, 그것이 수 양제의 능이라는 설이 제기되어 인정되고 있다. 이 묘는 양제와 그의 비인 소황후(蕭皇后)가 합장된 무덤으로 알려져 있는데, 능원이 갖춰지지 않았고, 이미 봉분도 삭평된 상태였다.

3대 황제인 공제(恭帝) 양유(楊侑)는 즉위하고 바로 폐위되고 살해당하여 비록 황릉이 조성되었으나 별다른 시설이 없이 봉분만 남아있다. 장릉(庄陵)이라 부르는 황릉은 당 희종(僖宗)의 정릉(靖陵) 남쪽 평탄지에 위치하는데, 마치 그 배장묘와 같은 위치와 모습으로 남아있다.

수 문제 태릉은 다음 이어지는 당의 개국 황제 고조(高祖)의 헌릉(獻陵)과 같은 제도를 택하고 있다. 그러므로 정형화된 당 황릉의 제도가 확립되는 과정을 살피는데 하나의 자료가 된다. 당 황릉을 살피면서 수 문제의 태릉을 포함한 이유가 여기에 있다. 또한 당은 모두 20대를 이어 황제가 통치했으나 말기의 두 황제는 제대로 된 황릉을 조영하지 못했으므로 여기서 논하는 당의 황릉은 모두 관중에 있는 소위 당십팔릉(唐十八陵)이라 부르는 것이다.

당십팔릉이 분포하는 지역은 관중평원(關中平原)의 서북단 평원과 북산산지(北山山地)가 만나는 부분의 산지, 그리고 그 산지와 접한 고원상의 평탄지이다. 관중평원과 북산산지는 서남에서 동북으로 가며 사선을 그으며 구분되는데, 그 연결선의 산지를 따라 황릉이 분포하는 것이다.

대략 6개의 지구로 나뉘어 있는데, 〈그림 1〉과 같이 가장 서남의 건현(乾縣) 지구에 고종(高宗)과 측천무후(則天武后)의 건릉(乾陵), 희종(僖宗)의 정릉(靖陵)이, 그 동북 예천(醴泉) 지구에 숙종(肅宗)의 건릉(建陵), 태종(太宗)의 소릉(昭陵)이, 이어서 운양(雲陽) 지구에 선종(宣宗)의 정릉(貞陵), 덕종(德宗)의 숭릉(崇陵)이, 이어서 삼원(三原) 지구에 경종(敬宗)의 장릉(庄陵), 무종(武宗)의 단릉(端陵), 고조(高祖)의 헌릉(獻陵)이, 이어서 부평(富平) 지구에 의종(懿宗)의 간릉(簡陵), 대종(代宗)의 원릉(元陵), 문종(文宗)의 장릉(章陵), 중종(中宗)의 정릉(定陵), 순종(順宗)의 풍릉(豐陵)이, 가장 동북쪽인 포성(蒲城) 지구에 예종(睿宗)의 교릉(橋陵), 헌종(憲宗)의 경릉(景陵), 목종(穆宗)의 광릉(光陵), 현종(玄宗)의 태릉(泰陵)이 순차적으로 위치한다. 수 문제의 태릉은 건현 지구 고종의 건릉 전면 평원에 자리한다. 이들 당십팔릉의 더 남쪽 위수(渭水) 북안의 평원인 함양원(咸陽原)에 서한(西漢) 황릉 9기가 분포한다.

당은 대략 개국(618)부터 현종(玄宗) 즉위(712)까지의 약 100년간의 초당(初唐), 현종의 개원(開元) 원년(713)에서 숙종(肅宗) 상원(上元) 2년(761)에 이르는 48년간의 성당(盛唐), 대종(代宗) 대력(大曆) 연간(766~779)부터 경종(敬宗) 태화(太和) 연간(827~835)에 이르는 약 70년간의 중당(中唐), 문종(文宗) 개성(開成) 연간(836~840)에서 당나라 말에 이르는 약 70년간의 만당(晩唐)으로 시기를 구분하는 것이 일반적이다.

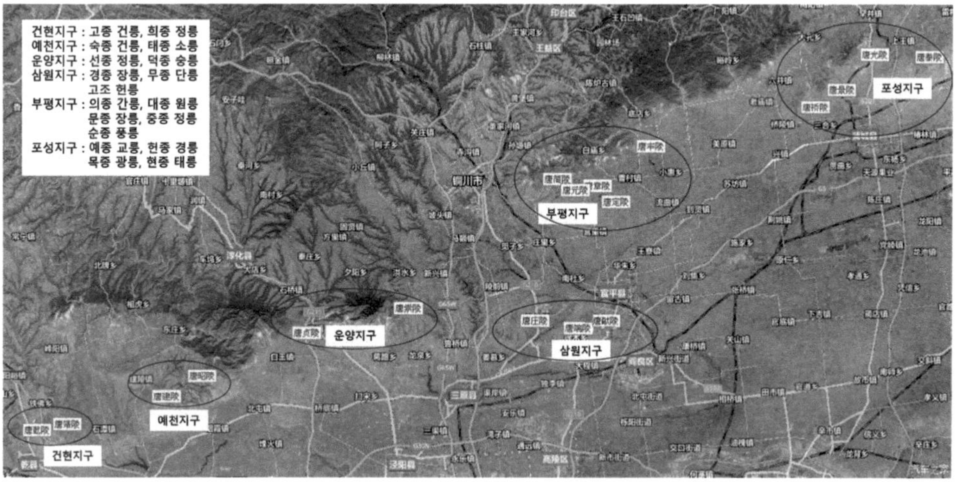

그림 1. 당십팔릉의 분포(바이두 개변)

당 황릉의 능원제도는 아직 정형화가 이루어지지 않고 정형화를 향해 발걸음을 떼는 발아기(發芽期), 정형화가 완성되고 조금씩 수정되며 발전하던 전성기(全盛期), 그것이 정체되고 소략해지는 정체기(停滯期), 또 능의 규모가 축소되고 변화되는 쇠퇴기(衰退期)로 구분해 볼 수 있다.

이렇게 구분하면 수 문제의 태릉을 포함해 당 고조의 헌릉을 거쳐 태종(太宗)의 소릉(昭陵)에 이르는 것은 발아기, 고종(高宗)과 측천무후(則天武后)의 건릉(乾陵)에서 성당 현종(玄宗)의 태릉(泰陵)과 숙종(肅宗)의 건릉(建陵)이 축조되는 763년까지 능은 전성기, 이후 중당 대종(代宗)의 원릉(元陵)에서 경종(敬宗)의 장릉(莊陵)까지는 정체기, 만당에 해당하는 문종(文宗)의 장릉(章陵)에서 당십팔릉 마지막 황릉인 희종(僖宗)의 정릉(靖陵)까지는 쇠퇴기가 된다.

이 시기 구분에 따르면 발아기의 황릉으로는 수 문제(文帝)의 태릉(太陵), 당 고조(高祖)의 헌릉(獻陵), 태종(太宗)의 소릉(昭陵)이 있고, 추존 황제인 당 태조(太祖)의 영강릉(永康陵)과 당 세조(世祖)의 흥녕릉(興寧陵), 측천무후(則天武后)의 모친 양씨(楊氏)의 순릉(順陵)을 이 시기에 포함할 수 있다. 여기서 당 황릉의 형성과 발전을 논의할 때는 뒤의 세 능을 포함하여 논의하도록 한다. 왜냐면 이들이 당의 능원제도 형성 과정을 살피는 데에 많은 도움을 주기 때문이다.

다음 전성기의 황릉으로는 고종(高宗)과 측천무후의 건릉(乾陵), 중종(中宗)의 정릉(定陵), 예종(睿宗)의 교릉(橋陵), 현종(玄宗)의 태릉(泰陵), 숙종(肅宗)의 건릉(建陵)이 있다.

표 1. 수당 황릉의 위치와 시기 구분

황릉	피장자	재위연대	위 치	지구	구분	시기
태릉 (太陵)	수문제 양견	581-604	陝西省 扶風縣 五泉鎭 王上村	부풍	수	발아기
영강릉 (永康陵)	당태조 이호	몰년 551 능묘 618	陝西省 三原顯 前鄕 侯家堡	삼원	추존릉	
흥녕릉 (興寧陵)	당세조 이병	몰년 573 능묘 618	陝西省 咸陽市 謂城區 正陽鄕 後排村	함양		
헌릉 (獻陵)	당고조 이연	618-626	陝西省 三原縣 徐木鄕 永合村	삼원	당십팔릉	
소릉 (昭陵)	당태종 이세민	626-649	陝西省 禮泉縣 北22.5km 九嵕山	예천		
건릉 (乾陵)	당고종 이치 측천 무후	649-683 690-705	陝西省 咸陽市 乾县 北6km 梁山	건현		전성기
정릉 (定陵)	당중종 이현	683-684 705-710	陝西省 富平縣 西北15km 鳳凰山	부평		
교릉 (橋陵)	당예종 이단	684-690 710-712	陝西省 蒲城縣 西北15km 豊山	포성		
태릉 (泰陵)	당현종 이융기	712-756	陝西省 蒲城縣 東北15km 金粟山	포성		
건릉 (乾陵)	당숙종 이형	756-762	陝西省 禮泉縣 東北15km 武將山	예천		
원릉 (元陵)	당대종 이예	762-779	陝西省 富平縣 西北15km 檀山	부평		
숭릉 (崇陵)	당덕종 아괄	779-805	陝西省 涇陽縣 西北20km 嵯峨山	운양		정제기
풍릉 (豐陵)	당순종 이송	805	陝西省 富平縣 東北20km 金甕山	부평		
경릉 (景陵)	당헌종 이순	805-820	陝西省 蒲城縣 西北7km 金幟山	포성		
광릉 (光陵)	당목종 이항	820-824	陝西省 蒲城縣 北13km 堯山	포성		
장릉 (庄陵)	당경종 이담	824-826	陝西省 三原县 陵前鄕 柴窯村	삼원		
장릉 (章陵)	당문종 이앙	826-840	陝西省 富平縣 西北15.3km 天乳山	부평		쇠퇴기
단릉 (端陵)	당무종 이염	840-846	陝西省 三原縣 徐木鄕 桃溝村 東北	삼원		
정릉 (貞陵)	당선종 이침	846-859	陝西省 涇陽縣 白玉鄕 崔黃村 北仲山	운양		
간릉 (簡陵)	당의종 이최	859-873	陝西省 富平縣 西北30km 紫金山	부평		
정릉 (靖陵)	당희종 이현	873-888	陝西省 乾縣 鐵佛鄕 南陵村	건현		
화릉 (和陵)	당소종 이엽	888-903	河南省 洛陽市 偃師區 顧縣鎭 曲家寨村	낙양		소멸
온릉 (溫陵)	당애제 이축	904-907	濟陰縣 定陶鄕 (現 山東省 河澤市 定陶區)	하택		

다음 정체기의 황릉으로는 대종(代宗)의 원릉(元陵), 덕종(德宗)의 숭릉(崇陵), 순종(順宗)의 풍릉(豐陵), 헌종(憲宗)의 경릉(景陵), 목종(穆宗)의 광릉(光陵), 경종(敬宗)의 장릉(庄陵)이 있다.

다음 쇠퇴기의 황릉으로는 문종(文宗)의 장릉(章陵), 무종(武宗)의 단릉(端陵), 선종(宣宗)의 정릉(貞陵), 의종(懿宗)의 간릉(簡陵), 희종(僖宗)의 정릉(靖陵)이 있다.

당은 희종 후에도 소종(昭宗)(재위 888~903)과 애제(哀帝)(재위 904~907), 두 황제가 즉위하여 통치했으나 이들의 무덤은 당십팔릉에서 제외되었다. 소종의 화릉(和陵)은 하남성(河南省) 낙양시(洛陽市) 언사구(偃師區) 고현진(顧縣鎭) 곡가채촌(曲家寨村) 남쪽에 있고, 애제의 무덤은 온릉(溫陵)이라 부르고 현재 산동성(山東省) 하택시(河澤市) 정도구(定陶區)에 있는 것으로 알려졌지만 모두 제대로 된 능원이 갖춰지지 않았다. 따라서 여기서는 이들을 제외하고 앞의 당십팔릉과 수 문제 태릉을 중심으로 살피고 논의를 진행한다.

이 당 황릉의 묘제는 크게 평지에 지하식의 토굴무덤을 조성하고 그 위에 봉분을 덮은 평지조묘(平地造墓)의 퇴토위릉(堆土爲陵)과 산봉의 정상부 가까이 암반을 굴착하여 조성한 암굴무덤인 인산위릉(因山爲陵)의 두 가지로 크게 나눌 수 있다. 전자의 경우는 봉분을 중심으로 네모진 담장을 축조해 능역을 구분하고 그 남쪽으로 신도(神道)를 내고 신도 좌우에 석각을 배치한 능원을 조성하였고, 후자의 경우는 무덤이 조성된 산봉이 대부분 남쪽 평지와 접하거나 거기서 뻗는 나지막한 능선이 남으로 뻗어내려 평지에 접하므로 산봉을 중심으로 한 산지를 포함해 네모진 담장을 두르고 거기서 남쪽으로 뻗는 나지막한 능선이나 평지에 신도를 내고 석각을 배치한 능원을 조성하였다.

토굴무덤이나 암굴무덤은 모두 횡혈식으로 묘도, 연도, 현실로 구성되었고, 전성기에는 다실묘도 있었던 것으로 보이나 발굴된 것은 없다. 발굴된 황릉과 왕릉급의 배장묘로 보아 묘도, 연도, 현실에 두루 벽감(壁龕)을 설치하여 유물을 부장하였고, 각각에 벽화를 그려 치장한 것으로 추정된다. 당 황릉의 정확한 이해를 위해서는 이러한 묘제의 관찰도 필수적이나 자료가 희귀하고 지은이가 접근할 수 없어서 이 글에서는 능원의 구조와 석각의 변화 등 외면적인 모습의 관찰 결과만을 서술하고, 구조에 대해서는 발굴된 희종 정릉만을 다루도록 한다.

글은 당십팔릉을 관찰한 내용에 지은이가 접한 관련된 자료를 더하여 각 황릉의 현상을 개관하면서 느낀 당 황릉 능제의 성립과 입지의 변화, 당 황릉 능원 구조와 석각의 형성과 전개를 나누어 서술하였다. 전체 개별 황릉의 설명은 지면 관계로 생략하였다. 모쪼록 독자들이 접하기가 쉽지 않은 당 황릉에 대한 이해에 도움이 되었으면 한다.

이 글의 서술에 사용한 자료는 중국의 바이두(www.baidu.com)와 일본 學生社에서 발간한 來村多加史가 지은 『唐代皇帝陵の研究』(2001)가 주된 것이었고, 이외 각종 보고서나 논문을 읽고 참고하였다. 바이두에 실린 많은 자료를 사용하였으며, 위치나 입지를 따지는 데에는 구글(Google) 지도를 기반으로 하였음을 여기서 밝힌다. 특히 사용된 항공사진의 경우 바이두(Baidu), 《航拍唐十八陵》, 成博士旅游频道(2020-07-21)에서 발췌 사용하였다.

2. 인산위릉 제도의 성립과 입지의 변화

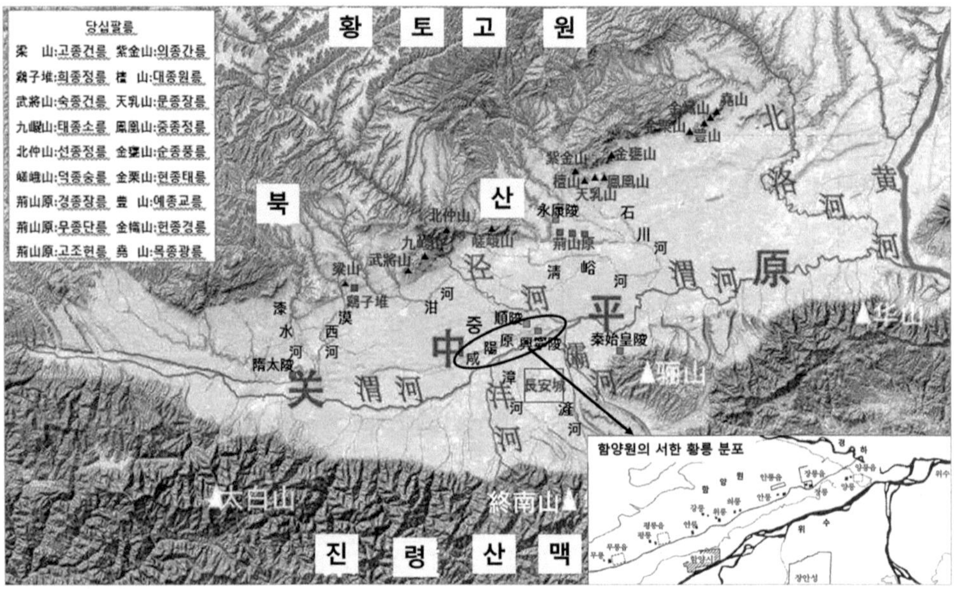

그림 2. 관중평원의 당 황릉과 서한 황릉(바이두 개변)

수의 태릉과 당십팔릉은 모두 중국 섬서성(陝西省) 서안시(西安市)의 북쪽에 있는 북산산지 또는 북산산맥(北山山脈)이라고 하는 산지 남단과 관중평원(關中平原) 중앙을 흐르는 위하(渭

河)라고도 부르는 위수(渭水) 북안 평야지 사이에 형성된 계단식 대지의 상위에 분포한다.

북산산지는 섬북고원(陝北高原) 남단에 해당하는 서남에서 동북으로 가며 건현(乾縣)의 양산(梁山)(해발 1,048m), 예천현(醴泉縣)의 오봉산(五峰山)(해발 1,467m)과 구종산(九嵕山)(해발 1,271m), 경양현((經陽縣)의 북중산(北仲山)(해발 1,614m)과 차아산(嵯峨山)(해발 1,423m), 부평현(富平縣)의 장군산(將軍山)(해발 1,347m)과 금율산(金粟山)(해발 1,241m), 포성현(蒲城縣)의 요산(堯山)(해발 1,097m), 함양현(含陽縣)의 양산(梁山)(해발 1,543m) 등으로 연결되는 산지로 서남-동북으로 펼쳐져 있다. 그 남쪽은 위수의 북안으로 그 가까이에는 너른 평야가 전개되고, 더 북쪽의 북산산지와 사이는 단애를 이루며 높아지는 계단상의 평탄지인 대지가 형성되었는데, 그곳의 곳곳에 북산산지의 주요 연결선 산들보다 작고 낮은 산봉들이 독립적으로 형성되고 그들 주위는 평지를 이룬다〈그림 2〉.

여기에 분포하는 당 황릉의 입지는 다음과 같이 나눌 수 있다〈그림 3〉.

첫째, 이 대지와 만나는 북산산지의 서남에서 동북으로 뻗는 주된 연결선에서 이어 남쪽으로 돌출되는 주요 산 산봉우리에 있다. 이 경우 다시 두 가지로 나눌 수 있는데, 주변 봉우리들보다 훨씬 도드라지게 높아 독립된 산봉처럼 보이는 곳을 택한 것(A형)과 연이어진 산지의 한 봉우리를 택한 것(B형)으로 나눌 수 있다. 전자로는 태종의 소릉, 고종의 건릉, 숙종의 건릉, 순종 풍릉 등 4기, 후자로는 예종의 교릉, 현종의 태릉, 덕종의 숭릉, 헌종의 경릉, 목종의 광릉, 선종의 정릉, 의종의 간릉 등 7기이다. 이중 A형은 뒤의 둘째 입지(C형)의 황릉들과 같은 형태를 취한다고 할 수 있다. 즉 독립해서 솟은 봉우리가 거대한 봉분처럼 보이는 효과가 있는 특징이 있다.

둘째, 북산산지의 주요 산들의 연결선에서 남쪽의 평원을 향해 조금 떨어진 편평한 계단상의 대지 중에 솟은 작은 산지의 두드러진 산봉우리에 입지한 것이다(C형). 중종의 정릉, 대종의 원릉, 문종의 장릉, 희종의 정릉 등 4기가 여기에 속한다.

표 2. 수당 황릉의 입지와 능제

황릉	피장자	장년	시기	해발(m)	비고(m)	입지				능제	구분
						A	B	C	D		
영강릉	태조 이호	618	발아기	500 내외					■	평지조분	추존황릉
흥녕릉	세조 이병	618		400 내외					■	평지조분	
순릉)	양씨(무후모)	670		550 내외					■	평지조분	
태릉	수 문제 양견	602		500 내외					■	평지조분	황릉
헌릉	고조 이연	635		500 내외					■	평지조분	
소릉	태종 이세민	649		?-1,888	200 이상	■				인산위릉	
건릉	고종 이치 측천무후	684 706	전성기	900-1,047	150	■				인산위릉	
정릉	중종 이현	710		650-760	110			■		인산위릉	
교릉	예종 이단	716		540-751	210		■			인산위릉	
태릉	현종 이융기	763		620-819	200		■			인산위릉	
건릉	숙종 이형	763		800-1,038	240	■				인산위릉	
원릉	대종 이예	779	정체기	680-851	170			■		인산위릉	
숭릉	덕종 이괄	805		640-940	300		■			인산위릉	
풍릉	순종 이송	805		620-851	230	■				인산위릉	
경릉	헌종 이순	820		560-872	210		■			인산위릉	
광릉	목종 이항	824		660-1,091	430		■			인산위릉	
장릉	경종 이담	827		500 내외					■	평지조분	
장릉	문종 이앙	840	쇠퇴기	640-783	140			■		인산위릉	
단릉	무종 이염	846		530 내외					■	평지조분	
정릉	선종 이침	860		660-1,014	450		■			인산위릉	
간릉	의종 이최	874		740-889	150		■			인산위릉	
정릉	희종 이현	888		800-819				■	■	평지조분	

A : 북산산지의 주변 이어진 산봉보다 훨씬 높은 산봉에 입지
B : 북산산지의 유사한 높이의 산봉이 이어진 산봉에 입지
C : 북산산지 전면 비교적 평탄한 사면 대지의 독립된 산지 산봉에 입지
D : 북산산지의 전면 계단식 편평한 대지상에 입지
* 해발 높이의 저위는 대략적인 추정치이고, 비고는 현궁 위의 정봉 상위와 주작문 근처 지면과의 대략적인 고도 차이다.

셋째, 둘째 입지의 주변과 남쪽의 편평한 대지에 축조된 것이다(D형). 고조의 헌릉, 경종의 장릉, 무종의 단릉 등 3기가 이 형식이고, 호묘위릉(呼墓爲陵)이라 부르는 추존된 황릉인 앞 시기의 모든 능묘가 모두 이 형식이다. 또 수 문제 태릉의 입지도 이와 같다.

첫째 입지인 A형과 B형은 모두 인산위릉(因山爲陵) 형식의 황릉이 배치되었고 두 번째 입지인 C형에는 퇴토위릉(堆土爲陵)으로 봉분을 가진 황릉도 1기(희종 정릉) 있으나 나머지는 모두 인산위릉이다. 셋째의 입지인 D형은 모두 퇴토위릉인 평지조분(平地造墳)의 황릉뿐이다.

태종 소릉(A형)

고종 건릉(A형)

숙종 건릉(A형)

순종 풍릉(A형)

예종 교릉(B형)

현종 태릉(B형)

덕종 숭릉(B형)

헌종 경릉(B형)

목종 광릉(B형)

선종 정릉(B형)

의종 간릉(B형)

중종 정릉(C형)

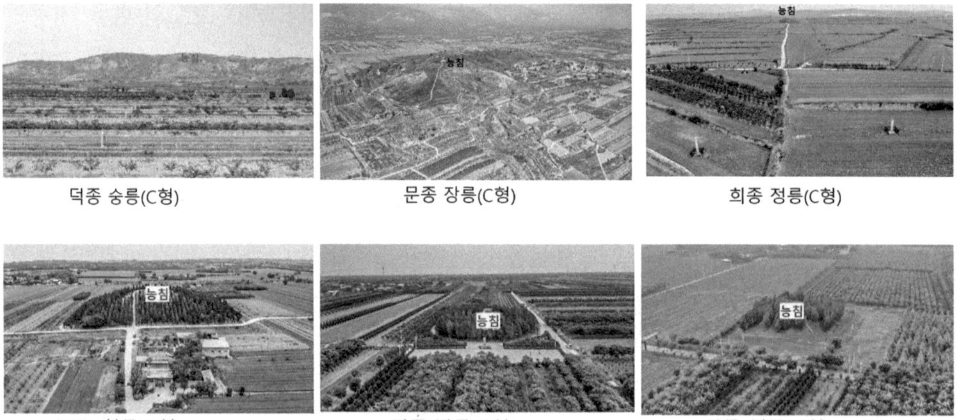

덕종 숭릉(C형) 문종 장릉(C형) 희종 정릉(C형)

고조 헌릉(D형) 경종 장릉(D형) 무종 단릉(D형)

그림 3. 당십팔릉의 입지(바이두 개변)

이렇게 그 입지를 구분해 볼 수 있으나 모두 공통된 특징은 북산산지를 배경으로 하고 남쪽으로는 위수와 그 연안의 관중평원(關中平原)의 장안성이 내려다보이는 곳에 해당한다. 그리고 남쪽으로 멀리 종남산(終南山)과 태백산(太白山)을 비롯한 진령산맥(秦嶺山脈)이 조망된다.

이렇게 북산산맥의 산지를 배경으로 하고, 진령산맥의 고봉을 멀리 조망하며 관중평원을 앞에 둔 배의산봉(背依山峯) 면림평원(面臨平原)의 입지를 갖춘 것은 함양원(咸陽原)을 중심으로 배치된 서한(西漢)의 황릉을 들 수 있다. 양자의 차이는 당 황릉이 더 북쪽의 높은 북산산지와 접한 계단상 대지와 그 산지에 분포하고, 서한의 황릉들은 북산산지에서 더 먼 남쪽, 위수 연안의 고도가

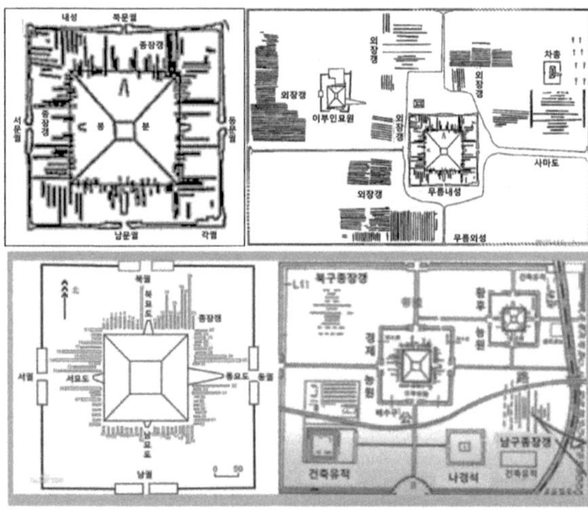

그림 4. 서한 무제 무릉(상)과 경제 양릉(하)의 내성과 외성 (바이두 개변)

낮은 해발 400~500m 사이의 평원인 함양원(咸陽原)에 분포하는 것이다〈그림 2〉. 따라서 서한의 황릉은 진령산맥을 조망하고자 하는 의도보다는 장안성을 내려다본다는 의미가 더 강하다.

그림 5. 한 고조 장릉(구글 지도 개변)

수와 당의 출현 시기 황릉이나 능묘는 위의 네 가지 입지 가운데 가장 낮은 곳에 축조된 D형이라는 특징이 있다. 즉 수 문제의 태릉(602)과 당 고조의 헌릉(635)은 평야지에 축조되었다. 이 두 능 이외에도 거의 같은 시기에 축조된 당의 추존 황제의 능인 태조(太祖) 이호(李虎)의 영강릉(永康陵)(618), 세조(世祖) 이병(李昞)의 흥녕릉(興寧陵)(618) 역시 같은 입지에 축조되었다. 그리고 측천무후(則天武后)의 어머니 양씨(楊氏)의 순릉(順陵)(670) 역시 평야지에 축조되었다.

한편 이들은 모두 방형이나 장방형의 능원 담장을 가졌고, 그 내부에 방대형(方臺形)의 봉분을 축조한 것이 특징이다. 이렇게 네모진 담장을 두른 능원의 내부에 방대형 봉분을 축조한 것은 주변이 발굴된 서한 경제(景帝)(B.C.157~141)의 양릉(陽陵)과 탐색조사로 대략이 밝혀진 서한 무제(武帝)((B.C.141~87)의 무릉(茂陵)으로 대표되는 서한 황릉〈그림 4〉의 특징이다.

고조(高祖)의 장릉(長陵)〈그림 5〉부터 시작하여 대부분의 서한 황릉은 황제와 황후의 능을

그림 6. 동한 광무제 장릉(좌)과 순제 헌릉(우)

그림 7. 대동의 북위 영고릉과 만년당(바이두 개변)

각각 방대형 봉분으로 축조하고, 또 각각 방형이나 장방형의 담장을 별도로 축조한 동원합장(同園合葬)이다. 또한 모두 평지에 축조되었다.

비교적 충실한 조사가 진행된 두 황릉에서 양릉의 경우 봉분의 바깥에 내성(內城)을 쌓았고, 또 다른 내성으로 구획한 황비릉을 포함하여 외성(外城)을 둘렀다. 그리고 외성 동문에서부터 이어지는 사마도(司馬道)를 내고 그 주위에 배장분을 배치하였다. 무릉은 내성을 가진 황비의 능을 외성의 내부에 조영하지 않았고, 생전에 무제가 사랑했던 이부인(李夫人)의 묘를 무릉의 내성 후면에 배치했을 뿐 구조는 양릉과 유사하다.

그림 8. 소릉의 입지(구글 지도 개변)

따라서 당의 초기 D형 입지나 능원의 형식은 동혈합장(同穴合葬)이란 점에서 다를 뿐 모두 서한 황릉의 제도를 따른 것이라 할 수 있다. 즉 수의 성립부터 태종의 소릉이 축조되기 이전까지 평탄지에 봉분을 축조한 능원이 성행하고 방대형 봉분을 택한 것은 서한의 제도를 본받은 것이다.

한편 수의 통일 이전에 중원을 지배했던 북위(北魏)를 비롯한 북조(北朝)의 황릉은 같은 방형 평면의 성벽을 가진 능원을 조성하였으나 서한과 같은 방대형 봉분이 아니라 동한(東漢)의 전통인 원형 봉분을 채택하였다. 즉 북위는 낙양으로 남천한 이후 나지막한 북망산(北邙山)에 능원을 조성하였는데, 동한의 거대한 봉분도 함께 받아들였다. 동한의 황릉은 광무제(光武帝)(25~57)의 원릉(原陵)과 순제(順帝)(125~144)의 헌릉(憲陵)〈그림 6〉을 비롯해 잘 남아있는 것은 모두 반구상(半球狀)의 원분(圓墳)을 능체(陵體)로 한 방형의 능원을 가지고 있는데, 북위를 비롯한 북조의 황릉은 이를 따르고 있다.

선비족(鮮卑族)인 북위는 원래 '돌을 뚫어 조종(祖宗)의 묘(廟)'를 만들었으나 대동(大同)의 시기 말기부터 봉분릉을 선택했는데, 그 대표적인 예가 풍태후(馮太后)(442~490)의 영고릉(永固陵)과 함께 있는 효문제(孝文帝)의 수릉(壽陵) 만년당(万年堂)〈그림 7〉이고, 낙양으로 천도한 이후에는 북망산 지역을 산원(山園)으로 선정하고 원분을 축조했다. 북위의 황릉은 적어도 낙양 천도 후는 동한의 제도를 그대로 따랐음을 알 수 있다.

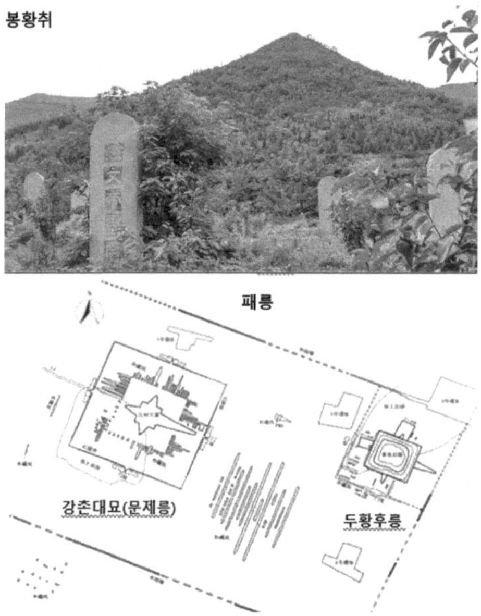

그림 9. 봉황취(상)와 한 문제 패릉(하:바이두)

이렇게 수나 당이 더 가까운 시대인 동한이나 북위의 제도를 따르지 않고 서한의 제도를 모본으로 하였음은 같은 장안(長安)에 중심을 둔 정권이라는 환경적 요인 때문이 아닐까 생각되고 정통성을 서한에 부여했기 때문으로 보인다. 소릉의 축조에 서한 고조(高祖)(B.C.202~195) 유방(劉邦)의 장릉(長陵)이 거론되고 있음은 그러한 이유가 아닐까 한다.

서한 황릉의 입지와 제도를 그대로 따른 당 황릉이 변화를 일으킨 것은 태종의 소릉이다. 태종은 장손황후(長孫皇后)(601~636)가 죽자 한 고조(高祖) 유방(劉邦)의 장릉(長陵)을 모방하여 능침을 건조하고 자신도 그 능에 묻히고자 하였으나 한의 제도를 따르면 비용이

그림 10. 유승과 두관의 묘(좌), 유승묘 구조(우상)과 그 입지(우하)(바이두 개변)

많이 들고, 도굴의 피해로 시골(屍骨)이 해를 입게 되니 인산위릉(因山爲陵)의 산릉 제도를 채택하자는 우세남(虞世南)의 제안을 받아들여 구종산을 택해 소릉을 축조했다.

태종은 구종산에 소릉을 건설함과 동시에 자손에게 '영이위법(永以爲法)'이라는 유조(遺詔)를 내려 당대 제왕 능침제도인 인산위릉의 산릉이라는 선례를 창조하여 이후 당의 황릉은 특별한 경우를 제외하고는 산을 뚫어 능침을 건설하게 된 것이다.

이 구종산은 산의 이름이 말해주듯 많은 능선이 형성되었고 주변에 많은 봉우리가 있는 산이다.

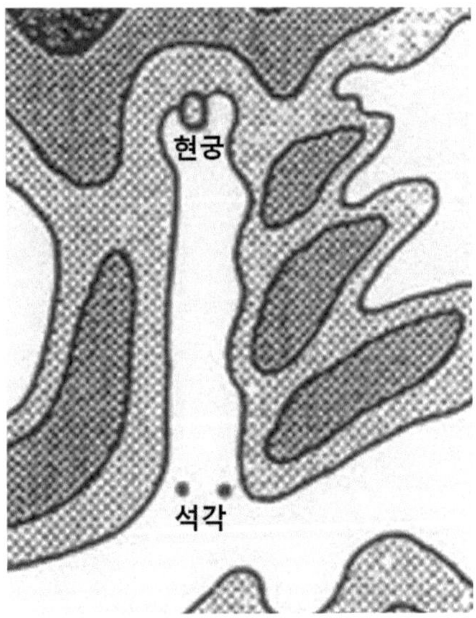

그림 11. 송 문제의 장녕릉 배치

소릉은 그 입지가 A형으로 비록 주변에 나머지 산봉우리들이 있으나 능침이 있는 산봉우리가 주변 다른 산봉우리보다 훨씬 높아 여러 작은 봉우리를 거느린 독립된 산봉에 능침을 건설한 것 같은 효과를 보이는 것으로 풍수에 아주 적합한 입지로 유명하다〈그림 8〉.

이렇게 발아기의 당 황릉 입지는 D형이 성행하고 그 말기에 A형이 출현하여 후대로 이어지게 된다. 이러한 입지의 변화와 동반해서 봉분을 축조하는 전통적인 능원 제도에서 산을 뚫어 능침을 축조하는 인산위릉의 능제로 변화가 태종의 소릉에서 출현한다고 할 수 있다.

이런 인산위릉의 산릉은 서안 동쪽 봉황취(鳳凰嘴)가 서한 문제(文帝)의 패릉(霸陵)이고 여기서 처음 출현한 것으로 인지되고 있었으나, 최근 서안 학계의 조사에 의하면 문제의 비 두황후(竇皇后)의 능에서 800m 거리에서 새로 발견된 평지의 강촌대묘(江村大墓)가 실제 문제릉이고 함께 동원합장되어 능원을 이룬 것이라 함으로 한대의 황릉에는 인산위릉의 제도가 사용되지 않았음이 밝혀졌다〈그림 9〉.

그러나 이후 한의 제후 왕묘(王墓)에 많이 사용된 제도이다. 대표적인 것이 하북성(河北省) 만성현(滿城縣)의 중산정왕(中山靖王) 유승(劉勝)의 능묘, 서주시(徐州市) 북동산(北洞山)과 사자산(獅子山)의 서한 조기 초(楚)의 여러 왕묘, 하남성(河南省) 영성현(永城縣) 일대의 서한 양(梁)의 여러 왕묘 등이 산을 뚫은 굴속에 주검을 매장한 암굴무덤이다.

그림 12. 조조의 고릉(상:구글 지도, 하:바이두)

대표적인 중산정왕 유승(B.C.?~113)의 왕묘〈그림 10〉는 동쪽의 큰 봉우리의 서편 좌측과 우측에 각각 비교적 작은 봉우리가 연결된 능산(陵山)의 동쪽 큰 봉우리 정상 가까이에 우측에는 그의 묘를 축조하였고, 좌측에 그의 부인 두관(竇綰)의 묘를 배치하였는데, 각각 암산을 뚫어 축조한 횡혈식의 암굴무덤이다.

한편 조위(曹魏) 이후 서진(西晉)과 동진(東晉) 그리고 남조(南朝)의 황릉과 능묘는 봉분을 세우지 않는 무덤을 축조한 경우가 많다.

당의 바로 앞에 해당하는 남조에서는 능의 입구에 각종 석각을 세우고 신도를 건설했으나 봉분을 사용한 경우는 많지 않다. 대표적인 능이 송(宋) 문제(文帝)(424～453)의 장녕릉(長寧陵)으로 입구에 석각이 있으나 신도가 연결된 무덤에는 아주 낮은 봉분을 가진 지하식의 전실을 축조하여 겉으로 무덤이 잘 드러나지 않도록 했다〈그림 11〉. 의산위릉(依山爲陵)으로 인산위릉 제도와 똑같지는 않지만 유사한 점이 많다.

그림 13. 북위 효문제 장릉과 능원 복원도

이 원인으로는 삼국의 전쟁 등 전란이 있을 때 봉분을 세운 한대의 능묘가 대부분 도굴되었기에 그를 방비하고자 조조(曹操)가 자기의 능을 건설하면서 가짜 왕릉을 축조하고 봉분을 세우지 않아 어디에 능침이 있는지 모르도록 한 것에서 기원했다는 이야기가 전해온다.

기록으로는 동한 건안(建安) 23년(218) 6월 조조가 자기의 몸이 불편해져 '종령(終令)'을 반포하였는데, "자신의 무덤을 척박한 땅에 쓸 것이고, 지면의 원래 높이보다 높이는 봉분을 세우지 말고, 무덤에 나무를 심지 마라."라고 하였다. 또 건안 25년(220) 정월 조조가 병들어 서거하기 전에도 "임종하면 평상시 입는 옷을 입혀 장사하고, 금은주옥(金銀珠玉)을 부장하지 마라."라고 '유령(遺令)'을 반포하였다.

그의 아들 문제(文帝)(220～226)도 자기의 수양릉(首陽陵)을 조성하면서 한(漢)의 여러 황릉이 모두 파헤쳐진 것을 보고는 명을 내려 "산을 이용해서 모양을 만들고, 나무를 심지 말며, 침전(寢殿)을 세우거나 원읍(園邑)을 조영하거나 신도(神道)를 내는 일이 없도록 하라."라고

해서 봉분을 세우지 않고 묘지에 나무를 심지 않는 불봉불수(不封不樹)의 전통이 이어졌다.

하남성(河南城) 안양시(安陽市) 은도구(殷都區) 안풍향(安豊鄕) 서고혈촌(西高穴村) 남쪽에서 조조의 고릉(高陵)이 확인되어 이를 뒷받침한다. 이 능은 2006년 발견되어 2008년 발굴되었고, 2010년 고릉으로 판단되어 전시관이 마련되고 발굴 현장에 복원되어 전시하고 있다. 능은 봉분이 없는 지하식의 전실묘이고, 평탄지에 조성되었다〈그림 12〉. 학계에서는 이 능이 조조의 불봉불수(不封不樹)라는 박장(薄葬) 관념을 나타내는 것으로 보고 있다.

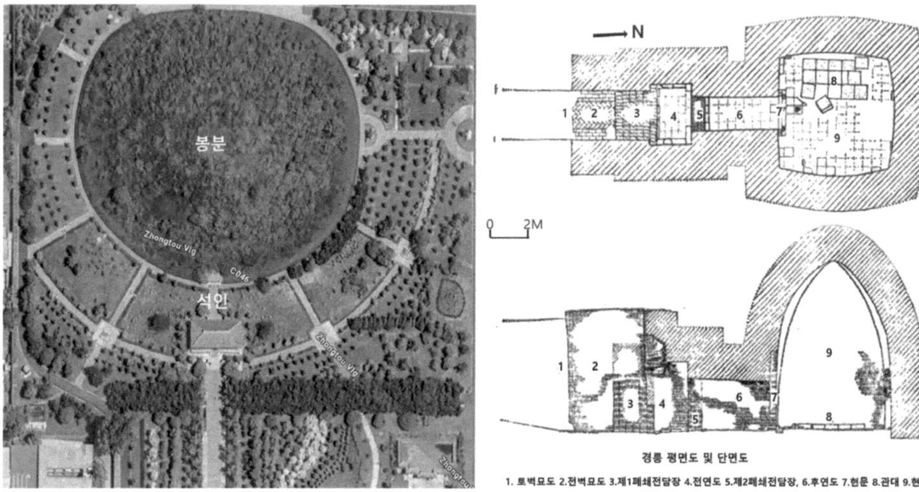

그림 14. 북위 선무제 경릉(좌:구글 지도, 우:바이두 개변)

이에 비해 낙양의 북위(北魏) 황릉은 동한(東漢)의 제도를 그대로 따라 낙양 궁성의 서북에 해당하는 비교적 낮고 평평한 북망산(北邙山)에 방형의 담장을 설치하고 그 중앙에 봉분을 쌓은 능원을 축조하였다.

효문제(孝文帝)(467~499)의 장릉(長陵)〈그림 13〉, 선무제(宣武帝)(499~515)의 경릉(景陵)〈그림 14〉, 효장제(孝莊帝)(528~530)의 정릉(靜陵) 등의 입지가 그렇다.

이중 선무제 경릉은 발굴되어 내부가 공개되고 있는데 원분이고 내부 묘제는 전실묘(塼室墓)이다. 효문제 장릉의 경우는 황릉의 우측 후면에 비교적 작은 봉분을 가진 황비의 능을 세워

이분합장(異墳合葬)의 장법을 택해 비록 내부의 구조는 전실묘이나 서한 황릉의 장법을 이어 받았다. 이점이 다를 뿐 당 황릉의 D형 입지와 유사하고 수 문제와 당 고조의 능원과 형태가 같다.

따라서 발아기 당 황릉의 입지는 한대와 북위 황릉의 입지나 퇴토위릉(堆土爲陵)인 봉분릉 제도를 그대로 이어서 사용했다고 할 수 있으나 구체적으로는 서한의 입지와 봉분을 받아들였고, 소릉의 경우는 남조 계통에 가까운 A형에 인산위릉의 산릉을 택하면서 방형의 성벽을 가진 능원을 설치하여 통일 후 양자의 문화를 복합하고 있는 현상을 읽을 수 있다.

전성기로 들어서면서 당 황릉은 태종의 소릉을 이어 모두 인산위릉인 산릉으로 축조된다. 이 시기의 앞 시기인 고종의 건릉은 독립된 산봉에 조성된 A형이고, 좀 뒤의 숙종 건릉 또한 A형으로 볼 수 있으나 고종 뒤의 예종 교릉, 현종 태릉은 연이어진 산봉에 조성된 B형이다. 그리고 중종 정릉의 입지는 평지에 독립해서 솟아 있는 산봉인 C형이다. 따라서 이 시기에는 주위의 봉우리들보다 훨씬 높은 독립된 산봉우리에 능이 들어서는 소릉을 이어 고종과 측천무후의 건릉과 숙종 건릉이 같은 입지에 축조되고, 비록 여러 개의 낮은 산봉우리를 거느리고 우뚝 솟은 독립된 봉우리는 아니지만 우뚝 솟아 보이는 독립된 산봉을 택해 중종의 정릉을 축조하였고, 나머지는 어떤 연유인지 연이어진 산봉을 택해 능이 들어선 것이 된다. 주위의 여러 봉우리를 거느리고 우뚝 솟은 산봉의 입지를 찾기가 쉽지 않고, 다른 풍수(風水)에서의 요인이 개입된 것으로 보인다.

이후 정체기에는 대부분 연이어진 산봉에 황릉이 축조된 B형으로 덕종 숭릉, 헌종 경릉, 목종 광릉이 있다. 순종 풍릉은 숙종 건릉을 이은 A형이고, 가장 이른 시기의 대종 원릉은 앞 시기 중종 정릉을 이어 평지에 솟아 있는 산지에 황릉이 축조된 C형이다. 그러나 대종 원릉의 경우 독립된 산지 자체가 유사한 산봉이 연이어진 형태여서 B형의 입지와 유사하다. 마지막 경종 장릉은 D형이다. A형이 1기, B형이 3기, C형이 1기, D형이 1기로 혼용되었으나 B형이 주류를 이룬다. D형이 다시 출현하게 된 것은 황권의 쇠퇴와 관련된 것으로 보인다.

마지막 쇠퇴기에도 다양한 입지 형식이 사용되었다. 문종 장릉은 앞 시기 대종 원릉과 같은 C형, 선종 정릉과 의종 간릉은 B형이고, 무종 단릉은 D형이다. 그리고 희종 정릉은 입지는 C형이나 능제는 D형과 같은 퇴토위릉이다.

희종 정릉은 특이한데, 평지에 계단식으로 올라간 계자퇴(鷄子堆)라고 부르는 비교적 나지막하고 위가 평탄한 대지 위에 봉분을 세운 것이라 다른 D형과 구별된다. 또한 의종 간릉은 B형이나 연이어진 산지의 전면으로 돌출된 봉우리에 능침이 입지해 A형과도 가깝다. 따라서 이 시기에는 사회의 혼란으로 능원의 규모를 축소하고 정확한 규정이 없이 좀 임의로 황릉이 지어진 것으로 볼 수 있다.

어쨌든 입지의 경우 대략적인 변화는 D형→A형→C형→B형의 순으로 발생하였으나 주로 B형과 A형이 주류를 이루었고 D형이 중당 말기에 다시 등장해 일부 사용되었다고 할 수 있다. 또한 C형과 D형의 경우 중당 이후인 후대 혼란기에 많이 채택되었음을 알 수 있다.

따라서 당 황릉이 추구하는 최고의 입지는 태종의 소릉과 고종의 건릉으로 대표되는 A형으로 높은 주봉이 더 낮은 여러 봉우리를 거느린 주봉에 능침을 설치하는 것이라고 할 수 있다. 이는 황권의 지고무상(至高無上)함을 나타낸 것으로 볼 수 있다. 특히 태종 소릉은 풍수에 가장 적합한 입지로 유명한데, 그것은 고대 감여가(堪輿家)가 제왕의 능묘 자리를 선택할 때의 조건인 높고 험한 산이어야 하고, 뒤에 견고하고 튼튼한 큰 산이 가까이 있고, 앞에는 조벽(照壁)이 있어야 하고, 능산(陵山) 앞에는 반드시 물이 있어야 한다는 조건을 충족하기 때문이라고 한다.

한편 C형 가운데 가장 이른 시기인 중종 정릉과 그 후의 문종 장릉의 경우는 작은 규모의 산지이지만 독립된 산봉의 형상이어서 A형과 같은 의미로 축조된 것으로 보인다.

가장 많이 사용된 입지는 B형이다. B형 가운데 예종의 교릉은 능침이 있는 산봉이 전면에 높이 솟고, 이에 이어진 산봉들은 약간 낮으면서 능침이 있는 산봉의 배경처럼 펼쳐져 A형의 요소를 가지고 있다. 그러나 현종 태릉부터는 그보다는 다른 요인으로 B형이 택해진 것이 아닐까 한다. 즉 불교적 원리의 풍수와 관련이 있는 것으로 보인다.

B형의 대표적인 현종 태릉의 경우 현종이 그가 묻힌 금율산에 들렀을 때 그 산이 용이 엎드리고 봉이 쉬는 용반봉식(龍盤鳳息) 지세임을 보고 좌우에 이르기를 "내가 죽은 후 이곳에 묻어 달라."고 하였다는 전언, 덕종 숭릉의 경우 9개의 연꽃잎과 같은 봉우리들의 가운데 능침이 있어 구판연화혈(九瓣蓮花穴)의 자리라고 하고, 선종 정릉은 구정연화봉(九頂蓮花峯)의 선단 아래 능침이 자리했다는 등의 구전이 풍수가 작동되고 있었음을 지적해 준다. 그리고 그러한 풍수는 구품연대(九品蓮臺)와 관련된 불교의 영향으로 볼 수 있다. C형 가운데 하나인 덕종 숭릉 경우도 B형과 같은 의미의 입지로 판단할 수 있다.

이렇게 정리하면 당십팔릉은 전대의 평지조분(平地造墳)으로 시작하여 황권의 지고무상함을 강조하는 돌출된 산봉 입지의 인산위릉(因山爲陵)으로, 다음 불교의 영향으로 보이는 연봉(連峰) 입지의 인산위릉이 많이 채택되고, 이 양자가 혼용되다가 국세가 기울면서 처음의 평지조분으로 돌아갔다고 할 수 있다.

3. 능원 구조와 석각의 변화

우리가 인지하고 있는 긴 신도를 가지고 그 양변에 각종 석각을 배치한 당 황릉의 능원은 이 글에서 전성기의 첫 황릉인 고종과 측천무후의 건릉에서 완성되었고, 그것이 이후에는 큰 변

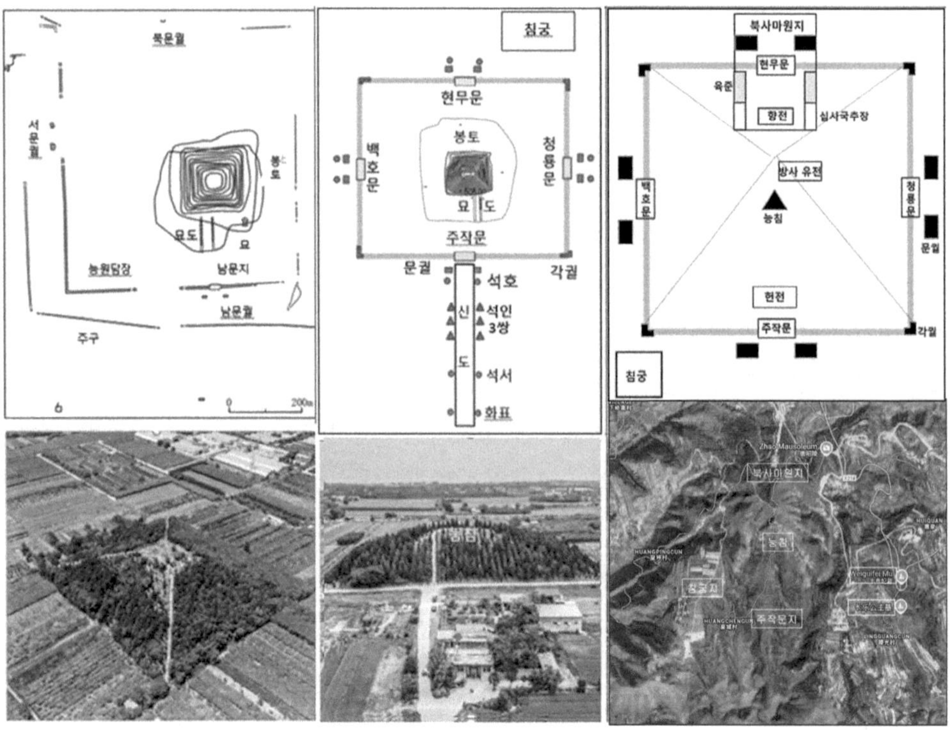

그림 15. 수 문제릉(좌:현황도))과 고조 헌릉(중:모식도)·태종 소릉(우:모식도))(좌:張建林 2022 개변)

화 없이 이어져갔다. 좀 더 생략되면서 능원 석각에서 약간의 변화가 있었을 뿐이다. 따라서 여기서는 당 황릉 능원의 정형이 완성되는 과정을 비중 있게 다루어 그 변천을 살피고, 석각의 변화는 전체시기를 좀 더 세분해서 살피도록 한다.

성벽과 네 문을 가진 능원은 이미 한대에 출현하여 유행하였다. 서한의 황릉들은 모두 개별 황릉을 둘러싼 성벽을 가지고 있고, 네 벽의 중앙에 문을 냈다. 그리고 각 문에는 문궐을 지어 위엄을 돋보였다. 그러나 서한은 황제와 황비의 능을 같은 성벽의 내부에 포함시켜 축조하지 않고 황비의 능은 개별적으로 별도의 성을 쌓아 황릉의 옆에 배치하였다.

이 제도가 받아들여진 것은 북위의 낙양 황릉이다. 북위의 낙양 황릉은 방형의 성벽을 두른 내부에 황제와 황비의 능을 함께 축조하였다. 서한에서 별도의 성벽을 가지나 하나의 전체 능구에 합장한다는 개념에서 하나의 성벽을 두르고 그 속에 합장한다는 개념으로 변화한 것이다. 이외는 문궐을 축조하는 문의 구조, 제사에 사용되는 침전과 편전 등 건축의 축조 등에서 차이점이 별로 없다. 다만 성벽의 바깥에 해자를 둘러 보강하였고, 담장 내부의 황릉 주변에 제사 건축을 배치하는 등 약간의 변화를 보인다.

이에 비해 남조에서는 방형의 성벽을 가진 능원을 조성하지 않았다. 남조의 황릉은 성벽과 같은 황릉의 구획시설보다는 긴 신도를 설치하고 그 입구에 석각을 배치하는 다른 모습의 능원을 조성한 것이다. 즉 한이나 북위는 거대한 봉분과 성벽, 문과 문궐 등 토목건축으로 황릉의 위엄을 과시하였는데, 남조에서는 봉분이 있더라도 낮았고, 신도와 거기에 배치된 천록(天祿)이나 기린(麒麟)으로 부르는 석수(石獸) 등 석각으로 능원을 나타냈다.

양자가 이렇게 다른 길을 걷게 된 것은 조위(曹魏) 이후 남조에서는 봉분을 나타내지 않으려는 의도에 둘 수 있다. 『건강실록(建康實錄)』에 의하면 송(宋) 무제(武帝)(420~422)의 초녕릉(初寧陵)과 문제(424~453)의 장녕릉, 진(陣) 무제(武帝)(559~566)의 만안릉(萬安陵), 문제(文帝)(566~569)의 영녕릉(永寧陵)은 모두 높이 1장 4척에서 2장 정도의 분구가 있었다고 한다. 이외 발굴된 진 선제(宣帝)(569~582)의 현녕릉(顯寧陵)은 분구의 높이가 10m에 불과하다. 이러한 분구의 크기는 서한 황릉의 높이 12장(현재의 장릉 높이 55m, 저변 153×135m)이었던 것에 비하면 1/8 정도에 불과하다.

수는 통일한 후 북위의 능원제도를 받아들인 것으로 보인다. 수 문제(581~604)의 태릉〈그림 15좌〉은 신도와 그에 부가된 석각은 아직 조사되지 않고 있고, 단지 북위의 황릉 능원에 보이는 성벽과 문지, 문궐, 그리고 해자가 보일 뿐이다. 이러한 시설은 이미 북위 효문제의 장릉에서 확립된 것이다.

수에서 당으로 넘어오면서 이러한 능원 구조는 크게 변화한다. 당 고조 이연(566~635)의 헌릉〈그림 15중〉은 남조에서 유행한 황릉 앞 신도를 받아들이고, 성벽을 두르고 문과 문궐로 위엄을 과시하는 북위의 능원제도를 수나라에 이어 축조함으로써 진정한 통일국가의 면모를 보여준다. 또한 능원 석각의 원초적인 창출이 있게 되었다.

그림 16. 헌릉의 석서(상)와 석호(하) (서안비림박물관)

성벽을 두른 내부 능침 주변에는 아무런 석각을 설치하지 않았으나 각 문의 문궐 앞에 각각 석호(石虎)〈그림 16상〉를 배치하였고, 내성의 모서리에는 각각 각궐(角闕)을 설치하였다. 이런 능원 시설 가운데 이전에 없던 각궐을 포함한 토목 시설은 모든 당 황릉에 설치되어 있어 성벽의 기본은 이 헌릉에서 이미 시작된다. 또 남쪽의 신도를 따라 주작문 쪽에서부터 석서(石犀)〈그림 16하〉 1쌍, 화표 1쌍을 배치하였는데, 주민 전언에 의하면 주작문과 석서 사이에 석인 3쌍도 배치되었다고 한다. 석인의 존재는 불확실하나 석각의 배치는 당 황릉 신도 석각의 효시로 볼 수 있다.

중국에서 무덤에 석각을 배치한 기원은 한 무제 무릉(茂陵)에 배장된 곽거병(霍去病)의 무덤에 배치된 다수의 석각에 두고 있다. 그 대표적인 작품이 흉노를 밟고 있는 말[마답흉노(馬踏

匈奴)]이고, 이외의 작품으로 와마(臥馬)·요마(躍馬)·와호(臥虎)·와상(臥象) 등이 있는데 그가 전쟁을 수행했던 기련산(祁連山)의 자연환경을 묘사한 것으로 보인다. 이는 그의 무덤이 기련산을 모방하여 만들었다는 전언과 함께 그가 수행한 전투에서의 공훈을 나타내고자 무덤의 전면에 배치한 것이다. 따라서 당 황릉의 무덤 수호에 더 비중을 둔 석각과는 차이가 있다.

그림 17. 북위 선무제 경릉과 석인

당의 헌릉 이전 황릉에 석각을 배치한 예로는 북위 선무제(499~515)의 경릉〈그림 17〉이 있다. 이 황릉의 전면에 무관인 석인을 대칭으로 배치한 것이 확인된다. 이외의 석각은 아직 확인되지 않고 있다.

그러나 남조의 유송(劉宋)과 남제(南齊)의 황릉들은 신도 입구에 천록(天祿)과 벽사(辟邪), 또는 기린(麒麟)이라고 하는 석수(石獸) 한 쌍을 신도 입구에 배치하는 것이 관례였다. 이것이 발전하여 양(梁)에서는 더하여 화표와 석비(石碑) 등을 배치하는 제도가 전통이었다.

대표적인 양(梁) 무제(武帝)(502~549)의 부친 간문제(簡文帝) 소순지(蕭順之)의 건릉(建陵)에는 신도 입구부터 석수(石獸), 방형기석(方形基石) 4개 세트, 화표, 비좌인 귀부(龜趺) 각 1쌍이 좌우 대칭으로 배열되었다〈그림 18·19〉.

그림 18. 양 간문제 건릉의 화표(좌상), 석수(우상:기린, 우하:천록), 귀부(하)

이중 석수는 천록(天祿) 또는 기린(麒麟)이라고 부르는 것인데, 양의 황릉 신도 좌측 북쪽 열

그림 19. 양 간문제 건릉의 신도 입구 전경(바이두)

그림 20. 소경묘(좌)와 헌릉(우) 화표

그림 21. 영강릉 천록·사자

에 배치된 석수는 머리에 뿔이 두 개인 쌍각(雙角)이고, 우측 남쪽 열의 것은 머리에 뿔이 한 개인 독각(獨角)이어서 전자를 천록, 후자를 기린으로 구분하기도 하고, 모두 기린으로 부르기도 한다. 한편 이 시기 왕묘 석수는 뿔이 없는데, 이를 벽사(辟邪)라고 부른다.

헌릉의 석호나 석서(코뿔소) 등의 동물은 남조의 천록이나 기린과 같은 상상의 동물이라기보다는 현실에서 볼 수 있는 힘센 동물이라는 점에서 다르지만, 능침과 능원을 보호하는 석상을 배치한 것은 남조의 황릉과 통하는 점이 있다. 이 중 석호는 호랑이가 아니라 신령스러운 상상의 짐승으로 흰 바탕에 검은 무늬가 있고 꼬리는 길며, 성인의 덕에 감응하여 나타난다고 하는 추려(騶虞)라는 설도 있다.

한편 당의 초기에는 당 황족의 정체성을 확보하려는 의미에서 노자의 이름이 이이(李耳)임을 들어 그들의 시조로 섬기게 됨으로써 불교보다 도교에 더 힘을 쏟았다. 따라서 능원의 네

신문 앞에 불교와 관련이 깊은 석사자가 아닌 석호가 배치된 것은 아닌가 한다.

화표의 경우는 남조 황릉의 대표적인 석각이므로 이를 그대로 받아들여 신도 입구에 배치하였다는 점에서 남조의 전통을 따랐음을 증명한다. 한편 이 헌릉의 화표 위에는 상상의 동물인 산예(狻猊)(형상은 사자와 흡사하고 천성이 불과 연기를 좋아한다고 한다. 또한 어떤 동물도 마주치기만 하면 도망치는 백수의 왕이라고 한다)가 올려 있는데, 이것이 양(梁) 오평충후(吳平忠侯) 소경(蕭景)(477~523)의 묘 화표와 유사하여 같은 의미로 볼 수 있다〈그림 20〉. 다만 남조의 화표에는 묘의 주인을 나타내는 제액을 두었으나 헌릉에서는 생략되었다.

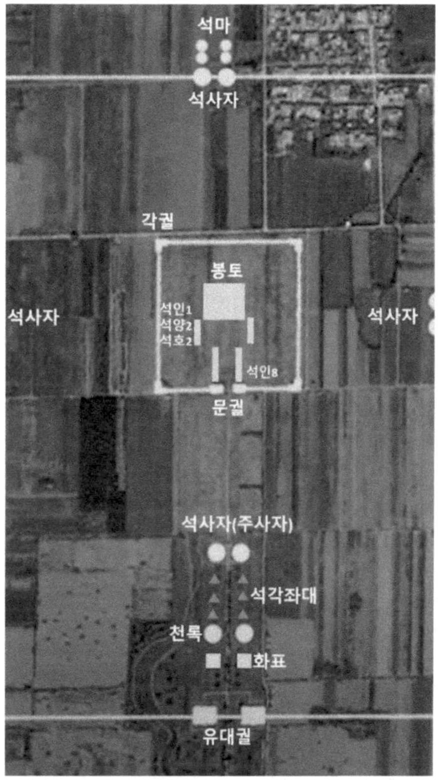

그림 22. 양씨 순릉(구글 지도 개변)

한편 같은 발아기에 축조된 추존 황릉의 경우 태조 이호(李虎)의 영강릉(永康陵)과 세조 이병(李昞)의 흥녕릉(興寧陵)에는 신도의 남에서 북으로 가며 화표 1쌍, 천록 1쌍, 석마 2쌍, 석인 1쌍, 사자 1쌍을 좌우에 배치하였다고 한다. 그러나 지금 영강릉에서는 천록만 확인되고, 흥녕릉에는 남에서 북으로 가며 천록 1쌍, 석마 2쌍, 사자 1쌍이 남아있다. 또 영강릉의 석사자 1구가 서안비림박물관(西安碑林博物館)에서 확인된다. 두 능묘의 이들 석각 가운데 사자와 천록〈그림 21〉은 초당 시기에 배치되었으나 화표·석인·석마는 후대 당 현종 시기에 더해진 것으로 알려져 있다.

이 두 능묘에 남조의 천록이 형태를 바꾸어 출현한 것이 주목된다. 또 측천무후(則天武后) 모친 양씨(楊氏)(?~670)의 순릉(順陵)〈그림 22〉은 처음 축조 시의 석각과 후대의 석각이 뒤섞여 있으나 사자·석인·석마·석양·석호·천록·화표 등의 석각이 확인되는데, 행진하는 모습의 주사자(走獅子)라던가 천록의 존재〈그림 23〉 등은 초당 시기의 분위기이다.

이 주사자는 소릉에서 출토된 바 있어 이것이 고종(623~683) 건릉부터 네 문의 앞에 웅크린 자세로 변화하여 지속됨을 나타낸다. 순릉의 주인 양씨는 사후 처음에는 왕비의 예로 안장되었고, 천수(天壽) 원년(690)에 무측천이 양씨를 효명고황후(孝明高皇后)로 추봉하고 능으로 승격하여 능원을 고쳤다.

이는 이 발아기 동안 일정한 틀의 석각 배치가 확립되지 않았음을 알려주고, 남조 계통의 석각과 당에서 새로 창출되는 석각이 혼합되고 있기 때문일 것이다. 즉 천록·화표 등은 남조의 전통적인 석각인데, 새로 사자·석마·석인·석호·석서 등이 부가되어 능마다 각각 다르게 나타나는 것이다.

그림 23. 양씨 순릉의 천록·주사자

결국 헌릉의 경우 능체와 그를 구획하는 토목시설은 한 황릉과 북위 황릉의 제도를 따랐으나 신도와 거기에 석각을 배치하는 제도는 남조의 전통에서 취한 것으로 통일 왕조로서 통합한 황릉의 제도를 창출한 것으로 볼 수 있을 것이다. 그러나 아직 북위 황릉의 전면 신도 좌우에서 수위의 역할을 한 무관은 배치하지 않았다.

이러한 당 황릉의 능원 구조는 태종(599~649)의 소릉〈그림 15우〉에 이르면 크게 변화한다. 태종의 소릉은 산 자체를 능침으로 삼은 인산위릉이나 고조 헌릉과 같이 네모진 성벽을 둘러 구획하고 그 남쪽에 배장구를 설치한 능원을 가졌다. 성벽의 사방에는 각각 신문을 내고 각 모서리에 각궐을 설치한 점, 네 신문의 전면에 두 문궐을 설치한 점 등은 같은 구조이다. 그러나 내성의 남쪽 부분인 주작문 안에 헌전을 축조하여 후손이 제사에 사용하도록 한 점은 다르다. 이후 당릉에는 주작문 안에 헌전을 두어 제사하도록 한 것이 정형으로 성립되었다.

한편 소릉에 석사자를 배치한 것으로 전해오나 아직 그 흔적은 나오지 않고 있다. 다만 서안

그림 24. 소릉 북면 사마원지(바이두 개변)

그림 25. 소릉 육준(상)과 석사자(하좌)(서안비림박물관), 번추상중 진덕여왕상(하우)

비림박물관에 있는 소릉의 것으로 전하는 훈련관이 부착된 순릉의 것과 유사한 주사자〈그림 25〉가 있어 석사자가 능원에 배치되었을 가능성을 높인다. 이 주사자는 소릉의 남쪽에 있는 예천현(禮泉縣) 오촌(吳村)이란 마을에 있었다고 한다.

당 황릉 능원에 석사자가 출현한 것은 소릉보다 조금 앞서 618년에 본격적인 능원이 형성된 태조 영강릉과 세조 홍녕릉에서 볼 수 있다. 두 능묘는 네 신문을 두지 않은 것으로 이 석사자가 신문 앞에 배치되지 않고 주작문에서 연결되는 신도에 배치된 점에서는 문 앞에 배치하는 전형적인 당 황릉 전통과는 다른 의미, 즉 사자를 천록과 같이 상상의 동물로 인식한 것으로 읽을 수도 있도록 한다.

영강릉 석사자〈그림 21〉는 현재 서안비림박물관에 있는데 수나라의 석각을 이은 것으로 수의 미술 성격을 알려주는 대표적인 작품으로 꼽힌다.

소릉의 가장 특징적인 시설은 북쪽 사마원지(司馬院址)의 구조이다〈그림 24〉. 이곳은 헌릉의 남쪽 주작문 앞 신도의 모습을 변화시켜 북쪽 사마문이라고도 부른 현무문(玄武門)에 설치한 느낌이다. 이는 소릉의 남쪽으로 접근하기가 어려워 비교적 접근하기 쉬운 북쪽 현무문의 앞이 신도 역할을 하도록 한 것이다. 따라서 소릉을 건설할 때는 남쪽 헌전(獻殿)에 태종의 위패를 두고 제사하였으나 제사의 장소를 현무문으로 바꾸게 됨으로써 사마원지의 시설을 강화하면서 향전(享殿)을 설치하고 거기서 제사했음을 알 수 있다.

여기에 현재 헌릉 신도와 같은 석수는 보이지 않으나 새롭게 당이 복속하거나 복속한 것으로 인정한 주변 여러 민족 수장의 모습 14구를 현무문 안쪽에 한쪽 7구씩 열 지어 배치하여 번추상(蕃酋像) 또는 십사국추장상(十四國酋長像)이라고 하고 있다. 여기에 신라의 인물이 있었음이 한 석상의 명문에서 '新羅'라는 글자가 확인되어 알려졌는데, 진덕여왕상으로 추정하고 있다〈그림 25하우〉.

그리고 그에 연이어 태종이 승리한 여러 전투에서 타던 준마를 석판에 부조하여 좌우에 각각 세 개인 육준(六駿)을 대칭으로 배치하였다〈그림 25상〉. 이 양자는 태종의 공적을 나타내는 역할을 한다. 특히 후자인 육준의 경우는 후대 공적비의 원형이라고 할 수 있을 것이다. 이외

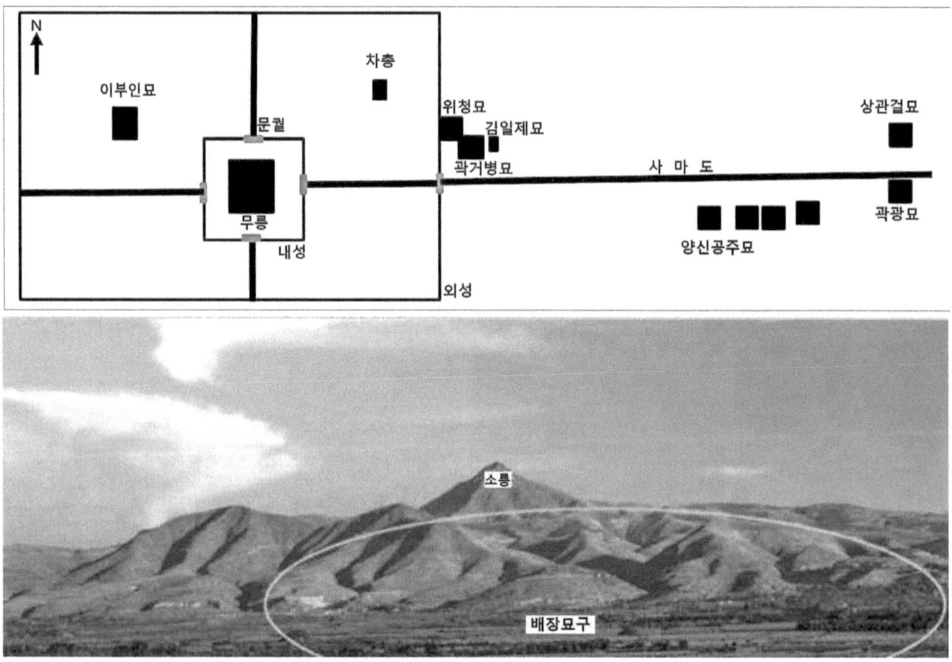

그림 26. 서한 무릉(상)과 당 소릉(하:소릉박물관 개변)의 배장묘 배치

그림 27. 고종과 측천무후의 건릉 능원 모식도(건릉박물관)

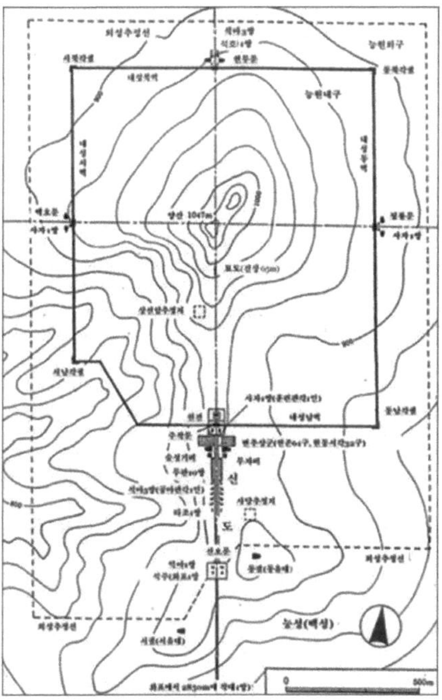

그림 28. 고종 건릉 능원(來村 2001 개변)

에도 사마원지의 두 문궐 앞 계단 위에 대좌로 보이는 석재가 4개 놓여 있는데, 여기에 사자 등 석각이 배치되었을 가능성이 크다.

한편 소릉에는 내성의 남서편에 침궁(寢宮)을 지어 소릉의 제사에 사용하도록 하였다. 이 침궁은 앞의 헌릉에서 능원의 북면에 위치(張建林 2022)했던 것인데, 남서쪽으로 이동되었고, 후대에는 능원 입구 남서쪽에 설치되는 하궁(下宮)으로 바뀌어 정형화된 당 황릉 능원의 필수 시설이 되었다.

묘 주인을 위한 지상 건축물은 동한의 황릉에 조영되었던 시설인데, 조배(朝拜)와 제사(祭祀)에 사용되는 침전(寢殿), 묘 주인의 영혼이 즐기며 노는 편전(便殿), 그리고 묘 주인의 영혼이 일상생활을 영위하는 침궁(寢宮)이 한 곳에 배치되어 있었다. 이것이 소릉에서는 변화하여 조배와 제사를 위한 침전을 헌전으로 바꿔 주작문 안쪽에, 영혼이 노닐도록 한 편전 대신 현궁 가까이에 방사(房舍)와 유전(游殿)을 설치하였고, 침궁도 따로 떼어 능원 내성의 서남쪽에 축조한 것이다.

한편, 소릉에서는 황릉의 남쪽과 동쪽에 배장구를 설치하여 인척인 황족과 대신의 묘 190여 기를 축조하였다. 이러한 배장제도는 서한의 황릉들에서 보이는 것이나 서한에서는 황릉의 주된 방향을 동쪽으로 설정하여 사마도(司馬道)를 내고 그 주변에 배장묘를 설치했는데, 이와는 다른 양상이다〈그림 26〉. 이것은 남북을 기본 축으로 설정한 당 황릉과 동서를 기본 축으로 설정한 서한 황릉의 차이에서 비롯된 것이다. 능원의 전면 좌측인 남동부에 배장구를 둔 제도는 고종 건릉에서 정형화하고 계속 당나라 말기까지 이어졌다.

이렇게 변화한 소릉은 다음 대인 고종의 건릉에서 정형화하는 당 황릉 제도의 몇 가지 기본 시설이 창출된 것으로 볼 수 있다. 즉 헌전의 축조, 침궁의 설치, 번추상이라고도 하는 귀속 소국 군장상의 배치 등이 그러한 것이다.

고종의 건릉〈그림 27·28〉은 이후 당의 모본(模本)이 된 황릉이다. 황릉은 크게 세 부분으로 구성되었다. 현궁을 중앙에 배치한 내성, 그 남쪽으로 연결된 신도의 선단에 설치된 신오문(神午門)에서 연결되어 내성의 바깥을 두른 외성, 그 남쪽의 2.85km에 설치된 능원 입구의 표시인 작대(鵲臺)와 배장구가 그것이다.

내성과 그 시설은 고조 헌릉에서 수립된 구조가 이어졌다. 즉 장방형 내성의 네 성벽 중앙에 신문을 내고, 각 문의 전면 좀 더 앞 좌우에 두 문궐을, 내성의 성벽 네 모서리에 각궐을 축조하였다. 또 내성의 남면 주작문 안에 헌전을 지은 점은 소릉과 연결된다.

그러나 내성 능원 석각은 변화하였다. 헌릉에서 각 신문의 전면 좌우에 1쌍 배치하던 석호 대신 웅크리고 앉은 석사자 1쌍을 배치하였고, 북쪽 현무문의 전면에는 이에 더해 석수와 석호 각 1쌍과 석마·공마관 세트 3쌍을 좌우에 대칭으로 배치하였다〈그림 29〉. 이렇게 현무문에 석각을 더한 것은 소릉의 북쪽 사마원지에 다수의 석각을 배치한 제도에서 영향을 받은 것이 아닌가 한다.

한편 건릉의 주작문과 관련된 시설은 훨씬 증가하였다. 이 시설들은 소릉의 북사마원지에 설치된 시설을 주작문 앞으로 옮기고 변화시킨 것이다. 주작문 앞에는 석사자를 좌우에 배치하였다. 또한 다른 신문 전면과는 달리 두 문궐의 안쪽 석사자와의 사이 좌우에 일정한 공간을 마련하고 여기에 각각 32구, 합해 64구의 번추상을 배치하였다(현재는 61구가 남아있다). 다음 문궐의 바로 바깥인 남쪽 우측에 무자비(無字碑), 좌측에 공덕비인 술성기비(述聖記碑)를 세웠다〈그림 30〉.

이러한 비석과 번추상의 배치는 앞의 소릉에서 현무문 안쪽에 배치된 십사국추장상과 소릉육준의 배치가 변화하여 주작문 앞에 자리한 것이다. 즉 번추상은 그대로 이어졌고, 황릉 주인의 공적을 나타낸 육준이라는 조각에서 공적을 비문으로 기록한 비석으로 변화하여 문궐 뒤와 앞에 배치된 것이다. 이중 번추상의 배치는 이후 당 황릉에 전통이 되었고 건릉의 동쪽 번추상군에서도 신라인의 의복을 입은 모습이 관찰된다. 한편 주작문지 내에는 문을 지키는 위병을 세웠던 흔적이 좌우 두 곳에서 확인되고 있다.

건릉의 외성은 비록 성벽이 완전하게 남아있지는 않지만 대략 그 선이 추정되고 있다. 이 외성은 동·북·서쪽 성벽은 내성의 성벽과 약 200m의 간격을 두고 둘렀고, 남벽은 훨씬 남쪽 500m 가까이 있는 신오문에 연결되게 축조되었다. 남벽 신오문을 제외한 나머지 성벽에 신문이 축조되지 않았는지 분명하지 않지만 지금 그 흔적은 확인되지 않는다. 이 부분의 시설로는 주작문에서 신오문으로 연결되는 신도의 좌우에 설치된 여러 종류의 석각이 있다.

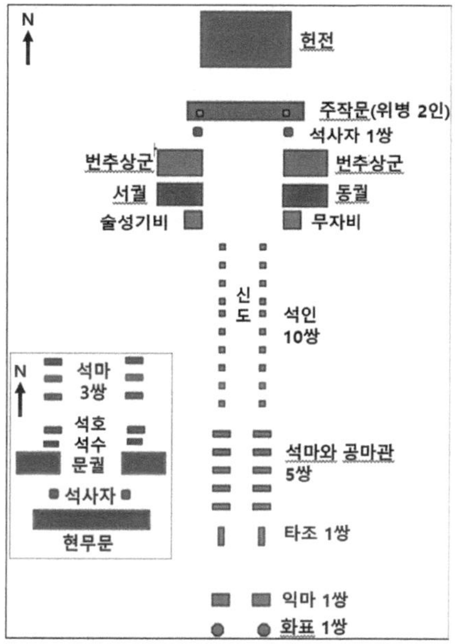

그림 29. 건릉 남면과 북쪽 현무문지의 시설과 석각(張建林 2024 개변)

그림 30. 건릉 남면의 시설(상:바이두 개변)

신도의 좌우에 설치된 석각을 북쪽의 비석 남쪽부터 열거하면 석인(石人) 10쌍, 석마(石馬)·공마관(控馬官) 세트 5쌍, 타조(駝鳥) 1쌍, 익마(翼馬) 1쌍, 화표(華表) 1쌍이다〈그림 29·31〉. 이 석각의 구성은 앞에서 언급하였다시피 발아기 동안 변화하며 변천하다가 정형화한 것이며, 이후 당 황릉에서는 몇 가지 작은 변화가 일어나지만 기본 구성이 되어 전해진다.

그림 31. 건릉 남면의 석각

표 3. 당 황릉의 능원 석각

황릉	시기	주작문 석각	현무문 석각	신 도 석 각	비 고
고조 헌릉	발아기	석호	석호	화표,석서,(석인)	신도 출현
태조 영강릉				사자,천록,석인 (석마),(화표)	현종 때 석인, 석마, 화표가 더해 짐 사자 출현. 사자, 석인은 비림박물관
세조 흥녕릉				사자,석마,천록 (석인),(화표)	현종 때 석인, 석마, 화표가 더해 짐
태종 소릉		(사자)	육준,번추, (사자),(석마)		번추 출현(이후 지속), 육준 출현
고종 건릉	전성기	사자, 번추, 무자비,술성기비	사자,석수,석호,석마(공마관)	석인,공마관•석마,타조,익마,화표	무자비, 술성기비 출현, 신도 석각 정형화
중종 정릉		사자,무자비편 (번추)	사자,석마 (공마관)	석인,익마 (공마관·석마),(타조),(화표)	무자비 출현
예종 교릉		사자, 번추	사자,석마 (공마관)	석인,공마관•석마,타조,해태,화표	해태 익마 대체, 고개 돌린 사자와 석마, 북문 주변 소석인 출토
현종 태릉		사자, 번추	사자,석호.석마 (공마관)	석인,공마관·석마,타조,화표 (익마),	석인 호인 무관, 한인 문관, 사자 자웅(이후 지속), 현무문 석호 출현
숙종 건릉		사자, 번추	사자,석호.석마 (공마관)	석인,공마관·석마,타조,익마,화표	석인 호인 무관, 한인 문관, 사자 자웅(이후 지속), 현무문 석호 출현
대종 원릉	정체기	사자, 번추	사자,석호,석마 (공마관)	석인,공마관·석마,타조,익마,화표	석호 출현
덕종 숭릉		사자, 번추	사자,석호 (석마),(공마관)	석인,석마,타조,익마,화표 (공마관)	석호 출현
순종 풍릉		사자, (번추)	사자 (석마),(공마관)	공마관·석마,익마,화표 (석인),(타조)	
헌종 경릉		사자, (번추)	사자,석마,석호 (공마관)	공마관·석마,익마,화표 (석인),(타조)	석호 출현
목종 광릉		사자, 번추	석마,(사자) (공마관)	석인,공마관·석마,타조,익마,화표	
경종 장릉		사자, 번추	(사자) (공마관)(석마)	석인,,타조,익마,화표 (공마관·석마)	
문종 장릉	쇠퇴기	사자, 번추	석호,(사자) (공마관)(석마)	석인,석마,화표 (공마관),(타조),(익마)	석호 출현
무종 단릉		사자, (번추)	석호,(사자) (공마관)(석마)	석인,석마,타조,익마,화표 (공마관)	석호 출현
선종 정릉		사자, (번추)	(사자) (공마관)(석마)	공마관·석마,타조,익마,화표 (석인)	
의종 간릉		사자, (번추)	석호,(사자) (공마관)(석마)	석인,공마관·석마,익마 (타조),(화표)	석호 출현
희종 정릉		사자	(사자) (공마관)(석마)	석인,석마,익마,화표 (공마관),(타조)	

범례 : 고종 건릉 이후 청룡문과 백호문에는 모두 석사자만 배치되기에 생략함. ( )는 현재 잔존하지 않음.

이들 석각 가운데 익마와 타조는 당시 상상의 동물로서 이전 시기 남조에서 상상의 동물을 배치한 것에서 영향을 받아 성립된 것으로 보이고, 석마나 석인의 경우는 현실적인 황릉의 보호라는 의미가 부가되어 출현한 것이다. 황릉을 보호하는 의미에서의 석각이라는 점은 배치된 석인이 좌우를 막론하고 모두 무관이 배치된 점에서 읽을 수 있다. 이 무관의 배치는 북위의 황릉에 출현한 바 있는데, 북위의 것은 성벽 내부의 봉분 바로 전면에 배치되었으나 당에서는 주작문 바깥의 신도에 배치되어 다르다.

또한 외성의 내부 동남부인 익마의 동편, 즉 동쪽 유봉(乳峰)의 북면에 고종의 조신인 적인걸(狄仁傑) 등 60인의 화상이 그려진 사당이 있었다는 기록이 있지만 지금은 그 터만 남아있다. 이런 종류의 사당은 당 황릉 가운데 이 건릉뿐으로 뒤로 이어지지 않았다.

그림 32. 예종 교릉의 고개 돌린 사자와 해태

외성 바깥의 시설로는 내성 남쪽의 동쪽과 서쪽에 솟은 얕은 봉우리인 유봉에 각각 유궐(乳闕)이라는 궐을 축조하였는데, 이 시설도 비록 후대의 황릉에 유봉과 같은 지형은 없었지만 유궐만은 이 건릉이 효시가 되어 유사한 위치에 지속 축조되었다.

또한 서쪽 유궐이 있는 봉우리 남쪽 하단에 후대의 황제가 알릉(謁陵)할 때 머무르며 재계(齋戒)하는 하궁(下宮)을 축조하였다. 이 하궁은 앞서 언급한 바와 같이 소릉의 침궁을 이은 것으로 원래 묘 주인의 영혼이 먹고 기거하면서 일상생활을 영위하는 장소이며, 궁인과 관리가 머물면서 거주하는 성격이었으나 그 성격이 조금 변화하여 이후 당 황릉에 지속 설치되었다.

그림 33. 현종 태릉의 양당개를 입은 호인 무관과 문관

이외 능원 입구인 작대의 좌우에 문궐을 설치하였고, 그 동면에 배장구를 설치하여 다수의 배장묘를 배치하였다.

이와 같은 건릉의 능원 구조와 석각의 구성은 이후 크게 변화하지 않고 당십팔릉 마지막 황릉까지 이어진다(〈표 3〉 참조). 다만 약간씩의 변화가 있었는데, 그 변화는 대부분 전성기에 발생했다. 이를 간략하게 요약하면 다음과 같다.

먼저 고종과 무측천의 건릉에 설치된 외성의 흔적은 이후 황릉에서 발견되지 않는다. 또 무자비와 공적비의 경우 이후 다음 대인 중종(656~710) 정릉에서 무자비만 있던 흔적이 있고, 이후 황릉에서 전혀 보이지 않는다.

다음 대인 예종(662~716) 교릉에서는 동쪽 청룡문 앞의 석사자가 고개를 돌린 모습으로 출현하였고, 신도 석각에서는 익마를 대체하여 해태가 출현하여 그 자리에 배치되었다〈그림 32〉. 그러나 이러한 현상이 후대로 이어지지는 않았다. 이중 고개 돌린 사자는 신라의 성덕왕릉에도 있어 상관관계가 주목된다.

교릉의 북문 가까이에서 머리가 결실된 사람 몸체의 석상이 발견되었다고 한다. 이를 환조된 십이지로 추정하여 교릉에는 현무문 동측 전면에 자상(子像), 주작문 동측 전면에 오상(午像) 등 방향에 맞춰 십이지가 매장되었다는 견해가 최근 제출되었다((張建林 2024). 아직은 추정으로 판단되고 좀 더 기다려 정확한 자료가 출현하길 기대한다. 사실이라면 적어도 수수인신(獸首人身)의 십이지 환조상이 당 황릉의 내성을 돌아가며 방위에 따라 매장되었음을 알 수 있고 그러한 현상이 늦어도 예종의 교릉부터라고 할 수 있다. 이 현상의 분명한 것은 숙종 건릉에서 확인되었다.

다음 대인 현종(712~756) 태릉에서 신도의 북측인 주작문 가까이에 배열된 모두 무관이었던 10쌍의 석인이 동쪽 문관 10인, 서쪽 무관 10인으로 바뀐다. 이 가운데 무관의 경우 호인(胡人)이 등장한 특징도 있으며 신라의 왕릉 앞 관검석인과 같이 조끼와 같은 갑옷인 양당개(裲襠鎧)를 입게 되었다(〈그림 33〉 참조).

또한 네 신문 앞에 배치된 석사자가 이전 수컷만 배치되던 것에서 변화하여 암수가 구별되는 석사자〈그림 34〉가 각 신문의 좌우에 나뉘어 배치된다.

이러한 문관의 등장과 암수 사자의 구분은 쇠퇴기까지 이어진다. 또한 태릉에서는 현무문 앞에 석마·공마관에 더하여 석호가 배치되었는데, 이는 고종의 건릉에서 나타난 현상이다. 이후에는 이런 배치가 정체기 대종의 원릉을 비롯하여 덕종 숭릉, 헌종 경릉에서 보이고, 정체기 문종 장릉, 무종 단릉, 의종 간릉에서도 나타나 일반적인 제도로 판단되지만 분명하지 않다.

그림 34. 현종 태릉의 암수 석사자

신도의 석인이 문관과 무관으로 나뉘고, 무관은 대부분 호인이란 점이 아주 특징적인데, 이는 당 현종 시절 서역과의 교류를 활발히 전개하면서 무관으로 서역인들이 많이 등용된 역사적 사실의 반영으로 볼 수 있다. 그러한 인물의 대표적인 존재가 안록산(安祿山)이고, 안사의 난에서 경사의 수복에 위구르인들

그림 35. 숙종 건릉 능원(좌:구글 지도 개변)과 출토 십이지(張建林 2024)

의 도움을 받은 사실 등이 관련되는 것 같다.

다음 대인 숙종(711～762)의 건릉에서는 내성의 밖에 접해 열두 방위에 십이지신상을 배치한 것이 확인된다. 비록 오상(午像)과 신상(申像) 두 가지만 출토하였으나 그것이 출토된 위치가 정확히 십이지의 방향에 적합한 것으로 보아 십이지의 배치를 분명히 인식할 수 있다. 오상은 주작문 앞 동쪽 5m 지점에서, 신상은 백호문 앞 남쪽 140m 지점에서 출토되었다〈그림 35〉. 이를 토대로 현무문의 동측 전면에 자상, 청룡문의 남측 전면에 묘상, 주작문의 전면 동측에 오상, 백호문의 전면 북측에 유상 등과 네 모서리 각궐 좌우 전면에 각각 방위에 따른 십이지상이 매장되었다는 견해가 있다(張建林 2024).

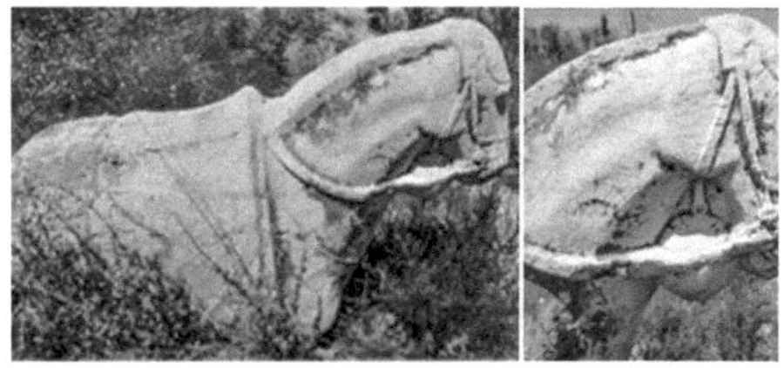

그림 36. 숙종 건릉의 석마

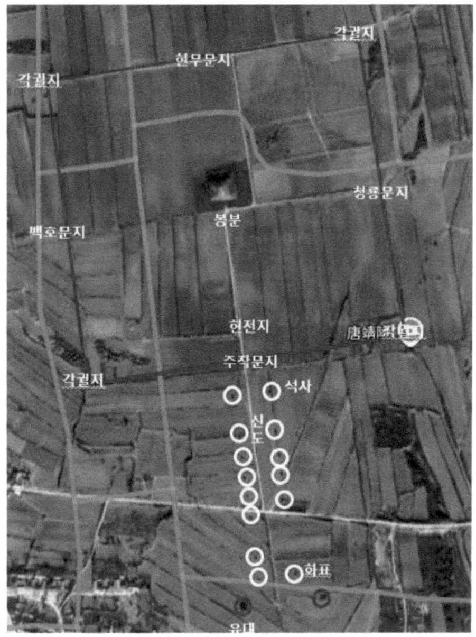

그림 37. 희종 정릉 능원(구글 지도 개변)

건릉의 십이지는 신라 성덕왕릉의 십이지와 비교된다. 성덕왕릉의 십이지는 신라 능묘 전통의 무장한 신장상이고, 건릉의 십이지는 중국 전통의 문관 복식으로 홀을 잡은 배례형이라는 점이 다를 뿐 네모진 받침대 위에 환조한 것이란 점에서는 동일하다. 이는 능원에 환조의 십이지를 배치한 건릉의 제도가 신라에 들어와 변화하였음을 보여주는 것이다.

한편 이 황릉부터 쇠퇴기까지 신도의 석마가 목에 방울을 달고 있는 것이 확인된다〈그림 36〉.

이상 고종과 측천무후의 건릉 이후 변화를 정리하면 여기서 전성기라고 구분한 중종 정릉부터 숙종 건릉 사이에 특히 능원 석각에서 약간의 변화가 일어나나 이후는 그러한 변화도 없이 정체되고 쇠퇴하는 현상을 읽을 수 있다. 또한 건릉에 존재하던 외성의 흔적은 이후 황릉에서 찾을 수 없기에 당 황릉의 전형적인 능원은 고종과 측천무후의 건릉이라고 할 수 있다.

당십팔릉 가운데 발굴되어 묘실의 내부 구조가 밝혀진 유일한 황릉이 가장 늦은 시기에 해당하는 희종의 정릉이다. 특히 이 황릉에서는 십이지신상의 벽화가 발견되어 주목되는데, 그 구조 등을 간략하게 살피면 다음과 같다.

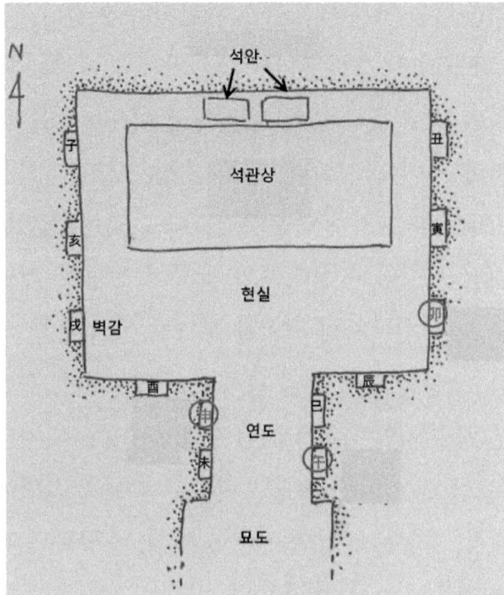

그림 38. 희종 정릉의 구조(張建林 2024 개변)

정릉〈그림 37~39〉은 계자퇴(鷄子堆)라고 부르는 상부가 넓고 평평한 언덕형의 구릉 위에 축조된 봉분을 능침으로 한 황릉이다. 따라서 입지는 앞의 C형이나 D형으로 분류해도 될 만큼 평평한 구릉에 자리하였다. 봉분의 남쪽에 주작문의 석사자와 신도 좌우의 석인, 석마, 익마, 화표 등이 남아있다. 또한 화표의 전면에 유대의 궐지가 남아있어 능원의 규모나 형태를 짐작할 수 있다.

봉분은 저변 한 변의 길이 40m, 정상부 한 변의 길이 8m, 높이 8.6m이다. 봉분의 아래 묘는 묘도, 연도, 현실 세 부분으로 구성되었다. 전체 길이는 44m로 고종 건릉의 배장묘인 의덕태자(懿德太子)묘의 절반 규모이다. 연도를 현실의 남쪽 중앙에 달아낸 구조다.

묘도는 봉토의 남쪽 정중앙에 남북으로 설치된 경사묘도로 45도 각도의 계단상으로 굴착했다. 길이 35.6m, 너비 2.4~2.9m이다. 묘도의 동서 두 벽에 벽화를 그렸는데, 동벽 약 20㎡에 상하 두 층으로 그린 벽화가 비교적 잘 남아있다. 주제는 청룡(青龍)·의위(儀衛)·견마(牽馬) 등이다.

연도는 길이 3.8m, 너비 2.4m이다. 양벽에 각 2개의 벽감을 설치하고 그 내부 후벽에 십이지 벽화를 그렸다. 천장은 도굴로 파괴되고 벽면도 외피가 박락되었으나 벽감 사이에서 두 폭의 무사도가 확인되었다. 연도 중앙부에 목문을 설치한 흔적이 있고, 그 밖에 돌을 쌓아 막았는데, 후자는 북송 초년에 수리할 때의 시설로 판단되었다.

현실은 지표 아래 19m에 위치하는 토굴무덤이고 궁륭천장이다. 바닥의 동서 길이 5.8m, 남북 너비 4.5m, 면적은 약 26㎡로 동서가 약간 긴 장방형이다. 현실의 북벽을 제외하고 동벽과 서벽에 각 3개, 남벽의 연도부 좌우에 각 1개인 8개의 벽감을 설치하고 십이지 벽화를 배치했다. 묘실 내 벽면은 외피가 대부분 박락되었으나 북벽 동서 양쪽에 시신도(侍臣圖), 천장에 천상도(天象圖)를 그렸음이 확인된다. 현실 동남모서리 벽감의 바깥에서 "천자어(天子御)"라는 세 개의 각자가 확인되었다.

현실 내의 유물은 대부분 도굴되었으나 100여 건이 출토되었다. 주요 유물로는 석비(石碑)·석함(石函)·용봉옥벽(龍鳳玉璧)·옥패(玉佩)·애책옥편(哀冊玉片)·류금동쇄(鎏金铜鎖)·류금보석동화(鎏金寶石銅花) 등이 있다. 이중 애책옥편에서 능의 주인공 이름이 확인되었다.

현실과 연도의 벽감 후벽에 그려진 십이지 벽화는 겨우 현실 동벽의 남쪽 벽감에서 묘(卯)상이, 연도 동벽 남쪽 벽감에서 오(午)상이, 연도 서벽 북쪽 벽감에서 신(申)상이 확인되었는데, 오상을 제외하곤 일부만 남아있다. 발견된 오상은 수수인신(獸首人身)의 문관으로 홀을 잡고 배례하는 모습으로 신라의 신장상과는 다르다. 이로 판단하면 원래 현실 동벽 북에서 남으로 축상·인상·묘상, 현실 남벽 동쪽에 진상, 연도 동벽 북쪽에 사상, 남쪽에 오상, 연도 서벽 남쪽에 미상, 북쪽에 신상, 현실 남벽 서쪽에 유상, 현실 서벽 남에서 북으로 가며 술상·해상·자상인 시계 방향의 순으로 십이지가 배치되었음을 알 수 있다.

현실 내에는 하나의 관상(棺床)이 설치되었다. 여러 차례의 도굴로 대부분 교란되고 목관은 부패하여 없어졌다. 주변에 쌓인 흙에서 인골 몇 조각이 수습되었는데, 주인공의 것이 아니라

그림 39. 희종 정릉 발굴 전경 및 연도 무사(바이두), 감실 십이지 오상(張建林 2024) 벽화

황후의 것으로 판단되었다. 정릉 현실의 관상은 근처에 있는 고종과 측천무후의 건릉에 배장된 인물의 무덤 묘비를 개조하여 사용했음이 확인되었다. 즉 상서좌부사(尚書左仆射) 두로흠망(豆盧欽望)과 좌부사(左仆射) 양재사(楊再思)의 묘비(墓碑)를 가지고 제작한 것이다. 이것들은 처음으로 밝혀진 건릉에 배장된 인물의 묘비에 해당한다.

이 희종의 정릉은 당의 전성기 호묘위릉(號墓爲陵)으로 부르는 황자나 공주의 무덤과 비교해도 왜소하여 쇠퇴기의 황릉이 규모도 축소되고 있음을 보여준다. 발굴된 전성기 호묘위릉의 대표적인 의덕태자(懿德太子) 이중윤(李重潤)(681～701)의 묘는 706년에 고종과 무측천의 건릉 배장묘로 축조되었는데, 봉토는 남북 길이 56.7m, 동서 너비 55m, 높이 17.92m로 이단으로 축조되었다. 이 규모는 희종 정릉보다 훨씬 크다.

의덕태자묘는 경사묘도, 6개의 과동(過洞), 7개의 천정(天井), 4쌍의 묘도 벽감(壁龕), 전후의 연도(羨道), 전후의 두 묘실(墓室)로 구성되어 경사묘도와 2쌍 벽감의 연도, 8개 벽감의 단실인 현실로 구성된 정릉보다 훨씬 복잡하다〈그림 40〉. 전실 연도와 후실 연도에 각각 문을 두었고, 후실에는 집모양의 석곽을 설치하고 그 안에 목관을 안치하였다. 정릉에서 석곽 없이 석제 관대 위에 황제와 황비의 목관을 안치한 것과 비교된다. 묘의 전체 길이는 100.8m로 정릉(44m)의 두 배보다 크다.

이 묘로 보아 당이 쇠약해지면서 무덤 규모도 축소되고 단순화되는 현상을 읽을 수 있다. 전성기 황릉 현궁의 규모와 구조를 알 수 없으나 발아기 태종 소릉의 현궁에 대해서는 그 단서가 있다.

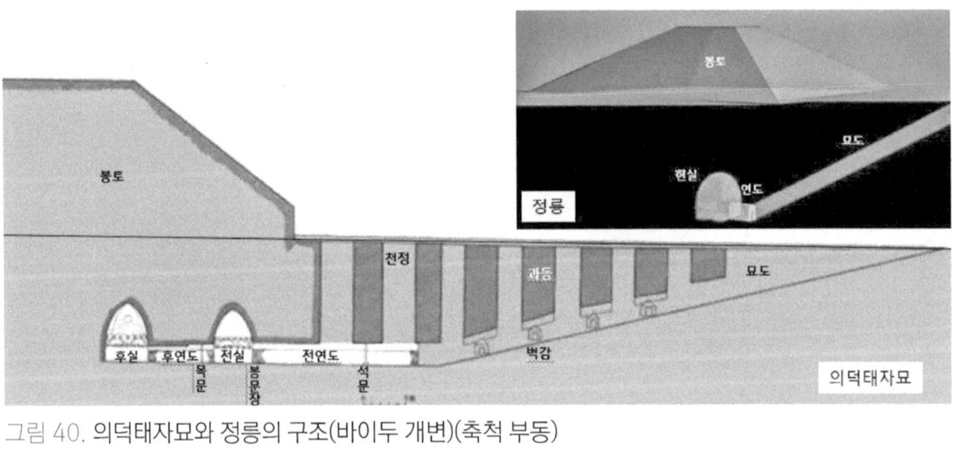

그림 40. 의덕태자묘와 정릉의 구조(바이두 개변)(축척 부동)

『신·구오대사(新·舊五代史)·온도전(温韜傳)』 및 『당회요(唐會要)·능의(陵議)』 기재에 의하면 태종 소릉은 산의 암반을 뚫어 원궁(元宮)인 묘실을 만들었고, 묘도 입구에서 묘실까지가 약 75장(丈)이며 앞뒤로 5개의 석문을 설치하였고, 중실이 정침(正寢)이고 거기에 관과 곽을 두었다고 했다. 묘실 내는 화려하고 웅장하여 장안성의 구중궁궐과 다름없었다. 묘도 동서 양쪽의 상(廂:벽감)에는 대단히 많은 석함을 두었는데, 석함 내에는 철갑을 장식했고, 그 갑 내에 진귀한 부장품을 넣었으며 "왕희지(王羲之)의 '란정집서(蘭亭集序)' 진적(眞籍)과 종요(鍾繇) 등 고대 유명한 서화가의 많은 보물도 그 속에 넣었다."라고 한다.

이 기사에서 소릉은 그 규모가 앞의 의덕태자묘보다 훨씬 크고 구조도 복잡함을 짐작할 수 있다. 즉 소릉은 전실, 중실, 후실, 좌우의 측실인 5개의 묘실을 가진 다실묘로 추정된다.

참고문헌

〈한글문헌〉

강우방, 1973, 「신라 십이지신상의 분석과 해석」, 『불교미술』 1집, 동국대박물관.

강우방, 1982, 「통일신라 십이지신상의 양식적 고찰」, 『고고미술』 154·155합집호, 한국미술연구회.

강우방, 1990, 『원융과 조화』, 열화당.

강인구, 1977, 『백제고분연구』, 일지사

강인구, 1984a, 「신라 왕릉의 재검토(1)」, 『동방학지』 41, 연세대학교 국학연구원.

강인구, 1984b, 「신라 왕릉의 재검토(2)」, 『윤무병박사회갑기념논총』, 통천문화사.

강인구, 1987, 「신라 왕릉의 재검토(3)」, 『삼국유사의 종합적 검토』, 한국정신문화연구원.

강인구, 2000, 『고분연구』, 학연문화사.

경주시 외, 2013, 『신라 왕릉 학술조사연구보고서』.

경주시·한국전통문화학교·건축조형연구소, 2010, 『경주 신라 왕릉 학술조사 연구 1차조사보고서』.

경주시·한국전통문화학교·건축조형연구소, 2011, 『경주 신라 왕릉 학술조사 연구 2차조사보고서』.

경주시·한국전통문화학교·건축조형연구소, 2012, 『경주 신라 왕릉 학술조사 연구 3차조사보고서』.

계림문화재연구원, 2013, 『경주 신당리 산7번지 내 1호 석실분』.

고분문화연구회 역, 2011, 『왕릉의 고고학』(都出比呂志 지음), 진인진.

국립경주문화재연구소 외, 2007, 『신라고분기초학술조사연구(석조물자료)』.

국립경주문화재연구소, 2005, 『경주 황성동 석실분 906-5번지』.

국립경주문화재연구소, 2008. 『경주 구황동 황룡사지전시관 건립부지내 유적 발굴조사보고서』.

국립경주문화재연구소, 2009, 『경주 황남동 대형건물지 -황남동 123-2번지 유적-』,

국립경주문화재연구소 학술연구 총서 53.

국립경주박물관 외, 1993, 『경주 황성동 석실분』, 국립경주박물관.

국립경주박물관 외, 2008, 『문화유적분포지도-경주시』.

국립부여문화재연구소, 1998, 『부여 능산리 공설운동장 신축예정부지 백제고분 1·2차 긴급발굴조사보고서』.

국립중앙박물관, 2003, 『특별전 민족의 통합 새로운 나라 통일신라』.

권오영, 2002, 「상장제를 중심으로 한 무령왕릉과 남조묘의 비교」, 『백제문화』 제31집, 공주대백제문화연구소.

권오영, 2005, 『고대 동아시아 문명 교류사의 빛 무령왕릉』, 돌베게.

권영필, 1992, 「경주 괘릉 인물석상재고 이란系武人·위구르系文人石像-」, 『미술자료』 50, 국립중앙박물관.

김대환 역, 2013, 『전방후원분과 사회』(都出比呂志 지음), 학연문화사.

김상기, 1969, 「김유신묘의 이설에 대하여」, 『고고미술』 101, 한국미술사학회.

김영관, 2019, 「당 중종 정릉의 신라인 석상 소개」, 『신라사학보』 46, 신라사학회.

김용성 역, 2004, 『한대 화상석의 세계』(申立祥 지음), 학연문화사.

김용성 역, 2006, 『한대의 무덤과 그 제사의 기원』(黃曉芬 지음), 학연문화사.

김용성, 1997, 『대구·경산지역 고총고분의 연구』, 영남대학교대학원 박사학위논문.

김용성, 2005, 「고구려 적석총의 분제와 묘제에 대한 새로운 인식」, 『북방사논총』 3, 고구려연구재단.

김용성, 2009, 『신라왕도의 고총과 그 주변』, 학연문화사.

김용성, 2012a, 「신라 십이지신장상 호석 능묘의 변천」, 『한국고대사탐구』 11, 한국고대사탐구회.

김용성, 2012b, 「경주 서악동 능원과 그 의의」, 『인류학 고고학 논총-영남대학교 문화인류학과 개설 40주년 기념논총』, 학연문화사.

김용성, 2013a, 「백제능묘의 구조, 성격과 신라 능묘의 비교」, 『백제의 능묘와 주변국 능묘의 비교 연구』, 백제역사유적지구 세계유산 등재 추진단 외.

김용성, 2013b, 「신라 능원의 의의」, 『민족문화논총』 제53집, 영남대학교 민족문화연구소.

김용성, 2014, 「경주 소현리와 신당리 능묘급 고분의 성격」, 『중악지』 24, 영남문화회.

김용성, 2015, 『신라고분고고학의 탐색』, 진인진.

김용성·강재현, 2012, 「신라 왕릉의 새로운 비정」, 『야외고고학』 제15호, 한국문화재조사연구기관협회.

문경현 외, 2004, 『신라왕경오악연구』, 경주시·경북대학교인문과학연구소.

문화재관리국, 1973, 『무령왕릉』.

문화재연구소, 1990, 『경주용강동고분발굴조사보고서』.

민병훈, 1998, 「실크로드와 경주(글라스기와 무인석상을 중심으로)」,

『새천년의 미소(국제학술회의 발표논문집)』, 98' 경주세계엑스포조직위원회·경상북도.

박경원, 1982, 「통일신라시대의 묘의석물 석인석수 연구」, 『고고미술』 154·155, 한국미술사학회.

박방룡, 1997, 『신라도성의 연구』, 동아대박사학위논문.

박일훈, 1968, 「김인문묘와 김유신묘고」, 『고고미술』 9, 한국미술사학회.

박일훈, 1963, 「경주삼릉석실고분-전신덕왕릉」, 『미술자료』 8, 국립박물관.

박천수, 2024, 「통일신라 능원석각과 그 역사적 함의」, 『신라의 십이지』 제17회 신라학국제학술대회, 경주시·신라문화유산연구원.

박천수 역, 2016, 『실크로드의 고고학』(岡內三眞 외 지음), 진인진.

배노찬, 2022, 「통일신라 왕릉의 편년과 피장자 비정」, 경북대학교 대학원 석사학위논문.

부여군, 2017, 『부여 능산리고분군의 조사 기록화사업 I -부여 능산리고분군의 조사와 기록』

변영섭, 1975, 「괘릉고」, 『이대사원』 12집, 이화여자대학교.

서정석, 1995, 「송산리 방단계단형 적석유구에 대한 검토」, 『백제문화』 제24집, 공주대백제문화연구소.

서현주, 2019, 「부여 능산리고분군과 사비기 능묘」, 『사비백제고분』, 국립부여문화재연구소.

성림문화재연구원, 2020, 『경주 황복사지 I -경주 낭산 일원 내 추정 고분지 정비 유적-』.

성정용, 2011, 「백제 한성기 석실묘의 양상」, 『희정 최몽룡 교수 정년퇴임논총(Ⅳ) 21세기의 한국고고학Ⅳ』, 주류성 출판사.

신라문화유산연구원, 2024, 「경주 서악동 고분군 정비사업부지 내 유적(4호분) 정밀발굴조사 1차 학술자문회의 자료집」

윤근일, 1988, 「공주 송산리고분 발굴조사 개보」, 『문화재』 21호, 문화재관리국.

윤무병·박일훈, 1968, 「경주 서악동 석실분 발굴조사」, 『고고학』 1, (구)한국고고학회.

이강승·이희준, 1993, 『경주 황성동 석실분』, 국립경주박물관 외.

이근직, 2006, 『신라 왕릉의 기원과 변천』, 영남대학교 대학원 박사학위논문.

이근직, 1986, 「신라 왕릉의 관계기사 검토(삼국사기 초기기록을 중심으로)」, 『경주사학』 5, 동국대학교 국사학회.

이근직, 2005, 「경주 서악동 신라 중고기왕릉 연구」, 『삼국유사 기이편 연구』, 한국학중앙연구원.

이근직, 2006, 『신라 왕릉의 기원과 변천』, 영남대박사학위논문.

이근직, 2012, 『신라 왕릉연구』, 학연문화사.

이남석, 1995, 『백제 석실분 연구』, 학연문화사.

이남석, 2002, 『백제 묘제의 연구』, 서경.

이병도, 1969, 「김유신묘고」, 『김재원박사 회갑기념논총』, 동논총간행위원회.

이부오, 2011, 「거서간기 간층의 동향을 통해 본 사로 6촌의 성격」, 『신라사학보』 23, 신라사학회.

이은경, 2018, 「통일신라 왕릉의 호석 구조와 피장자 연구」, 경주대학교 대학원 석사학위논문.

이장웅, 2010, 「백제 사비기 오제 제사와 능산리사지」, 『백제문화』 제42집, 공주대백제문화연구소.

이재중, 1996, 「통일신라시대 왕릉 앞 석인연구」, 『석오윤용진교수정년퇴임기념논총』, 동간행위원회.

이주헌, 2019, 「송산리고분군의 조영가계와 피장자」, 『사비백제고분』, 국립부여문화재연구소.

이진락, 2013, 「전헌강왕릉과 전정강왕릉의 호석 원형에 대한 일고찰」, 『신라문화』 제41집, 동국대학교 신라문화연구소.

이청규 외, 2000, 「경주지역 분묘조사와 연구」, 『인류학연구』 10, 영남대 문화인류학과.

이호관, 1982, 「통일신라시대의 귀부와 이수」, 『고고미술』 154·155 한국미술사학회.

이훈, 2013, 「백제 능묘의 특징과 탁월한 보편적 가치」, 『백제의 능묘와 주변국 능묘의 비교 연구』, 백제역사유적지구 세계유산 등재 추진단·한국전통문화학교.

이희준, 2007, 『신라고고학 연구』, 사회평론.

임영애, 2012, 「신라 왕릉의 조각」, 『신라 왕릉 학술조사연구 학술토론회』, 경주시·한국전통문화대학교.

임영진, 2013, 「백제 능묘의 구조, 성격과 중국 능묘의 비교」, 『백제의 능묘와 주변국 능묘의 비교 연구』, 백제역사유적지구 세계유산 등재 추진단·한국전통문화학교.

張建林, 2024, 「唐代帝陵陵園的十二生草」, 『신라의 십이지』 제17회 신라학국제학술대회, 경주시·신라문화유산연구원.

장인성 외 역, 2005, 『중국 역대 능침제도』(楊寬 지음), 서경.

장정남 외, 1995, 『헌강왕릉보수수습조사보고서』, 국립경주문화재연구소.

전덕재, 2012, 「신라 왕경에서 왕릉이 차지하는 위치 및 관계 고찰」, 『신라 왕릉 학술조사연구 학술토론회』, 경주시·한국전통문화대학교.

정양모 외, 1985, 『전민애왕릉주변정비보고』, 경주: 국립경주박물관·월성군.

정인보, 1955, 「괘릉고」, 『사릉전설변정』, 『담원국학산고』, 문교사.

정중환, 1970, 「진성여왕릉고」, 『고고미술』 105, 한국미술사학회.

조가영, 2013, 「석촌동고분군의 재인식과 해석」, 『제13회 백제학회 정기발표회 한성기 백제고분의 새로운 인식과 해석』, 백제학회·한성백제박물관.

조영현, 2004, 「전동명왕릉의 묘주 비정」, 『과기고고연구』 10, 아주대박물관.

조유전, 1991, 「송산리 방단계단형 무덤에 대하여」, 『백제문화』 21, 공주대백제문화연구소.

주보돈, 2012, 「신라시대 (능)묘비에 대한 몇몇 논의」, 『신라 왕릉 학술조사연구 학술토론회』, 경주시·한국전통문화대학교.

진정환, 2009, 「통일신라 십이지신장상 고찰」, 『三次元計測技術な用いた新羅王陵石像彫刻の綜合的比較研究』, 奈良縣立文化材研究所, 木下旦編.

진홍섭, 1965, 「경주 감산사지·숭복사지의 조사」, 『고고미술』 6(5), 고고미술동인회.

차순철, 2011, 「신라왕경과 북천 범람에 따른 상관관계 검토」, 『신라사학보』 23, 신라사학회.

채미하, 2012, 「한국 고대의 죽음과 상·제례」, 『한국고대사연구』 65, 한국고대사학회.

최민희, 2017, 「경주 성덕왕릉 12지신상 배치의 원형과 그 의미」, 『신라문화』 제50집, 동국대학교 신라문화연구소.

최병헌, 1986, 「삼국유사에 나타난 한국고대불교사 인식」, 『삼국유사의 종합적 검토』, 한국정신문화연구원.

최병현, 2011, 「신라후기양식토기의 편년」, 『영남고고학보』 59, 영남고고학회.

최병현, 2012, 「경주지역 신라 횡혈식석실분의 계층성과 고분 구조의 변천」, 『한국고고학보』 83, 한국고고학회.

최완규, 1997, 『금강유역 백제고분의 연구』, 숭실대박사학위논문.

최완규, 2001, 「백제고분과 익산 쌍릉」, 『마한·백제문화』 15, 원광대마한·백제문화연구소.

허일관, 2012, 「달성 쌍계리 횡혈식 석실분의 목관에 대하여」, 『영남대학교 문화인류학과 개설 40주년 기념논총 인류학고고학논총』. 학연문화사.

홍보식, 2002, 『신라 후기 고분문화 연구』, 춘추각.

황종현, 2024, 「통일신라 십이지신상 능묘의 입지」, 『신라의 십이지』 제17회 신라학국제학술대회, 경주시·신라문화유산연구원.

〈외국문헌〉

輕部慈恩, 1934,「公州に於ける百濟古墳(三)」,『考古學雜誌』24-3, 日本考古學會.

鞏啓明, 2002,「唐睿宗橋陵考古鑽探測繪報告」,『唐睿宗橋陵』, 陝西省考古研究所編.

關野貞, 1915,『朝鮮古蹟圖譜解說』, 朝鮮總督府.

關野貞·黑版勝美, 1915,『朝鮮古蹟圖譜』3, 朝鮮總督府.

宮下佐江子, 2009,「新羅王陵の石像に見られる服飾品について」,『三次元計測技術な用いた新羅王陵石像彫刻の綜合的比較研究』, 奈良縣立文化材研究所, 木下旦編.

吉林省文物考古研究所 外, 2004,『高句麗王陵』, 文物出版社.

羅西章, 1985,「隋文帝陵·祠勘查記」,『考古與文物』1985-6.

羅宗眞, 1957,「江蘇宜興晋墓發掘簡報」,『考古學報』1957-4.

羅宗眞, 2001,『魏晋南北朝考古』, 文物出版社.

南京博物院, 1997,「江蘇宜興晉墓的第二次發掘」,『考古』1997-2.

南京市文物保管所等, 2003,「南京鍾山南朝壇類建築遺存1號壇發掘簡報」,『文物』2003-7.

南京市文物保管委員會, 1957,「南京老虎山晋墓」,『考古通訊』1957-6.

南京市文物保管委員會, 1965,「南京象山東晋王丹虎墓和二,四號墓淸理簡報」,『文物』1965-10.

南京市博物館, 1972,「南京象山5號,6號,7號墓淸理簡報」,『文物』1972-11.

南京市博物館, 2000,「南京呂家山東晋李氏家族墓」,『文物』2000-7

大同市博物館 外, 1978,「大同方山北魏永固陵」,『文物』1978-7.

大同市博物館, 2007,「大同北魏方山思遠佛寺遺址發掘報告」,『文物』2007-4.

大塚初重 編, 2004,『東アジアの裝飾古墳を語る』, 東京: 雄山閣.

東潮, 1993,「朝鮮三國時代における橫穴式石室墳の出現と展開」,『國立民俗博物館硏究報告』, 47, 千葉縣·國立歷史民俗博物館.

東潮, 2011,『高句麗壁畵と東アジア』, 學生社.

來村多加史, 2001,『唐代皇帝陵の硏究』, 學生社.

遼寧省文物考古研究所·朝陽市博物館, 2001,「遼寧朝陽市黃河路唐墓的淸理」,『考古』2001-8.

李浪濤, 2003,「唐肅宗建陵出土石生肖俑」,『文物』 2003-1.

網干善教, 2006,『壁畫古墳の研究』, 東京: 學生社.

梅原末治 外, 1924,『金冠塚と其遺寶-古蹟調査特別報告3-大正十二年度朝鮮古蹟調査報告』, 朝鮮總督府.

梅原末治, 1932,『慶州金鈴塚飾履塚發掘調査報告-大正十三年度朝鮮古蹟調査報告』, 朝鮮總督府.

梅原末治, 1938,「夫餘凌山里東古墳群の調査」,『昭和12年度古蹟調査報告』, 朝鮮古蹟調査研究會.

武漢市博物館, 1994,「湖北武昌馬房山隋墓清理簡報」,『考古』 1994-11.

西嶋定生, 1978,「中國·朝鮮·日本における十二支像の變遷について」,
『末松先生古稀記念古東アジア史論集 (下)』, 吉川弘文館.

陝西省考古研究所, 2002,「唐高力士墓發掘簡報」,『考古與文物』 2002-6.

小泉顯夫, 1986,『朝鮮古代遺蹟の遍歷』, 六興出版.

野守建 外, 1935,「公州松山里古墳調査研究」,『昭和2年度古蹟調査報告』, 朝鮮古蹟調査研究會.

野守建·小川京吉, 1920,『大正6年度古蹟調査報告』, 朝鮮總督府.

楊鴻勛, 2009,『宮殿考古學通論』, 紫禁城出版社.

王志高, 2015,『六朝建康城發掘與研究』, 江蘇人民出版社.

韋正, 2011,『六朝墓葬的考古學研究』, 北京大學出版社.

有光敎一, 1936,「十二支生肖の石彫を繞らした新羅の墳墓」,『靑丘學叢』 25, 靑丘學會.

有光敎一, 1955,「慶州邑南古墳群について」,『朝鮮學報』 8, 天理大學校朝鮮學會.

劉向陽, 2012,『唐代帝王陵墓』(修訂本), 陝西出版集團三秦出版社.

張建林, 2022,「"斟酌漢魏"還是"唐承隋制"-唐高祖獻陵與隋文帝泰陵的比較」,『考古』 2022-7.

張之恒, 2009,『中國考古通論』, 南京大學出版社.

張學鋒, 2006,「論南京鍾山南朝壇類建築遺存的性質」,『文物』 2006-4.

齋藤忠, 1937,「新羅墳墓の封土表式と諸形式に就いて」,『考古學論叢』 第5輯, 考古學研究會.

齋藤忠, 1973,『新羅文化論攷』, 吉川弘文館.

齊東方, 2002,『隋唐考古』, 文物出版社.

朝鮮總督府, 1916,「西岳里石枕塚」,『朝鮮古蹟圖譜』三, 圖版 1204-1208.

中國社會科學院考古研究所河南第二工作隊 外, 1986,「唐恭陵實測紀要」,『考古』 1986-5.

秦浩, 1996,『隋唐考古』, 南京大學出版社.

曾布川寬, 1991,「南朝帝陵の石獸と塼畵」,『東方學報』第63冊, 京都.

許宏, 2000,『先秦城市考古學研究』, 北京燕山出版社.

[신라의 왕릉과 능원]

2025년 11월 30일 인쇄
2025년 11월 30일 발행

지음 김용성

발행 · 기획
콘텐츠카페 협동조합
(14965) 대구 중구 명륜로6길 8, 3층
http://www.contentscafe.co.kr
TEL 053-751-2017
FAX 053-751-3655

ISBN 979-11-92046-11-2

* 책 값은 뒤표지에 있습니다.